数字化背景下的战略性
人力资源管理

吴 怡 霍伟伟 罗文昊 编著

上海大学出版社
·上海·

图书在版编目(CIP)数据

数字化背景下的战略性人力资源管理 / 吴怡,霍伟伟,罗文昊编著. —上海：上海大学出版社,2023.12
ISBN 978-7-5671-4796-6

Ⅰ.①数… Ⅱ.①吴… ②霍… ③罗… Ⅲ.①人力资源管理-研究 Ⅳ.①F243

中国国家版本馆 CIP 数据核字(2024)第 000190 号

责任编辑　石伟丽
封面设计　缪炎栩
技术编辑　金　鑫　钱宇坤

数字化背景下的战略性人力资源管理
吴　怡　霍伟伟　罗文昊　编著
上海大学出版社出版发行
(上海市上大路 99 号　邮政编码 200444)
(https://www.shupress.cn　发行热线 021-66135112)
出版人　戴骏豪

*

南京展望文化发展有限公司排版
句容市排印厂印刷　各地新华书店经销
开本 710mm×1000mm　1/16　印张 14　字数 215 千字
2024 年 1 月第 1 版　2024 年 1 月第 1 次印刷
ISBN 978-7-5671-4796-6/F・240　定价 58.00 元

版权所有　侵权必究
如发现本书有印装质量问题请与印刷厂质量科联系
联系电话: 0511-87871135

目 录

第一章　数字化商业环境与人力资源管理 / 001
　　第一节　数字化商业环境 / 001
　　第二节　人力资源管理 / 006
　　第三节　数字化商业环境下的人力资源管理 / 010
　　第四节　人力资源管理的数字化转型 / 015

第二章　数字化与战略性人力资源管理 / 021
　　第一节　战略性人力资源管理 / 021
　　第二节　人力资源管理矩阵与组织战略 / 029
　　第三节　数字化背景下的战略性人力资源管理转型 / 038

第三章　人力资源规划 / 051
　　第一节　战略性工作设计与工作分析 / 051
　　第二节　人员供求分析与平衡 / 062
　　第三节　数字化背景下的战略性人力资源规划 / 067

第四章　员工招募 / 075
　　第一节　战略性员工招募 / 075
　　第二节　数字化背景下的战略性员工招募 / 083

第五章　员工选聘 / 091
　　第一节　战略性员工选聘 / 091

第二节　数字化背景下的战略性员工选聘 / 104

第六章　员工培训与开发 / 111
　　第一节　战略性员工培训与开发 / 111
　　第二节　数字化背景下的战略性员工培训 / 123

第七章　绩效管理 / 130
　　第一节　战略性绩效管理概述 / 130
　　第二节　战略性绩效管理的过程 / 134
　　第三节　数字化背景下的战略性绩效管理 / 144

第八章　薪酬管理 / 154
　　第一节　战略性薪酬管理的概念 / 154
　　第二节　基本薪酬体系 / 158
　　第三节　绩效薪酬方案 / 163
　　第四节　福利 / 166
　　第五节　数字化背景下的战略性薪酬管理 / 168

第九章　员工关系管理 / 177
　　第一节　战略性员工关系管理 / 177
　　第二节　员工劳动保护 / 179
　　第三节　员工公平待遇 / 183
　　第四节　组织文化建设 / 186
　　第五节　数字化背景下的战略性员工关系管理 / 190

第十章　员工职业生涯管理 / 198
　　第一节　战略性员工离职管理 / 198
　　第二节　战略性职业生涯管理 / 206
　　第三节　数字化背景下的战略性员工职业生涯管理 / 210

参考文献 / 218

第一章

数字化商业环境与人力资源管理

第一节 数字化商业环境

进入21世纪以来,数字化一直悄然伴随着经济的发展。从消费端开始,数字化不断向价值链上游渗透,渠道商、生产商、供应商等纷纷被裹挟进数字化转型的洪流中。可以说,数字化转型已是箭在弦上,不得不发。

一、数字化对商业环境的重塑

当前的商业环境被海量的数据所包围,应运而生的是用于大数据处理的数字化技术。数字化商业环境就是在数字化技术驱动下,通过大数据挖掘而创造新型商业价值的商业活动的总和。商业活动的本质是通过对各类要素资源的有效配置来实现商业目标。资源可分为两大类:对象性资源和操作性资源。对象性资源是指商品、设备、自然资源等有形资源,在生产活动中通常处于被动地位;操作性资源主要包括知识和技能,在生产活动中往往处于主动地位。大数据和数字化技术就属于操作性资源,能够有效激活商业环境。大数据与数字化技术的组合具有巨大的赋能作用,能通过三种方式重塑商业环境,形成新的底层商业逻辑。这三种方式包括提升商业洞察能力、加速变革创新、实现价值共创。

(一)提升商业洞察能力

数字化技术实现了数据与实物的分离,数据可以打破时间与空间的限制,通过各种渠道(包括互联网)得到高效、便捷的传播与分享,大大拓展了商业活动参与者获得信息的广度和深度,提升他们对商业环境的认知和洞察能力。

广义的数字化包含信息化、数据化和智能化三个阶段。其中,信息化是将商业活动和商业环境中的各种信息通过合适的信息系统等加工生成新的信息资源。它可以使商业活动参与者实时获得内部与外部的各类商业信息,例如业务流程进展与人力资源供给等内部信息以及行业竞争态势与商品价格波动等外部信息。信息化助力商业活动参与者动态结合组织内部的优势与劣势以及外部的机遇和挑战,更好地进行要素资源整合。数据化则是基于信息化系统记录的大量数据,对商业活动和商业环境的内在逻辑进行数学建模、优化,形成更加系统的具有指导作用的数据网络,进而指导商业活动。决策者可以通过对关键数据结果的整合与分析,更好地把握现实规律并优化解决方案,当拥有海量商业数据时,则可进一步利用大数据和云计算来提升商业价值。智能化是数字化的高阶阶段,其以感知体系、思考体系和行动体系为核心架构,在大数据和人工智能等相关技术的支持下,将决策机制模型化,通过机器学习或深度学习等直接进行决策,并直接指挥执行单元,执行单元接到指令后可以自动执行。信息化—数据化—智能化是数字化演进的基本路径,是一个不断实现高阶数字化的过程(如图 1-1 所示)。

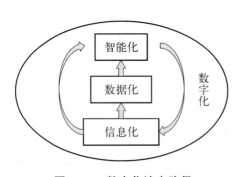

图 1-1　数字化演变路径

不难理解,数字化越高阶,对技术的要求越高,在提升商业洞察方面的作用也越显著。但三者之间不是互相取代的关系,后者需要在前者的基础上构建。目前,大多数组织仍然处于信息化阶段,并试图向数据化演进,以提升信息的有序性和规律性,强化其对商业活动的指导。例如,某饭店每天推出八个菜品,提供网上预订服务,仅依据预订单实际出餐,由此可以精准地掌握客户对菜品的需求并准备相应的食材。这样,食物浪费率就从传统的 30%降至 3%。该饭店还可以在网络上收集菜品反馈与服务反馈,不断优化产品及服务质量,进而提升客户用餐体验。因此,虽然该饭店每天的菜品只有八个,却能有效提升客户黏性。在未来的商业环境中,组织需要综合运用信息化、数据化和智能化的技术方法与运营思维,最大限度地实现数字化对商业环境和商业机遇的洞察。

(二) 加速变革创新

在数字化技术的加持下,变革创新将成为组织竞争力和商业环境活力的源泉。传统商业社会通过分工提升生产效率,但分工必然造成彼此割裂与组织僵化,因此这种效率的获取是以创新为代价的。数字化既可以优化组织内部的流程,通过快速迭代实现敏捷管理,又可以有效赋能商业活动,深度激发组织的创新力,整体提升组织的智能性和拓展性,不断开拓新业务机会,重塑组织为客户创造价值的方式和路径。

在生产领域,数字化技术推动了敏捷制造的发展。敏捷制造是指生产者能够根据客户的个性化需求进行有针对性的产品设计,并基于模块化的生产环节快速组织资源,灵活地对生产工艺过程进行重组。如果没有数字化技术,这样的个性化生产必然带来高居不下的设计和制造成本。而数字化技术能够通过信息资源的充分流通实现对生产组织的柔性管理,确保在生产价值链的各个环节,在减少成本的同时达成生产者内部各部门之间以及与外部供应商和客户之间的有机联系,按需设计产品,精确预测需求,并灵活组合生产流程的各个模块,实现敏捷制造。对客户需求的快速响应、组织内外实时的信息传递、对组织内外资源的灵活配置、对生产流程的集成管理等,都离不开数字化技术。

在组织管理方面,数字化技术也不断重塑着组织设计与管理的方式,为组织变革带来更多的可能性。传统的科层式组织结构过于僵化,无法适应复杂多变的商业环境,而有机式的组织结构虽然提高了业务流转的灵活性,但损伤了组织的运行效率,这些矛盾需要通过数字化技术加以解决。当组织活动不再依靠科层式结构以及与之相配套的分工、正式化组织流程和严格管理幅度来协调时,高效信息共享与即时数据传输就成为企业协同整合的基本方式。数字化平衡了组织在运作效率与机动能力方面的矛盾,使组织即使在规模扩张的前提下也能不损失运作效率而保持足够的灵活性和创新力。

(三) 实现价值共创

数字化不仅具有技术层面的意义,还促成了新的思维方式和商业逻辑。

这主要体现为三个方面——从生产主导到服务主导、从企业为核心到客户为核心、从竞争逻辑到合作逻辑,而这三个方面都归结为以客户的功能性需求为导向的不同利益相关方的价值共创。

传统的工业社会以生产为主导,组织的目标是尽可能多地生产商品,并尽力推销给客户,一旦商品交易达成,企业从中获得销售收入,盈利目标也就实现了。而在服务主导逻辑的商业社会下,数字化商业模式能够更好地成就服务主导逻辑。产品只是实现功能服务的物质基础,而组织的盈利模式转变为以较少的商品生产来满足客户尽可能多的功能需求,只有当产品在使用过程中实现其服务功能时,真正的商业活动才完成。服务主导逻辑要求企业与客户建立起时间轴上的关系,而数字化正是关系维护的重要手段。

传统的商业活动以组织为核心,组织根据自身的资源能力,高效率、低成本地为客户提供同质化的产品和服务,以此获得竞争优势。而数字化技术使得以客户为核心成为可能。一方面,利用数字化技术可以深入洞察客户需求,以客户需求为导向。另一方面,组织无法像提供产品那样直接提供服务,产品在企业与消费者之间单向流动,消费者是被动的接受者。而服务则依赖企业与消费者的交互而共同完成,双方共同参与服务活动的价值创造,最终由消费者评判服务目标是否达成、服务价值是否实现。

以客户需求为核心的服务主导逻辑使组织的边界变得模糊,在数字化技术的加持下,跨组织的协同更加便捷,从而推动企业间从竞争到合作的转变。数字化技术打破了企业的界限,通过赋能将包括客户在内的不同利益相关者连接到一个合作网络中,并整合协调各个价值链主体的活动,以价值共创的方式灵活地满足客户需求。

例如,某农机制造商将数字技术融入农机设备的生产和服务,并不断地对价值共创的网络进行拓展。网络中的主体主要有三方——农机制造商、农户及农机代理商(也是服务提供商),而网络连接的介质就是无缝传输的数据。价值共创的核心是围绕农户作为客户在使用农机设备时的根本诉求展开的,即提高农机的使用效率,进而提高农业生产效率。农机制造商在农机设备上安装感应装置,并在农户实际使用农机的过程中实时获取农机部件的运作状况、农机运作对象如环境的温度、土壤的湿度和黏性等数据。这些数据可以实时传输给农机代理商,并由其根据自身专业知识储备给农户及时反馈,指导农户在特定的设备条件和环境条件下采用最优的农机操作方式,一方面减少农机的使用损耗,另一方面提升农机的生产效率。这些数据也可以汇总给农机制造商,以利于后续结合产品在实际使用中的表现实现产品设计的不断升级。这些数据还可以分享给农学家、政府相关部门、农产品保险公司、银行等,在学术研究、政策制定、保险和投资决策中发挥参考作用,并反馈于农机制造和农业生产等领域。

二、数字化与大数据

在商业环境中,数字化转型是用数字化技术对复杂多样的大数据进行处理、提纯、挖掘、建模等,从貌似没有规律的商业现象中剥离出有价值的数据,用于指导商业活动和商业决策,并进一步实现智能化运作。可见,数字化与大数据是相伴而生的,大数据既是数字化的产物,又是数字化发展的必要"材料",数字化催生了大数据的涌现,这些数据资源又将通过数字化技术的提炼、挖掘和分析服务于商业实践的数字化转型。

1980年,美国的未来学家托夫勒(Alvin Toffler)在《第三次浪潮》一书中作出预测:大数据将深刻影响未来。2011年,麦肯锡全球研究院在题为《大数据:下一个创新、竞争和生产率的前沿》的研究报告中宣布大数据时代已经到来,并对大数据给出如下定义:"大数据是指大小超出了典型数据库软件工具收集、存储、管理和分析能力的数据集,具有'数据规模海量、数据流转快速、数据类型多样和价值密度低'四大特征。"某知名咨询公司提出,大数据是需要新处理模式才能具有更强的决策力、洞察力和流程优化能力来适应海量、高增长和多样化的信息资产。2015年8月,我国国务院发布《促进大数据发展行动纲要》,指出"大数据是以容量大、类型多、存取速度快、应用价值高为主要特征的数据集合,正快速发展为对数量巨大、来源分散、格式多样的数据进行采集、存储和关联分析,从中发现新知识、创造新价值、提升新能力的新一代信息技术和服务业态",并提出了之后5—10年我国大数据发展的具体目标、任务,从此发展大数据成为国家战略。

IBM将大数据的特征概括为5V,即大量(volume)、高速(velocity)、多样(variety)、低价值密度(value)和真实(veracity)。其中,大量是指我们现在拥有的数据量是海量的,已经达到 YB 级别(从 1 000 字节的 KB 开始,经 MB、GB、TB、PB、EB、ZB 到 YB,每个级别间都是 1 024 倍)。高速是指生成、处理和使用数据的速度都非常快。多样性是指数据形式多样,包括数据库、文本等结构化数据和音频、视频、图片、地理位置信息、网络信息等非结构化数据。价值密度低是指海量数据中真正能为我们所用的数据占比低。真实是指数据的质量和保真性高。可见,这些形式多样的海量原始数据虽然价值密度低,可待挖掘的商业价值却很高,因此才需要通过云计算、人工智能等数字化技术,从这些原始数据中提炼出真正的高价值数据,并将其应用于指导商业活动、制定商业决策或直接生成智能化的解决方案。

第二节　人力资源管理

一、资源与人力资源

（一）资源

资源是指一定范围内(如一个国家、一个地区、一个组织等)物力、财力和人力的总称。资源可以分为自然资源、人造资源和人力资源。自然资源是自然界中原本存在的物质,如阳光、土地、森林、河流、生物、矿藏等;人造资源是人类作用于自然资源而生成的各类物质的总称,如房屋、设备、工具、金钱、信息等;人力资源是指能将自然资源转化为人造资源并对各种资源加以综合利用的人及其具备的知识和能力的总称。

资源具有有用性和稀缺性的特点。有用性是指资源能够被人们利用并创造出价值;稀缺性是指资源总是有限的,而人类对于资源的欲望是无穷的。人们需要将有限的资源用于合理的目标上,并对其进行有效的配置,以创造出有利于人类自身的价值。

人们在商业环境中的各种商业活动都离不开资源。马克思将劳动对象、劳动资料和劳动者概括为三大生产要素。不难看出,劳动对象和劳动资料属于自然资源或人造资源,而劳动者就是人力资源。工业化以来,大量的自然资源被开采和使用,很多不可再生的资源面临枯竭的境遇。人造资源来源于自然资源,因此也不可能被无限地制造出来。相较于这两类资源,人力资源则具有更强的能动性,因为人能够通过学习和自我开发不断获取新的知识和能力,而且这些知识和能力可以重复使用,是可以共享的,因此,人力资源能够在未来的商业社会发挥更大的作用。

（二）人力资源

研究者为人力资源给出了各种各样的定义,这些定义大致可以分为两大类,第一类是从人的视角给出的,第二类是从能力的视角给出的。综合两类视角,在组织的范畴内,人力资源是指能为组织创造价值、帮助组织达成目标的人及其所凭借的包括体力、智力和心力在内的各种能力的总称。人力资源为组织创造价值需要兼具两个前提:一是有能力,二是有意愿。只有当员工有意愿将能力运用在组织所需要的方向上时,才能产生好的个人绩效,并整合为好的组织绩效。所以简而言之,人力资源就是指既有能力又有意愿为组织创造价值的有用人才。

人力资源是可以能动地创造价值的有用资源,并且这种资源可共享、可复制、可不断开发、可重复利用,但人力资源仍存在稀缺性。首先,人力资源专指能够创造价值的人群,相对于整个人口基数,人力资源所占的比例并不高。其次,人力资源是在一定范畴之内的相对概念,比如一个国家、一个地区或一个组织的人力资源等。越微观,人力资源的内涵越确定。在一个组织的范畴内,个体能否成为人力资源取决于其是否拥有组织所需的能力、能否凭借相关的能力为组织创造价值。因此,以组织目标为核心来定义的人力资源就更加有限。再次,稀缺性也是相对的概念,个体实际贡献的能力往往无法与组织的期望相比,组织总是希望员工尽可能多地创造价值,因而对组织而言人力资源存在稀缺性。

人力资本是与人力资源密切相关的概念。人力资本正是以人力资源中包含的各种能力为资本形态的。不同的是,"资本"更强调输出端的价值获得以及输入端的"投资"。有效的投资能够提升资本的含量,并最终体现为"收益",即为组织创造的价值量的增加。个体作为人力资源是动态变化的,组织能够通过"投资"来提升个体创造价值的能力和实际的价值产出,而有效的人力资源管理正是组织对人力资本的投资。

二、管理与人力资源管理

（一）管理

管理是为了实现特定情境下组织设定的目标，通过计划、组织、领导、控制等职能，对各类资源进行配置和利用的活动及过程。

管理具有计划、组织、领导与控制四大职能。其中，计划是设定组织的目标并设计如何利用资源达成目标的方法和途径；组织是对各种资源进行合理配置和安排，使其有序地发挥作用；领导是对人力资源的激励和引导；控制是监控组织活动中资源利用的方式，确保其发挥应有的作用，以保证组织目标的实现。可见，管理就是基于明确的组织目标，将四个职能形成合力，最大限度地实现各种资源及资源组合的有效性。

通常从效率和效果两方面来评价管理的成效。效率是指投入的各种形态的资源与产出的产品和服务之间的关系，当每单位投入所获得的产出多时，管理的效率就高。效果是指管理在多大程度上实现了组织的目标或者有利于组织目标的实现。也就是说，效率关乎管理的过程，关乎如何通过资源的高效配置和利用来"正确地做事"；而效果关乎管理的目的，关乎如何将资源配置到正确的方向上来"做正确的事"。

（二）人力资源管理

顾名思义，人力资源管理是针对人力资源这一特定资源的管理过程。在组织范畴内，人力资源管理是指为了实现组织目标而实施的一系列获取、开发、激励人力资源的管理制度和管理活动的总称。

如前所述，人力资源是有限的，而组织可以通过人力资源管理动态地提升人力资源的数量和质量，扩大人力资本的价值创造能力，克服人力资源的稀缺性。人力资源管理的重要性可见一斑。人力资源管理具有三大功能：一是获取人力资源，即吸引人才，选择最符合组织要求的人员，并为其提供工作岗位；二是开发人力资源，即根据组织的要求，为员工提供培训和职业发展服务，使其服务组织目标的能力得以不断提升和发展；三是保留人力资源，使员工有足够且长久的意愿和热情为组织工作，将自己的能力贡献于组织目标。

人力资源管理的职能包括人力资源规划、员工招聘、员工培训、绩效管理、薪酬管理、员工关系管理、员工职业生涯管理等。人力资源规划是指基于工作分析,对组织一定时期内的人力资源在不同工作岗位上的供求状况进行预测,并据此制订吸纳或裁减人员的计划。员工招聘是在人力资源规划的基础上,根据工作岗位的要求招募和吸引人才,并从中选择最符合组织要求的人员予以聘用。员工培训是确定培训需求并为员工提供培训活动以提升其能力和工作绩效的过程。绩效管理是根据绩效标准对员工的绩效水平进行评价,并据此管理员工的绩效,进而服务于组织绩效的过程。薪酬管理是根据预先制定的薪酬制度,结合员工的工作内容和绩效表现确定员工薪酬水平的过程。员工关系管理是指协调和平衡组织与员工之间责权利关系的相关活动,包括劳动关系管理和压力管理、职业安全与健康管理等劳动保护活动。员工职业生涯管理是指组织将员工个人的目标与组织战略有机结合,帮助员工在组织的战略追求中实现个体职业目标的管理过程。

  人力资源管理的三大功能是通过一系列人力资源管理的职能来实现的。狭义上说,获取人力资源的功能是通过人力资源规划和招聘实现的,开发人力资源的功能是通过培训实现的,而保留人力资源的功能是通过绩效管理、薪酬管理、员工关系管理等职能实现的。但人力资源管理各功能和各职能并不是割裂的,而是彼此协同、互相作用的有机整体,因此每个功能的实现程度会受到各个职能的共同影响。获取人力资源不仅依靠招聘,从广义上说同样离不开组织形象、员工口碑等的沉淀,而这些是组织长期人力资源管理有效性的外在体现。开发人力资源则建立在招聘的基础上,只有当招聘的员工是符合组织要求的可造之才时,才能通过进一步的培训帮助其提升和发展。保留人力资源更是如此,必须通过各个职能的合理设计和协同实施才能实现。留住员工的努力起始于人性化且有助于个人与组织目标协同的工作设计,贯穿于整个人力资源管理体系。只有当每个人力资源管理职能与其他的人力资源管理职能协同耦合时,才能有效地留住员工。例如,工作分析中对于员工的相关要求,作为人才标准,既应体现在员工招聘中,也应体现在员工培训的基本内容之中,同时其也应投射在绩效管理的考核标准中,作为薪酬发放的依据。再如,招聘时将应聘者对工作及组织的认可度和投入度考虑进去,培训时结合员工的个人兴趣、能力和职业追求,将培训与员工的职业生涯发展结合起来等,都有利于提升员工内在动机及其效力组织的意愿。

第三节 数字化商业环境下的人力资源管理

一、数字化商业环境对人力资源提出新的要求

数字化商业环境对人力资源的新要求主要体现在学习和知识更新能力、数字化思维、创新能力三个方面。

(一)学习和知识更新能力

从技术角度看,数字化时代,数字技术为信息和资讯的生成、传播、交互、共享和整合等创造了有利条件,促使知识更新、技术迭代以前所未有的速度进行。组织的员工需要在不断的技术迭代中跟上组织成长和发展的步伐,不断加强自己的知识储备和提高技能水平。同时,数字化技术也为员工提供了碎片化学习的便利。基于广泛的自我提升型工具,员工可以随时对各类网络资源进行有效整合,从而实现职业能力升级。从组织管理角度看,数字化商业时代更适合运用价值共创的商业逻辑,组织作为有机体,以更加灵活的方式参与价值共创网络的活动。对于人力资源而言,这意味着工作的内涵不再以固定不变的职能边界来定义,其将体现在具体的价值共创活动中形成新的能力要求的组合。员工需要不断增加自己的知识储备、拓展能力版图,成为复合型人才,这也意味着组织内人力资源的学习能力将面临更大的挑战。

(二)数字化思维

数字化并非停留在技术层面,而是基于技术的全局管理方法、组织模式和经营理念的再造。组织员工不能只把数字化看作一种辅助自身工作的技术手段,更应将数字化思维融入工作方式的改进中。例如,借助大数据思维,不仅要获取数据,更要敏锐地捕捉到数据之间的关联,让数据"说话",揭示相关工作乃至商业活动的规律和本质,以提示后续应该遵循和采纳的原则和方法,为工作推进和商业决策提供内在支持。这一层面的数字化思维

要求员工具有足够的数字敏感性和广泛的对事物与现象间联系的联想能力。

（三）创新能力

数字化技术和数字化思维的有机整合，有助于拓展人力资源创新能力。目前创新能力日渐成为数字化商业环境下组织对员工能力要求的新维度，只有员工具备了创新能力，组织才能形成与动态环境相适应的创新力和发展力。创新能力不仅要求员工针对其所面对的业务场景将数字化技术应用于特定业务活动，联系广泛的背景条件进行业务识别、解读、分析、挖掘，整合相关数据，构建新的工作范式，以创造新的价值；而且要求员工突破局部，关注整体，以系统思维驾驭数据，基于数据结果大胆假设、小心论证，以获得最优解，形成创新方案。

二、数字化原住民与数字化移民成为数字化商业环境的主力军

1991 年，库普兰(D. Coupland)发表小说《X 世代：加速文化的故事》，由此人们习惯将 1965—1980 年出生的一代称为 X 世代，将 1981—1995 年出生的称为 Y 世代，而将 1995 年后出生的称为 Z 世代。在如今的数字化商业环境中，职场人力资源由 X 世代、Y 世代、Z 世代共同构成，而进入 21 世纪 20 年代以来，Z 世代步入职场，成为人力资源的新鲜血液。他们是伴随着互联网、即时通信技术、智能手机、数字游戏等数字化科技产物成长起来的"数字化原住民"，他们的知识获取、社会交往、生活方式直至"三观"形成都与网络世界密切相关，数字化技术在他们身上留下了深刻的印记，他们也成为重塑职场格局的重要力量。

从能力的角度看，数字化原住民具有与生俱来的数字化思维，能够自如地使用数字化工具运作信息、构建想法、分析和解决问题，进而达成战略目标。数字游戏、二次元文化进一步培养了他们的领导能力，包括在有限的资源条件下解决问题的能力、在冲突中寻求共识的能力、承担风险谋求突破的能力、从错误中吸取教训不断自我完善的能力等。这些在虚拟世界中培育的能力，如果加以适当的引导，就可以转化为数字化商业环境中不可多得的创新力和领导力。

从影响其内在激励的因素看，Z 世代不再受职业安全、终身就业承诺的

激励。薪酬仍然是重要的激励手段,但已不是唯一也不是最重要的激励手段,他们更加注重职场中的体验感,包括工作环境是否人性化,是否认同管理风格、企业文化与企业品牌形象,工作方式和工作时间是否具有灵活性,能否在工作中获得自我实现等。他们有着很强的自我意识,在与雇主的关系中,他们也不再"仰视",而是采取"平视"的态度,将雇佣关系视为一种互相需要、彼此成就的关系,希望在服务组织目标的同时也能达成个人目标。

与 Z 世代相比,X 世代和 Y 世代属于"数字化移民",他们在数字化转型过程中通过学习逐渐掌握数字化技术的相关应用并逐渐适应数字化的商业环境。相比较而言,他们主要是将数字技术作为职场中的工具,所受到的数字化的影响主要体现在技术层面。随着数字化的不断渗透,他们的数字化技能不断提升,并逐渐体现为数字化思维的养成。而与此同时,他们的思想理念、价值观和行为属性受数字化的影响比较有限。与 Z 世代相比,X 世代与 Y 世代各自保留着时代赋予他们的印记。X 世代脱胎于物质比较匮乏的年代,比较重视工作稳定性带来的安全感和尊重感,比较认同个人目标应服从组织目标,比较具有团队精神,也比较看重收入。Y 世代更加乐观开放,在职场中不仅看重收入,也关注工作的意义和个人价值。除此之外,还有一部分 X 世代及年龄更长些的职场员工,属于在"数字化国度"外徘徊的人群,他们对数字化转型的适应力相对较弱,基本还是用传统的方式来从事工作,因此职场竞争力较弱。他们的职场特征还包括:金钱激励对他们来说是最主要的激励手段、希望获得稳定的工作、有较强的服从意识等。

三、数字化商业环境带来人力资源管理的机遇与挑战

在数字化商业环境中,面对职场中越来越多的数字化原住民和数字化移民,人力资源管理迎来新的机遇与挑战。

(一)数字化技术突破了人力资源管理的时空局限

数字化技术突破了传统的时间和空间限制,使虚拟办公、远程办公成为现实,员工可以按需选择在家甚至在咖啡馆办公。对于以电脑为主要工作辅助的员工而言,实体工作场所的限制非常小。独立办公不受工作场所的限制;需要合作的工作,可以借助互联网技术实现信息共享、任务传递和目标整合;就算在需要集体办公的情况下,只要不涉及特定的工作设备的现场

使用，员工仍然可以借助互联网技术实现实时交互、实时线上讨论、线上教学等活动。随着VR等技术的不断普及，远程办公所带来的临场感不足的问题也能得到更好的解决。这一方面可以缓解员工的通勤压力，更好地解决工作与生活的平衡问题，有利于提升员工的工作满意度；另一方面可以促进不同地域间突破物理空间阻隔协同办公，从而深刻地影响全球人力资源的整合。

数字化技术打破了企业的边界，使组织内外部沟通方式发生了改变，也给自由职业平台和零工经济的兴起创造了条件，由此催生了一批自由雇佣的"液态员工"，以及在主业之外结合自身的兴趣与特长从事一种或多种副业的"斜杠青年"等。U盘化就业即基于自由职业平台，以即插即用为特点按需供给的工作，能够实时提供用工需求的信息，使有空闲时间的员工能结合自身情况灵活地承接额外的工作任务，更妥善地配置出工时段，从而使打零工成为自主性强的工作选择。零工经济囊括了低技能要求和高技能要求的工作岗位，前者是以增加收入为主要诉求的工作岗位，如快递员等；后者以自由灵活的工作时间和工作内容为主要诉求，通过一站式灵活用工平台，为平台用户提供工作供求的链接。大量的创意阶层也倾向于U盘化就业，形成相对自由的雇佣关系。而在组织之间，淡旺季的用工起伏或者由特殊情况诱发的用工需求的突然涨落等造成各自用工峰值的时间差异，零工经济或U盘化就业可以有效地统筹跨企业的员工配置，平衡彼此间的用工需求。

总而言之，数字化技术下的信息剥离使信息得以独立于事件而单独存储和传输，并可以按需调取和使用。从固定时间和地点的出勤方式到不受时空限制的灵活工作方式，从全职工作模式到自主选择兼职或零工经济模式，这些转变都离不开数字化技术带来的便捷信息存储、传输与共享。

（二）数字化重塑工作的种类与内涵

数字化商业环境中，传统岗位被数字化元素和大数据思维赋予新了的时代内涵。随着产品与服务数字化、输出产品与服务的工艺流程数字化，相应的工作任务也必然体现数字化的要求，投射在人力资源管理中，则体现为工作内容的数字化。这促使传统岗位升级，并有助于工作效率的提升和就业质量的提高。以管理者的工作为例，大数据使循证管理有了更大的施展空间。所谓循证管理是将事实信息应用于商业组织的决策中,以取代管理者的直觉或信念,实现更加科学有效的管理决策。循证管理相比较直觉决策而言,虽然决策速度慢,需要提前准备分析资料,但其更加精准科学、有证可循,而且能提升员工在执行过程中的接受度和投入度。大数据使得管理者所依据的事实信息更加全面、丰富、准确、及时,这不仅扩大了循证管理的优势,也弥补了它的劣势。同样,大量以信息和数据为重要资源投入的工作都需要融入数字化元素和大数据思维。

不仅如此,数字化技术还催生了一批全新的职业。人力资源和社会保障部发布的《中华人民共和国职业分类大典(2022年版)》比2015年版新增了155个新职业,其中首次标注了97个数字职业,包括数字安全工程技术人员、工业互联网工程技术人员、互联网营销师、农业数字化技术员等。

也有些传统的机械式的工作岗位将被基于大数据和数字化技术的人工智能所取代。如上所述,缺少自主性且工作简单重复、程序固定的工作对员工的身心健康造成负面影响,但出于提高效率的目的,这样的工作设计又在所难免,此时,人工智能就提供了理想的解决方案。为了解决这一组织目标和员工需求的根本矛盾,也为了搭上5G的数字化技术快车,很多企业开始谋划机器人取代人力。未来,会有更多的传统制造企业实现技术升级和机器人替代。而这种替代虽然会缩减执行简单重复劳动的流水线工人数量,但将创造对机器人控制、云端维护等技术员工的需求,这意味着对员工的要求也将更高。

(三)数字化催生新型人力资源管理雇佣关系

数字化技术重塑了工作方式、工作内涵、就业方式和职业分工,也必然深刻影响员工与组织之间的雇佣关系。在传统工业社会的雇佣关系中,雇主明显处于强势地位,可以基于资本和职位上的权力对雇员进行强制性管理。而工作内涵与工作方式的变化,不仅使员工拥有更多的职业选择机会,使员工不再需要依附于单个雇主,而且让雇主拥有多元化的员工构成,双方在彼此选择中获得相对平等的员工-雇主关系。

数字化技术同时实现了信息的实时传播和共享,雇主因传统信息中心地位而获得的权威被消减,这也成为削平权力等级结构的基础。组织变得更加扁平化,更具包容性,权力和权威更多地来源于知识、技能等操作性资源。因此，员工不再处于被动的弱势地位，而是凭借掌握的操作性资源实现了与雇主的权力制衡。

在数字化商业环境中，员工拥有了更多自主创新、自我成长的动力和能力，他们不是仅依附于组织的只有工具价值的资源，而是具有目标价值的个体。个人的目标不再无条件地从属于组织目标，而是必须纳入组织目标。帮助员工实现个体目标将成为组织必须关注和追求的重要目标。这也正是数字化背景下人力资源管理的使命——通过人性化的组织设计和工作设计提升员工的体验，挖掘员工的潜力，在成就员工个体成长的同时达成组织目标。

第四节　人力资源管理的数字化转型

一、人力资源管理的数字化转型概述

人力资源管理的数字化转型是将数字化技术引入人力资源管理，通过技术优势提升人力资源管理的有效性。这是数字化时代特别是数字化商业环境中人力资源管理的必然选择。数字化技术加持下的人力资源管理与传统人力资源管理能够形成三种不同的关系模式，即增强、互补、替代。增强关系是指数字化技术能够提升人力资源管理的效率，基于更广泛的信息来源和更强大的信息处理能力，使人力资源管理的相关流程与决策等更加高速，更加便捷。互补关系是指数字化技术能够弥补传统人力资源管理难以触达的领域，或者借由数字化技术将人力资源管理的某些部分让渡给人工智能，与人工的人力资源管理形成分工合作的关系。替代关系是指某些人力资源管理的功能完全由大数据、云计算、人工智能等数字化技术来实现，无需人工的介入。组织中的人力资源管理需要因地制宜地选择不同的关系模式及关系模式的组合，确保人力资源管理的数字化转型真正为组织服务。

二、人力资源管理的数字化转型的演进路径

数字化技术的三阶段演进路径同样可以体现在人力资源管理的应

用中。

（一）信息化

人力资源管理的信息包括组织内外部的各类信息，内部信息如员工个人信息、员工求职阶段的表现、入职后的培训历史、薪酬变化、职位升迁、绩效评估状况等，外部信息包括人才市场存量、市场薪资水平、竞争对手的人才储备、政府规章中关于就业等问题的政策等等。人力资源管理的信息化早已不是新鲜事。早期的人力资源管理信息系统以内部信息的收集、整理和应用为主。随着数字化的推进，人力资源管理的信息化将向广度与深度拓展。信息化程度越高，组织越能够充分把握动态变化的现实，并作出更有效的人力资源部署。

（二）数据化

在信息化的基础上，组织能积累起海量数据用于数字建模，优化人力资源管理决策。例如，对高绩效员工的数据分析可以反馈到人力资源管理的各个职能方案设计中。他们在人口统计学上的特征，他们在求职过程中、培训中的表现，他们在薪酬福利、职业发展方面的待遇等数据都可以通过算法找到内在的逻辑和规律，从而为未来招聘什么样的人及如何招聘、培养、留住这些人提供指导。对人力资源的绩效产生直接或间接影响的其他历史数据也都可以纳入算法中来，以便更精准地模拟现实，揭示本质规律。

（三）智能化

在信息化和数据化的基础上，未来人力资源管理有望继续深入一步，通过人工智能技术，在不需要人力干预的前提下，直接将人力资源大数据分析与挖掘的指示意义用于决策输出和执行。例如，机器人面试官就是智能化人力资源管理的一个雏形。机器人面试官能够捕捉面试者的语言及非语言信息，包括对面试问题的口头回答、回答过程中的面部表情、肢体动作、语速语调等，将这些数据与原来存储的相关数据整合，进行智能化的分析和比对，由此自动生成对面试者的评价和判断等。

这三个阶段不是决然分割的，组织应根据数字化转型的不同阶段及人力资源管理的具体问题，选择不同的数字化形式及其组合方式，兼容并蓄地实现数字化对传统人力资源管理的增强、互补与替代作用。

三、人力资源管理的数字化转型的应用场景

数字化技术在人力资源管理中有着广阔的应用空间,能广泛应用于人力资源管理的诸多核心场景,如人力资源规划、员工招聘、员工培训、绩效管理、薪酬管理、员工关系管理、职业生涯管理等。

(一)人力资源规划

数字化人力资源规划能实时获取和更新在职员工数量及绩效状况相关的数据,进行人才盘点,同时结合内外部数据,包括组织的新战略、技术变革对特定工作岗位的冲击、外部环境影响对组织产品与服务的需求变化、特定区域特定行业的人才供给等,对组织的人才供求关系、数量及质量要求作出精准的预测,并将预测结果作为人力资源规划的依据。

(二)员工招聘

员工招聘工作已从线下拓展到线上。在招募环节,除了传统的媒体广告之外,具有互动性的社交媒体成为招募活动的重要载体。例如,同样是招募广告,用微信来发布,其界面可以实现音频、视频等多元介质的整合,大大丰富招募的信息量和感染力,而对于有求职兴趣的受众,可以即时地沿着招募广告一键登录求职界面,完成个人信息的提交。在选聘环节,人工智能可以接替人力完成繁复的简历筛选等流程,而面试机器人则能基于历史的人才配对数据和对求职者特征的客观捕捉,实现最合适人选的锁定。

(三)员工培训

首先,数字化人力资源管理能通过技能需求和员工实际技能水平的数据比较,更加高效、精准地实施培训需求分析。其次,数字化培训成为传统的线下培训的有效补充。与线下培训相比,数字化培训具有随时随地开展、高效便捷的优势,员工可以充分利用碎片时间接受培训。数字化培训还具有自主性的特点,员工可以根据自己的学习能力、学习节奏和时间配置等决定自己学习的进程。另外,数字化培训能提供实时反馈,让员工充分了解自己的学习效果并据此调整学习方案。

(四)绩效管理

数字化绩效管理首先要确定绩效评价维度和绩效标准。基于组织各类历史数据,如历史的绩效标准、员工的绩效达标情况、影响员工绩效的个人

因素、组织因素及外部市场因素等,制定绩效标准,具有科学高效的特点。绩效评估过程的数字化更有利于实现360度考核以及通过线上进行数据收集和汇总,能将众多评估者的评估结果进行数据整合与分析,形成更加客观的评估结果,并智能地生成评估报告,对员工进行反馈,并给予后续绩效提升、未来职业路径发展等方面的建议。

(五)薪酬管理

薪酬制度的制定要兼顾内部公平性和外部竞争性。需要纳入考量的内外部因素众多,数字化薪酬能充分发挥数据收集、数据挖掘等方面的优势完成薪酬建模,从而提供最符合组织要求的薪酬解决方案。而在具体的员工薪酬计算中,数字化也更胜一筹。将影响薪资水平的各种员工数据整合到薪酬模型中,就能快速获取每个员工应得的薪资。而对于薪资发放等流程,也可以通过员工自助服务等方式予以掌控。

(六)员工关系管理

数字化促使组织和员工关系发生根本性改变。组织需要更多地关注员工需求,实现员工目标与组织目标的双赢。数字化技术将管理重心前移,赋予了组织更具前瞻性的管理维度,数字化员工关系管理能充分利用和发挥这一特点,不仅能像传统方式那样被动地维护员工关系,更能基于影响员工满意度、敬业度、离职倾向等的因素主动地重塑组织-员工关系,同时基于员工个人情况提供个性化、有针对性的员工援助计划,帮助员工实现有效的压力管理等。数字化员工关系管理将在新型雇佣关系中发挥重要的作用。

(七)职业生涯管理

员工职业生涯管理同样应建立在员工与组织双赢的基础上。数字化技术能够更充分地整合员工个人数据与组织业务数据,在彼此的关联与动态的变化中揭示员工在组织中的合理定位及发展路径。数字化员工职业生涯管理既能优化过去导向的离职管理,包括以留住关键人才为目的主动离职管理和以解聘不合格员工为目的的被动离职管理;又能作用于未来导向的员工职业生涯的规划和设计,帮助员工在组织的愿景下反观自身的成长空间。总之,数字化技术使组织能够横跨员工与组织,兼顾过去与未来,确保员工的成长与组织的发展要求相协同。

本章小结

数字化时代的到来,使得商业活动更多地受数字技术驱动,数字技术通过提升企业洞察、加速变革创新、推进价值共创等方式,正在构建新的商业逻辑。数字技术为大数据的涌现提供了土壤,这些数据资源又将通过数字化技术的提炼、挖掘和分析服务于商业实践的数字化转型。

相较于其他资源,人力资源能够能动地创造价值,是更具有战略意义的资源。同时人力资源又是有限的,组织必须通过人力资源管理动态地提升人力资源的效率与效益,因此人力资源管理对组织至关重要。人力资源管理具有三大功能,即获取、开发和保留人力资源,主要通过人力资源管理各大职能来实现,即人力资源规划、员工招聘、员工培训、绩效管理、薪酬管理、员工关系管理、员工职业生涯管理等。

数字化商业环境既对人力资源提出了包括学习和知识更新能力、数字化思维和创新能力在内的新要求,同时也为人力资源管理带来新的机遇与挑战,数字化原住民与数字化移民将成为新时代人力资源的主力军。因此,人力资源管理必须进行数字化转型,而转型的演进路径是信息化—数据化—智能化。人力资源管理数字化能够广泛应用于人力资源管理的各个职能模块。

核心概念

数字化转型;数字化商业环境;资源;人力资源;人力资本;管理;人力资源管理;数字化原住民;数字化移民

复习题

1. 数字化技术如何赋能企业、重塑商业环境?
2. 数字化技术演进的基本路径是怎样的?
3. 什么是资源?什么是人力资源?人力资源作为组织的重要资源,与其他资源相比有什么特点?
4. 什么是管理?什么是人力资源管理?
5. 人力资源管理包括哪三大功能?这三大功能是通过哪些人力资源管

理职能来实现的？

6. 数字化商业环境对人力资源有哪些新的要求？

7. 数字化商业环境为人力资源管理带来哪些机遇与挑战？

💡 讨论题

1. 结合你的生活经验，谈谈数字化转型对商业社会的冲击及由此带来的机遇与挑战。

2. 结合大数据的特点，谈谈数字化技术的内涵与实质。

3. 结合当前商业社会的特点及人力资源的特点，谈谈人力资源管理的重要性。

4. 谈谈你对人力资源管理数字化转型的理解。

5. 作为数字化原住民，你对未来职场中的人力资源管理有何预期？

📝 模拟案例题

请模拟一家数字化转型中的建筑公司 A，对 A 公司的公司规模、组织结构、员工构成等基本状况进行设定，并分析：

1. 数字化商业环境给 A 公司带来了哪些机遇与挑战？

2. 数字化技术在 A 公司可以有哪些方面的应用？

3. A 公司的人力资源具有哪些特点？

4. A 公司人力资源管理的数字化转型有哪些应用场景？

5. A 公司数字化原住民与数字化移民的构成比例如何？对人力资源管理有何影响？

第二章

数字化与战略性人力资源管理

第一节 战略性人力资源管理

一、战略性人力资源管理的由来

人力资源管理应发挥战略性作用。人力资源管理古已有之，但人们对其作用与意义的认知却是一个逐步发展、慢慢演进的过程。在现代商业社会中，从人事管理到人力资源管理是一大进步，人们开始认识到员工是组织的重要资源，人事管理中事务性的管理方式无法充分发挥这一资源的效能，而人力资源管理概念的提出在理念层面确认了员工的资源属性，有利于从开发资源、利用资源的视角更好地将员工的潜能释放出来。而战略性人力资源管理则是从战略的高度认识人力资源的属性意义。相较于其他的资源，企业的竞争优势越来越取决于人才，所谓得人才者得天下，人才的数量和质量是组织达成战略目标的根本。康斯坦丁（Constantin）和卢什（Lusch）对于资源分类的认识，则为这一结论提供了有力的理论依据：人力资源是一种操作性资源，能够能动性地撬动各种对象性资源的配置和使用，是组织各种资源得以最优化的基础，也就是说符合组织战略目标的人才能以最优化的方式配置和利用各种形态的资源，从而使组织获得竞争优势，达成战略目标。

二、战略性人力资源管理的内涵

战略性人力资源管理包含两个维度：一是依据组织战略规划确定人力资源管理的战略，并据此设计人力资源管理流程，使人力资源管理的各个职能之间相互协同,共同作用于组织的战略目标。二是将组织内外部人力资源的分布状况作为组织进行战略规划的重要依据,组织内部的人力资源具有何种优势和劣势、组织外部的人力资源呈现何种机遇和挑战,必须纳入组织战略设计中,作为战略目标设定的重要考量。

(一)根据组织战略规划人力资源管理

根据组织战略规划人力资源管理可以分为几个步骤:明确组织的战略目标;根据战略目标进行工作设计,并根据工作设计明确完成工作所需的能力、行为方式等;根据战略目标确立组织文化及与之相符的企业精神、价值观等;根据上述能力、行为方式、价值观等要求制定人力资源管理战略;根据人力资源管理战略设计相应的人力资源管理职能(如图2-1所示)。

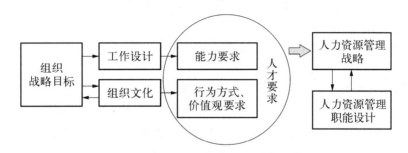

图 2-1 战略性人力资源管理流程图

例如,某商学院以建设国际一流商学院为战略目标,将这一战略目标分解到教学、科研、行政三个工作模块,并对每个模块中的具体工作进行设计,每项工作要求不同的能力组合,其中全球化思维、国际化能力等是各类工作必备的能力,与此同时,东西方文化结合下的优雅含蓄、奋发进取、开拓创新等成为该商学院倡导的行为方式和价值理念。由此,该商学院明确了相应的人力资源管理战略——吸纳、培养和激励具有全球化视野,能够在工作岗位上不断创新、进取的国内外优秀人才。至此,该商学院完成了人力资源管理战略的制定,接下来要通过工作分析、员工招聘、员工培训、绩效管理、薪酬管理、员工关系管理、职业生涯管理等各个人力资源管理职能的协同设计实现人力资源管理战略的有效实施。

1. 明确组织的战略目标

一方面,组织的战略目标要符合组织愿景与使命的要求;另一方面,应通过 SWOT 分析，明确组织内部的优势和劣势及组织外部的机遇和挑战，通过系统分析，找出外部环境提示的"可以做的"和内部能力提示的"能够做的"之间的交集，将其确定为组织为之努力的中长期目标。

2. 根据战略目标进行工作设计并明确完成工作所需的能力、行为方式等

战略目标需要层层分解为不同的工作任务，然后将工作任务进行有机组合，形成工作岗位，并明确各个工作岗位的职责，这个过程就是工作设计。值得一提的是，近年来，随着组织结构的柔性化，出现了"去工作化"的趋势。当然"去工作化"并不是说工作岗位不再需要了，而是说工作的内涵不一定要用明确的职责去界定，可以用特定的工作目标来定义工作岗位，并根据环境需求调整具体的工作内容，使工作更加具有灵活性和自主性。具体内容将在本书第三章中详细介绍。

无论是基于工作职责和工作内容的工作设计，还是基于工作要求和工作目标的工作设计，最终都应落实到工作能力上。工作能力既包括显在的、易于测度的知识和技能，也包括潜在的、不易测度的潜能、本能等。在传统商业环境中，更多强调的是前者；而随着数字化的深入，组织更趋柔性化，后者也越来越受到重视。一般而言，基于工作职责和工作内容的工作设计重视显在的技能，而基于工作要求和工作目标的工作设计则对显在与潜在的能力同样重视。

3. 根据战略目标确立组织文化及与之相符的企业精神、价值观等

组织文化是一种软管理的方法，能够潜移默化地规范和引导员工的行为，在很多情境下能发挥比制度等硬管理更加有效的作用。组织文化包括精神层、制度层、物质层。精神层是组织成员共同信守的基本理念、价值取向、职业道德和精神风貌等，是组织文化的本质与核心；制度层是组织成员共同遵守的行为准则，包括组织领导体制、组织机构、组织管理制度等；物质层则是精神与制度的外化，包括员工所处的生产环境、使用的器物设备、生产产品的风格与质量等。各个层面从不同角度向员工提示着组织文化，成为员工思想与行为的有效指引。

组织文化既受组织创始人价值理念和组织存在目的的影响，也受组织战略目标的影响。组织文化中的价值观、企业精神、行为文化等要素与战略

所规定的经营方向、未来目标等内容密切相关,组织文化应与战略目标的要求相协调。组织文化虽然有相对稳定的部分,但并非全然不变,需要结合战略目标的演进与时俱进地调整组织形象与文化理念等,尤其在复杂多变的商业环境中,组织文化本身就应包含鼓励变革与创新的元素。

4. 制定人力资源管理战略

基于工作设计的员工能力与行为方式以及基于组织文化的价值观与企业精神等对组织的人员素质提出了基本要求。而人力资源管理战略就建立在人才画像的基础上,旨在清晰地描画出基于组织战略的人才定位和人才需求。长期以来,组织更多地从工作要求的角度进行人才画像,而对组织真正有价值的人力资源是既有能力又有动机为组织战略服务的人才。能力的界定依据是工作要求,其一方面取决于与工作的适配度及由此产生的工作投入度,另一方面则取决于人才与组织的适配度及由此产生的组织认同感。只有当两方面都满足时,才能确保人才获得充分的激励,拥有足够的意愿,在特定的工作岗位上以与组织文化相适宜的方式效力于组织,将自己的能力贡献于组织目标的实现。

5. 根据人力资源管理战略设计相应的人力资源管理职能

人力资源管理战略能够为后续一系列人力资源管理职能的设计和规划提供明确的指引。构建在人力资源管理战略之上的系统的人力资源管理体系,是组织有效调度人力资源、最大限度发挥人力资源效能的根本。

从逻辑上看,人力资源管理体系是一个有序的流程。

首先,根据人力资源管理战略进行工作设计和工作分析。工作设计既要服务于组织的战略,又要兼顾员工的需求,践行人性化设计,因为工作内容在很大程度上影响着员工的工作满意度,进而影响其贡献于组织战略的意愿。

其次,根据组织的人才供求情况确定组织的人力资源规划,并基于能力和动机两个维度的要求着手招募和选聘员工,即招聘到既有能力又有意愿为组织目标服务的员工。

对于新招入的员工,组织应为其提供入职培训。入职培训同样应立足于能力和动机,组织的历史、文化、制度、规范等应在第一时间植入新员工的大脑,帮助其顺利完成组织中的社会化过程,有效融入组织环境,达成组织认同。与此同时,提供与工作岗位相关的技能培训,使其按照组织工作所刻画的要求来发挥自身的能力。

再次,对于员工的绩效管理至关重要。基于工作能力的绩效产出和针对工作态度、意愿及组织认同等方面的绩效表现都应纳入绩效考核的范畴。而绩效考核的结果应有效应用于后续的薪酬管理中,同时反馈于前端的人力资源规划、员工招聘、员工培训等各职能,使其既体现个人绩效的产出,又链接到组织的整体绩效,作为解读组织绩效达成情况的依据。

薪酬管理应体现内部公平与外部公平。原则上内部公平要求根据员工对组织目标的不同贡献确定薪酬水平,而贡献的界定应结合组织战略的要求;外部公平则是参考不同工作岗位的市场薪资标准,对组织中各岗位的薪资确定上限和下限,对具有重要战略意义的工作岗位应体现一定倾斜,以此激励具有战略价值的人才。

员工关系管理则是贯穿于人力资源管理体系的逻辑流程。传统员工关系管理主要体现为组织管理者与员工之间权力与利益的博弈,但战略性人力资源管理下则更多地体现为组织利益和员工利益的协同,组织通过责权利的有效配置,体现对员工需求的关注、对员工利益的保护,从而激励员工而非强迫员工为组织目标工作。

员工职业生涯管理的重点是结合人力资源管理流程中所掌握的对员工特质的了解帮助员工规划职业生涯,尽可能将员工的职业目标纳入组织战略的宏观框架中,让员工在服务于组织的活动中获得自身的成长,实现组织与员工的共赢,以此留住核心员工。

(二)根据人力资源分布制定组织战略

组织战略的制定必须因地制宜。SWOT分析就是要结合组织内外部的实际情况,推导出适合组织的战略目标和战略规划。内部的优势和劣势分析是对组织自身资源与能力的核查,而人力资源是最具战略性的资源,人力资源管理则是最能撬动组织整体绩效的能力,其必须成为内部分析的重要对象。相应的,外部的机遇和挑战分析应纳入人才市场的人力资源供给情况与竞争对手所获得的人力资源情况。人才市场人力资源供给充足或竞争对手的人力资源相对匮乏,就是组织的重要外部机遇;反之则构成外部挑战。总的说来,组织自身的人力资源的数量和质量、人力资源管理体系的优劣以及外部环境所提示的人力资源竞争的态势,是组织制定战略时必须考虑的重要因素。

由此,人力资源管理与组织战略规划和实施形成了一个闭环。组织根据内外部人力资源的分布状况进行SWOT分析,确保可获得的人力资源能充分支撑组织的战略并能制定出相应的战略目标。在既定的战略目标指引下,组织设计出人力资源管理战略,并通过各个人力资源管理职能来落实,最终贡献于组织的战略目标。与此同时,在实施组织战略过程中不断调整的人力资源构成和外部人力资源的分布变化,又将作用于新一轮的组织战略规划。(如图2-2所示)

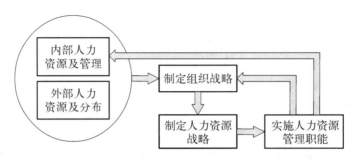

图2-2 人力资源与组织战略闭环图

三、战略性人力资源管理的协同机制

战略性人力资源管理应建立在三重协同的基础上,即纵向协同、横向协同和内部协同。

(一)纵向协同

纵向协同是指人力资源管理必须服务于组织战略,必须以达成组织战略目标为终极使命,这是战略性人力资源管理的本质要求。人力资源管理既要依据组织战略规划确定相应的人力资源管理战略,通过明确组织战略达成对人才在技能、行为、价值观等方面的要求,确保人力资源管理能够通过获取、培养和激励符合这些要求的人才,帮助组织达成战略目标;也要根据组织人力资源的优势和劣势、面临的人力资源的机遇和挑战来设计和制定组织战略。简言之,人力资源与人力资源管理必须保持与组织战略的纵向协同,确保人力资源成为组织实现其战略的核心竞争力,使组织战略实施的过程始终获得人力资源的保障和人力资源管理的支持,并最终达成战略目标。

（二）横向协同

横向协同是指人力资源管理应服务于组织中不同业务部门的业务目标,要结合各个业务部门的业务特点满足其对人力资源的需求。传统的人力资源管理被当作一个相对独立的行政职能,与其他职能之间存在着相互割裂的现象,因此人力资源管理对组织的价值与意义也体现不出来。而战略性人力资源管理则通过服务好组织中其他的业务部门,为其他各个部门招聘、培训和激励其需要的员工,切实帮助组织解决人力资源问题,从而使各业务部门能按照组织部署完成其任务,并协同实现组织的战略目标。可见,人力资源管理的战略性目标正是在横向协同服务于其他业务部门中实现的。

（三）内部协同

内部协同,即人力资源管理的各大模块间必须基于组织的战略目标,首先实现目标协同,进而在实施中体现流程的协同,使模块间彼此有序衔接,精准反馈,实现闭环管理。基于组织战略的纵向协同规定了组织在技能、行为、价值观等方面对人力资源的要求,而基于业务部门目标的横向协同进一步明确了何种人力资源应在何种部门发挥何种作用。而所有这些都需要一系列的人力资源管理职能去实现。而且,各个人力资源职能必须服务于同样的人力资源需求。例如,组织需要研发部门设计出符合客户潮流需求的产品,这就对设计师提出了一系列技能要求。这在员工招聘环节就转化为选聘标准,在员工培训环节就形成培训目标,在绩效管理环节就作为绩效标准,而所有这些都应该一脉相承,彼此协同,这就满足了人力资源管理的内部协同。一旦人力资源管理的各个职能失去了人才需求这根统一的指挥棒,就无法互相衔接、彼此强化地将"选任育留"的整合性人才策略贯彻落实,也就无法获得、留住组织需要的人力资源。

四、战略性人力资源管理的着力点

真正的人力资源是既有能力又有动机为组织创造价值的有用人才,能力和动机是战略性人力资源管理的着力点。战略性人力资源管理要服务于组织战略目标,也就要求组织的人力资源服务于组织战略,因而其具有鲜明的导向性。强调员工动机的目的是确保员工按照组织目标持续地发挥自身能力。传统的人力资源管理将重心放在员工能力上,突出员工能力对组织的价值和意义。但越来越多的组织实践表明,有能力而缺动机的员工不仅无法有效地贡献于组织目标,还可能给组织带来不小的危害。当有能力的员工缺乏组织认同感时,往往会离职甚至投奔竞争对手,这些情形不仅造成组织人才流失,而且组织更可能因此失去竞争优势,其结果比能力较低的员工离职更具杀伤力。本书将动机与能力并置,就是要强调人力资源管理的战略性。或者说,战略性人力资源管理正是通过提升员工的能力和动机来帮助组织实现战略目标的。

战略性人力资源管理应将能力和动机两个维度渗透到各大模块中,在各个职能中充分体现对能力和动机的兼顾,从而培养战略性人力资源,帮助组织达成战略目标。进行人力资源规划时,对组织内部人力资源供需的判断应基于能力和动机的共同/协同考量,在盘点组织内部员工供给时,应将有能力但无动机的员工分离出来。

员工招聘时,能力一向是焦点,但缺乏对应聘人动机的考核往往会让组织后续付出更高昂的代价,包括更低的员工敬业度、更高的离职率以及由此产生的一系列成本和损失。因此企业招募员工时就应考虑用什么样的"卖点"来吸引热爱工作岗位、认同组织目标与组织文化的应聘者,选聘时将应聘者的内在动机作为重要的选聘依据,及时将有能力但缺乏动机的应聘者筛除出去。

员工培训毫无疑问将作用于员工的能力,但如何界定培训需求以体现机会平等、能否通过培训拓展员工的职业发展空间以及能否协同好个人目标与组织目标等,都将直接影响员工满意度,进而作用于员工的动机。

绩效管理是把双刃剑,实施得好,将帮助员工提升能力,获得有价值的反馈,撬动员工职业生涯的良性发展,因而其具有内在激励性,但若实施不好,绩效考核就会变成紧箍咒,限制员工的能力和热情,反而对个体和组织绩效有害。设计出既有利于员工能力提升又能保护甚至激发员工工作热情的绩效管理体系,是人力资源管理的重要挑战。

薪酬管理的公平公正会直接影响员工的工作动机,能否制定出兼顾内部公平和外部公平的薪酬制度并在实施中基于员工的能力和贡献体现出过程公平,也是对人力资源管理的一大考验,有效的薪酬管理有助于提升员工满意度,也将激励员工通过提升自己的能力来获取更多的薪酬。

员工关系管理通过组织与员工间责权利的平衡作用于员工满意度,当员工与组织的关系不是抗衡而是互相发展时,员工会有更大的动力来提升能力、服务组织。

员工职业生涯管理旨在帮助员工实现职业生涯的良性发展,既在能力上给予持续发展的方向和路径,又提供与工作相关的内在动机。

可见,能力和动机是战略性人力资源管理的一体两面,各个人力资源管理职能无一例外地均涉及员工的能力和动机,并且两者间存在着相互转化的关系。战略性人力资源管理就是要把提升员工的能力和动机相互耦合地嵌入各个模块中,使其不失偏颇,确保员工成为有能力又有意愿的人,将个人的绩效产出协同到组织绩效中,贡献于组织目标。

第二节 人力资源管理矩阵与组织战略

人力资源管理矩阵是将三支柱理论与各大模块相整合,以三支柱为"经"、各个职能模块为"纬"形成的一个人力资源管理矩阵结构。它能够更好地协同横向与纵向的联系,更聚焦地围绕组织战略来构建人力资源管理体系,使之更具系统性和目标性,因此人力资源管理矩阵体现了战略性人力资源管理的必然要求。

一、人力资源三支柱理论

人力资源三支柱理论是在1997年提出的。三支柱包括共享服务中心、人力资源业务合作伙伴和人力资源专家中心。以三支柱为支撑的人力资源体系源于组织战略,服务于组织业务,其核心理念是通过组织能力再造让人力资源更好地为组织创造价值。

(一)共享服务中心

共享服务中心是将组织各业务单元中所有与人力资源管理有关的基础

性行政工作集中起来，包括薪酬福利核算与发放、社会保险管理、人事档案、人事信息服务管理、劳动合同管理、员工投诉与建议处理、人力资源咨询服务等，通过建立一系列共享的服务中心来统一处理。共享服务中心既是信息共享平台，又是员工服务平台，同时还是决策支持和驱动平台。具体包括员工呼叫中心、人力资源流程事务处理中心、人力资源运营管理中心等，以此为员工、管理者、供应商等服务对象提供标准化、高质量的共享服务、自助服务、决策支持等[①]。

（二）人力资源业务合作伙伴

人力资源业务合作伙伴是由既熟悉人力资源管理各个职能又了解业务需求的人建立起人力资源管理与各业务部门沟通的桥梁，使人力资源管理切实融入业务流程，结合业务需求处理各种人力资源事务，协调和维护各个业务场景中的员工关系，协助业务经理在人力资源管理制度的基础上进行人力资源的有效配置和利用，提升业务流程的有效性。不仅如此，人力资源业务合作伙伴还从人力资源的专业视角来发现业务单元日常人力资源管理中存在的问题，或与共享服务中心协同解决，或提请人力资源专家寻求解决问题的方案，从而优化业务单元的运营流程。

为了更好地发挥其作用，人力资源业务合作伙伴需要扮演好一系列的角色：一是人力资源管理流程执行者，在业务单元践行人力资源管理流程。二是关系管理者，负责协调和管理员工关系。三是解决方案集成者，即基于专家中心的专业设计形成业务导向的解决方案。四是变革推动者，通过做好人的工作为变革扫清障碍。五是战略伙伴，通过架构起与组织业务目标相适应的人才战略推动战略的有效实施。

（三）人力资源专家中心

人力资源专家中心的主要职责是从专业角度协助企业制定和完善各项人力资源管理规定和流程，指导共享服务中心的服务活动，为业务单元提供人力资源规划、人事测评、培训需求调查及培训方案设计、绩效管理制度实施、薪酬设计和调查等专业性较强的人力资源方面的咨询，帮助其解决业务

---

① MEIJERINK J, BONDAROUK T. Exploring the central characteristics of HR shared services: evidence from a critical case study in the Netherlands[J]. The International Journal of Human Resource Management，2013，24(3)：487-513.

流程中的人力资源管理方面的难题,并汇总各部门的业务数据,在组织层面进行政策的改进和流程的优化,持续改进组织的人力资源管理体系。因此,人力资源专家中心是技术专家,是人力资源管理制度的设计者和人力资源管理实施的管控者。

可见,三支柱通过不同的方式作用于组织战略。一方面,共享服务中心承担自助式流程化的事务性人力资源运营,从而使更多的人力资源管理资源聚焦于与战略相关的活动;另一方面,共享服务中心通过信息共享,为管理者、员工等提供全方位的信息支持,并根据需要输出有针对性的数据,为人力资源管理各个职能环节制定战略性的决策提供数据支持。人力资源业务合作伙伴通过服务于业务需求来为战略服务,组织中各类业务目标的设计是以战略为导向的,人力资源业务合作伙伴帮助业务部门更好地达成业务目标,进而帮助组织达成战略目标。人力资源专家中心凭借专业性的人力资源管理技能,一方面参与组织战略目标的制定,从人力资源供求及特点的角度为组织提供优劣势的分析判断;另一方面结合组织制定的战略,设计人力资源管理战略以及与之相配套的人力资源管理政策、流程、表格、规范等,同时为人力资源管理提供专业指导与咨询,以保障人力资源管理的战略性实施。

二、三支柱理论与职能模块理论的关系

三支柱理论和传统的职能模块理论并非非此即彼的关系,两者之间既有区别又有联系。

(一)三支柱理论与职能模块理论的区别

职能模块理论是从人力资源管理的核心流程中梳理出的核心职能,体现了从招人到育人到留人这一套基本逻辑下所顺次开展的一系列人力资源管理活动。从理论上讲,这些模块是按照特定的逻辑顺序展开的,并构成了一个完整的人力资源管理体系。各个模块即各个人力资源管理职能相互依存,彼此关联,"牵一发而动全身",任何一个模块的缺失或失效都会导致整个人力资源管理体系的失衡。

三支柱理论则是从一个全新的维度定义了人力资源管理发挥作用的不同层级、不同方式和彼此间的耦合效应。人力资源专家中心是总设计师,从

专业的角度统筹全局,搭建起完善的人力资源管理流程和体系。在此基础上,共享服务中心在组织层面上提供统一的、标准化的基础行政服务,而人力资源业务合作伙伴则更具针对性地就不同业务单位的需求提供人力资源方面的业务支持,帮助业务单位更好地达成业务目标。共享服务中心以效率为导向,服务于组织战略;而人力资源业务合作伙伴则切实围绕业务需求,实施各项人力资源管理活动,以高质量、有效性为追求服务于组织的战略目标。

(二)三支柱理论与职能模块理论的联系

三支柱理论应与职能模块理论相整合,在不同的人力资源管理职能中贯彻三种类型的人力资源管理服务方式,既各司其职又彼此协同,搭建一个以三支柱为"经"、各个职能为"纬"的人力资源管理矩阵(如表2-1所示)。

表2-1 人力资源管理矩阵

职能	共享服务中心	人力资源业务合作伙伴	人力资源专家中心
人力资源规划	在职员工信息维护与共享,形成实时更新的组织人才库;外部人才数据的收集和汇总	拟定具体的岗位职责和任职要求;选择合适的渠道发布招聘信息;了解各业务部门人员供给与需求;结合战略目标分析各业务部门人员供给与需求;制定各部门的人力资源规划	设计员工信息平台输入端口与共享路径;根据企业战略目标解决员工规划中的技术难题;根据各业务部门人员供给与需求以及外部人才供给状况等制定年度的人力资源规划及招聘计划
员工招聘	协助完成求职者的求职流程;收集、整理并共享招聘数据;协助新员工录入基本信息	与所在的业务部门经理确认招聘需求;协同用人部门经理设计和实施招募方案和选聘流程;确认最终录用人员	构建胜任力模型;整合招聘渠道;制定适合本组织的选聘方案;设计并优化招聘流程等
员工培训	整理和发布免费的在线学习和培训公开课等;更新与维护员工的历史培训数据	与所在部门经理沟通确定培训需求;根据所在部门业务情况和发展目标,分析培训需求并提出可行的培训课程建议;及时跟踪和反馈培训效果	提供培训政策与流程;对培训需求分析、培训方案设计等提供专业性指导;针对组织培训需求,选择合适的培训机构和资源

续 表

职能	共享服务中心	人力资源业务合作伙伴	人力资源专家中心
绩效管理	提供绩效管理过程的数据更新与共享；做好绩效数据的维护工作；负责绩效数据的保密和传输	根据组织及部门战略目标，协助所在部门经理及员工制定合适的年度绩效考核目标；协助部门主管与员工进行绩效反馈、沟通，共同修订绩效目标并制订改进计划；监督指导并推进目标的完成和绩效考核	制定和完善所有的绩效考核流程；设计绩效考核环节与各人力资源管理职能的接口
薪酬管理	更新和维护员工薪资及相应信息；收集和整理市场薪酬数据；发放工资，出具工资条等；追踪薪资变化	根据绩效考核核算工资；制定所在部门每个员工的奖金、加薪及降薪方案；控制薪酬预算	组织薪酬市场调查；根据调查结果制定薪酬政策，设定薪酬体系；根据组织战略及本年度财务预算制订年度薪酬计划
员工关系管理	共享劳动制度；管理劳动合同；进行奖惩记录；归档劳动争议；更新与共享员工满意度、敬业度、离职倾向等调查数据	结合业务部门特点及要求，提供有针对性的员工援助计划，帮助员工实现有效的压力管理；保证人力资源管理各职能的公平实施；践行和谐的员工-组织关系	搭建符合组织战略的组织-员工关系平台；组织与员工责权利统一的政策框架；设计员工调查问卷
员工职业生涯管理	更新和维护员工态度调查数据等与离职相关的员工数据；更新和维护员工入职前后直至离职的完整数据	结合业务部门特点、要求及员工的能力与动机数据，为员工提供职业发展路径；给予员工职业生涯建议；做好主动离职与被动离职管理	设计员工满意度、职业生涯满意度等调查问卷；结合职业生涯管理的需要，制定组织的入职离职、培训、绩效管理等制度；设计各类人员的离职预案管理制度

1. 三支柱与人力资源规划

人力资源规划需要通过人才盘点判断人力资源供求状况，进而按照组织业务的要求有针对性地提出平衡人员供求关系的方案。人力资源专家中心通过人力资源管理体系的搭建，梳理出人力资源管理各环节彼此互联互动的逻辑，经由共享服务中心的活动，可以有序地收集人力资源管理各环节的信息以及由此产生的员工个人信息的变化与更新，比如员工的基本信息、接受培训的情况及效果、绩效考核的结果、敬业度测试的水平、薪资调整状况等，从而通过能力和动机两个维度来判断真正符合组织要求的人才的数量与质量。人力资源业务合作伙伴负责结合战略从能力和动机两个维度，深入了解各业务部门的未来人员需求，并汇总给人力资源专家中心，人力资源专家中心通过专业的技术方法进行人才供求分析，整合出组织的人员需求，并从组织外部获取关于市场人才供给的状况等。由此，人力资源专家中心和人力资源业务合作伙伴共同制定出人力资源规划——需要招聘还是减聘？需要招聘多少以及需要什么样的人力资源？拟实施内部招聘还是外部招聘？何种招聘更能兼顾组织对员工能力与动机的要求？等等。

2. 三支柱与员工招聘

共享服务中心负责流程性的工作，如协助求职者进行发送简历、参加笔试面试等求职流程，完成相关信息的收集、分类、整理，并共享给人力资源专家中心和各部门人力资源业务合作伙伴。人力资源专家中心凭借专业技术整合招聘渠道资源，发挥规模效应。同时，人力资源专家中心还可以通过统一的组织形象和品牌营销吸引那些对组织高度认同的求职者。而这可以在很大程度上确保招聘进来的员工具有更强烈的为组织服务的意愿。人力资源专家中心在选择适合本企业的招聘方法、设计高效的招聘流程等方面也具有更加专业的知识和技能，能够为人力资源业务合作伙伴提供政策和方法指引。人力资源业务合作伙伴需要根据能力与动机的要求，选择合适的媒体与渠道，即受众面与目标人群相匹配/吻合，与求职者建立起关联，根据业务部门不同类型的人才需求招募求职者。人力资源业务合作伙伴还能充分了解业务部门的人员需求，在选聘环节发挥更多的作用。人力资源业务合作伙伴首先结合人才需求帮助业务部门梳理出包含能力与动机要求的选聘标准，为业务部门建议适宜的选聘方法，并参与整个选聘过程，协同用人部门筛选简历、协助用人部门面试等，不仅关注求职者能力与业务要求的匹配度，还关注其工作动机、对组织的认同、对特定业务部门的认同等，以便在动机的维度锁定更合适的人选。之后，人力资源业务合作伙伴帮助确认录用人员，并交付共享服务中心进入后续的入职流程。

3. 三支柱与员工培训

培训以能力提升为主要目的，但培训流程的合理性、培训目标的达成效果、培训机会的公平性等也会对员工动机产生影响。人力资源专家中心负责制定培训政策与流程,整合合适的培训机构和资源等,同时为人力资源业务合作伙伴提供培训需求分析、培训方案设计等方面的专业性指导。共享服务中心整理和发布免费的在线学习和培训公开课等,还可共享培训需求、培训进程、培训效果等信息。人力资源业务合作伙伴结合阶段性的部门发展要求,进行深入分析,提供更具针对性和时效性的培训设计。根据具体的培训方案,有些培训可以借助人力资源专家中心提供的培训机构和资源,有些可以依托共享服务中心提供的线上培训资源,有些可以由人力资源业务合作伙伴和业务部门共同开发出个性化的培训项目。最后由人力资源业务合作伙伴跟踪和反馈培训效果,以有效提升员工的能力和动机,从而贡献于组织绩效。

4. 三支柱与绩效管理

绩效管理是人力资源管理的核心环节,因为人力资源管理的目标就是通过提升员工绩效提升组织的整体绩效,从而达成组织战略。绩效考核的结果是人力资源管理体系综合作用于员工能力和动机,从而折射在绩效水平上的结果。绩效结果既能应用于升职加薪等相关决策中,又能反馈到各个人力资源管理职能中,用于审视各个职能的实施效果。人力资源专家中心负责制定绩效考核的流程并设计绩效考核环节与前端、后端的人力资源管理职能间的接口,形成以绩效管理为核心的人力资源管理闭环系统。共享服务中心负责绩效数据的维护,并在保护隐私的同时将数据传输给需要的人力资源管理环节。人力资源业务合作伙伴负责对标业务部门的具体绩效目标,深入绩效考核及反馈的实际流程,从员工绩效目标的制定到合适的绩效考核方法的选取、绩效考核的组织实施乃至绩效反馈和绩效面谈,进而对未来目标设定和实施计划提供指导。三支柱分工协作,一方面实现绩效管理的公平公正;另一方面将绩效管理的重心从简单的考核转变为通过考核来全面促进绩效的改善和提升,将组织与员工之间的对立转变为组织与员工的共同发展,在帮助员工提升个人绩效的同时服务于组织绩效。这不仅有利于提升员工的能力,还能在员工与组织的利益共享中强化员工的组织认同和内在动机。

5. 三支柱与薪酬管理

薪酬管理需体现内部公平性和外部竞争性,这样才能吸引优秀人才,并不断激励他们为组织战略努力。薪酬制度的设计至关重要。人力资源专家中心需要进行薪酬市场调查,确定组织的薪酬定位,再确定报酬要素,根据组织中的工作设计进行工作评估,形成薪酬结构。在此薪酬制度的基础上,人力资源专家中心需要结合组织当前的战略和财务状况,制订年度薪酬计划。人力资源业务合作伙伴则与业务部门合作,根据绩效考核结果核算工资,制定所在部门每个员工的奖金、加薪、降薪等方案。共享服务中心对包括员工学历资历、考勤状况、绩效考核结果、历史薪酬等在内的信息进行实时维护,以便为各个员工计算出合理的薪酬水平,并在后续负责发放工资、出具工资条、统计薪酬变化等。富有激励性的薪酬体系也能激励员工不断提升自身能力,从而获取与自身能力相匹配的薪酬回报。

6. 三支柱与员工关系管理

广义的员工关系管理渗透在整个人力资源管理的过程中,其重点已不是被动地调和组织与员工之间的矛盾,而在于主动地构建和谐共赢的组织-员工关系。人力资源专家中心应基于系统思维,搭建符合组织战略的组织-员工关系平台以及组织与员工责权利相统一的政策框架。这里不仅包括法律规定的员工权益的维护,如劳动合同、劳动纪律与奖惩、职业健康与安全、工作时间与劳动环境等,还包括组织从战略出发所定义的组织和员工的新型关系建构,如员工压力管理、员工敬业度管理、员工离职管理、员工援助计划等。共享服务中心和人力资源业务合作伙伴在相应的政策指导下分工合作。共享服务中心负责劳动合同的管理,记录劳动奖惩情况,更新与共享员工满意度、敬业度、离职倾向等调查数据等。而人力资源业务合作伙伴则结合业务部门特点及要求,提供有针对性的员工援助计划,帮助员工实现有效的压力管理等。员工关系管理直接作用于员工动机,在和谐的组织-员工关系中,员工更有意愿不断提升自己为组织创造价值的能力。可见,三支柱的协同能更有效地改善员工关系管理的成效,从而提升员工动机与能力。

7. 三支柱与员工职业生涯管理

员工职业生涯管理也应贯穿人力资源管理整个过程。人力资源专家中心负责设计员工满意度、职业生涯满意度等调查问卷;结合职业生涯管理的需要,制定组织的入职、离职、培训、绩效管理等制度,设计各类人员的离职预案管理制度。人力资源业务合作伙伴对本部门员工的能力与动机状况具有深入的认知,再结合业务部门的特点和要求,可以将员工目标与业务目标相链接,向员工建议职业发展路径。人力资源业务合作伙伴还应密切关注部门员工能力、动机、绩效、行为等方面的动态,切实做好部门员工的离职管理。共享服务中心负责实施员工调查数据、员工职业生涯满意度调查,对员工的违规行为按流程进行处置并记录在案,以此支持人力资源业务合作伙伴和人力资源专家中心的决策。

三、人力资源管理矩阵对组织战略的意义

人力资源三支柱原本就以服务组织战略为目标,通过将人力资源管理与公司业务相嫁接,帮助组织更好地实现业务和达成战略。三支柱之间的内在逻辑和闭环效应能够帮助组织实现这一战略定位。人力资源专家中心基于战略目标设计组织的人力资源管理体系,包括制定人力资源管理战略、政策、流程,提供相应的人力资源管理工具,构建系统的人力资源管理环境等。在此基础上,共享服务中心与人力资源业务合作伙伴各司其职又互相协同。共享服务中心重在提升交易操作、福利问题等流程性、事务性工作的达成效率,在满足员工和人力资源工作者完成日常事务及获取相关信息的同时,还能作为人力资源业务合作伙伴,为业务部门提供专门化服务的投入,包括操作结果投入和相关信息投入,从而实现业务部门人员管理的特定目标。而人力资源业务合作伙伴在服务过程中遇到的问题又能反馈到人力资源专家中心,其一方面获得更加专业的指导,一方面从组织的全局视角提供解决方案,不仅如此,问题的出现还示警了人力资源业务合作伙伴需要重新审视现有人力资源管理流程与政策的适用性,并按照组织业务发展的需求不断更新和优化人力资源管理体系,继而更好地服务于组织战略目标。

人力资源管理三支柱与各个模块相耦合就形成了人力资源管理矩阵。三支柱管理模式的引入不仅能使各个模块的职能更加聚焦于业务需求和战略目标,而且能更充分地作用于员工能力与动机水平的提升,从而更有效地践行战略性人力资源管理。

人力资源业务合作伙伴能在人力资源专家中心搭建的战略性人力资源管理体系中,利用共享服务中心的信息维护和功能产出,更加聚焦于各大模块在各个业务部门的实践,充分发挥人力资源与业务相整合的耦合效应,以

人力资源作为操作性资源撬动各项业务的战略性作用。其一方面以业务需求为纽带，串联起各大模块间的协同运作；另一方面确保每个模块在提升员工能力的同时提升员工的动机水平，打造既有能力又有意愿为组织战略创造价值的人力资源。

第三节　数字化背景下的战略性人力资源管理转型

数字化背景下的人力资源管理应积极进行数字化转型，利用数字化技术实现数据的收集、整合、共享；实现数据的实时、按需、多元和重复使用；同时对复杂多样的人力资源大数据进行处理、提纯、挖掘、建模等，进而用于指导人力资源管理活动和决策，实现人力资源管理的信息化、数据化和智能化。数字化转型作用于战略性人力资源管理，要求上述人力资源管理活动能够有效地围绕组织战略展开，通过大数据助力组织战略目标的实现。

一、人力资源管理数字化转型的必要性

（一）战略性人力资源管理的需要

战略性人力资源管理通过人力资源管理矩阵践行人力资源管理的三重协同，共同作用于员工能力和员工动机的提升，确保员工既有能力又有意愿为组织的战略目标工作。这个过程中，各个层面各个方向的协同合作因数字化技术而成为可能。具体地说，人力资源三支柱中的共享服务中心、人力资源业务合作伙伴、人力资源专家中心需要数字化技术实现分工与合作；人力资源管理的各个职能借助数字化技术实现数据的留存和共享，并成为人力资源管理其他职能所需的数据来源；人力资源管理各职能中的数据与业务数据相结合，更加明确地服务于各类业务目标；人力资源、人力资源管理的数据与组织绩效、组织战略目标的数据相整合，最终贡献于组织的战略目标达成。战略性人力资源管理需要尽可能完整的数据支持，以便通过数据间的共享、挖掘、应用、整合等，实现人力资源管理职能间的协同、目标上的统一和管理流程间的贯通，从而真正意义上体现人力资源管理的战略性作用。

（二）人力资源管理数据特点的要求

人力资源管理的数据具有分散性、动态性和相关性等特点。分散性是指人力资源管理相关数据类型多元，来源分散，包括与人力资源相关的内外部数据、与业务相关的内外部数据等。这些数据需要通过不同的渠道收集，比如来源于人力资源部门的数据、来源于其他业务部门的数据、来源于组织外部环境的数据等。同时，不同来源数据的形态各异，给数据的统一使用带来不便。这些都需要通过大数据管理来完成数据的收集、整理和清洗等。动态性是指人力资源内部数据是随着员工入职、培训、考核、晋升、涨薪、离职等一系列变化而生成的，人力资源的外部数据也随着人才供求关系的变化而变化。同样，在动态环境中有关业务的内外部数据也处在实时变化中，大数据管理能够实现数据的动态捕捉和实时抓取，发挥数据的时间价值。相关性体现在人力资源管理各模块之间的数据具有相关性，比如绩效考核数据与培训数据等；人力资源管理数据与业务数据具有相关性，人力资源管理数据要能体现对业务的影响；内部数据和外部数据具有相关性，如外部人才市场的短缺体现为内部人才薪资的调整等。大数据可通过可视化分析等工具更深刻地揭示相关数据的内在逻辑和发展规律。

二、数字化背景下人力资源管理转型的流程

数字化背景下的人力资源管理以业务问题为起点，基于问题导向有目标地对数字化系统所生成的大量历史数据执行采集、提取、建模及优化等一系列操作，分析形成人力资源管理的运作逻辑，进而更有针对性地指导企业人力资源管理实践。具体可分为五个步骤：业务问题解读、数据收集、数据预处理、数据分析与挖掘、业务方案制定。

（一）业务问题解读

人力资源管理通过帮助业务部门解决实际运作中的问题来帮助组织实现战略目标。与业务问题相关联的人力资源管理问题是解决问题的钥匙。因此业务问题解读可以分两步走：第一步是从业务部门的视角探究业务中存在的问题，尽可能全面掌握业务背景和业务开展状况，了解相关市场环境和行业态势等情况，以便明确地定义业务问题的性质；第二步则是从人力资源管理的角度分析这些问题背后的人力资源管理症结所在，人力资源部门

结合自己的经验和已有的证据大胆假设可能是人力资源管理的哪些环节出了问题,从而确定数据分析的目标,为后续的数据收集界定范围,指明方向。

(二) 数据收集

根据第一步的问题解读和初步判断明确需要收集的数据类型、数据来源之后,需要采用合适的方法和工具收集相应的数据。数据包括业务数据和人力资源数据两大类,业务数据可进一步分为组织内部业务数据和外部市场、行业数据等,主要来源有企业信息系统、互联网系统、社交媒体、政府部门、国际组织等。人力资源数据也包括内部数据和外部数据,内部数据是人力资源管理各个职能环节在运作时收集或生成的各种数据(见表2-2),外部数据包括来源于网络的人才市场大数据,以及政府、学术机构、人力资源外包市场、国际组织等提供的包括人口数量和分布、人口流动状况、人口学特征变迁等在内的外部人力资源管理相关数据。其中网络数据来源丰富,如人力资源管理信息系统、招聘网站、社交媒体、搜索引擎、线上知识社区等等。业务数据和人力资源数据也可以根据需要,通过访谈、问卷调查等收集一手资料的形式来获取。而针对海量数据时,大数据采集和爬虫工具能够发挥更大的作用。

表 2-2 各大模块人力资源数据

各大模块	人 力 资 源 数 据
人力资源规划	组织业绩目标、职位说明书、在岗员工信息、人力资源质量与结构、关键人才梯队储备情况及各部门工作计划等
员工招聘	应聘人员简历、招聘比例、招聘费用及成本、招聘效果评估等
员工培训	培训需求分析数据、培训实施情况、培训效果评估、培训预算与预算完成情况、员工职业发展与成长状况等
绩效管理	考核指标、考核结果、考核结果应用的相关数据等
薪资管理	内外部薪酬调研结果、员工工资奖金核算表、人工成本统计等
员工关系管理	员工花名册、员工变动信息(入职、离职、调动、转正、晋升、关键人才流动)、劳动纠纷状况、员工满意度/敬业度调查数据、职业健康与安全数据等
员工职业生涯管理	员工职业生涯满意度调查数据、员工违规数据、员工职业变迁数据、培训及绩效数据等

（三）数据预处理

数据预处理包括数据清理、数据转换、数据集成、数据规约等。数据清理，也称数据清洗，表示对质量不高的数据如错误数据、异常值、缺失值、重复数据、无关数据等进行处理，以提高数据的质量。数据转换是将从不同渠道收集来的形式各异的数据转换成相对统一的数据格式，并加以归并，构成适合处理的规范化数据格式。数据集成是把多个数据源中的数据整合并存储到一个一致的数据库中，以便用于后续的数据分析。数据规约是在保持原有数据集完整性的基础上，从原来海量数据中抽取一个相对精简的数据集，以便提升数据分析的效率。数据预处理需要根据原始数据的特点和后续数据分析的要求来展开。

人力资源管理的数据具有多类型、分散性与动态性的特点，并且数据更新速度快、来源广泛，这也是在人力资源领域进行数据分析存在的较大障碍。例如，培训需求的分析，就需要员工基本信息、不同部门汇集的员工业绩指标，员工工作态度、敬业度等方面的信息，由此判断是否存在培训需求以及存在什么样的培训需求。这些原始数据会存在各种各样的形式和内容上的问题，无法满足数据分析的要求，因此，必须对庞杂的数据进行清理、转换、集成等，生成数据完整、格式正确、条目清晰的数据集。数据预处理的工作对于数字化人力资源管理来说非常重要。

（四）数据分析与挖掘

经过预处理的数据才可以用于下一步的数据分析与挖掘，其目的是对关键数据指标进行衡量，掌握问题发生、发展的规律，判断事件的未来走向，从而有的放矢地进行干预和预防，以达成理想的目标。人力资源管理以帮助业务部门达成绩效、帮助组织达成目标为指向，需要建立起人力资源与业务流程之间的数据链接。从人力资源管理的角度看，有哪些关键指标？会怎样影响组织不同部门不同层级的业务产出？人力资源管理各环节之间、人力资源管理与业务绩效之间的本质规律是什么？如何借助对问题本质的把握，设计出人力资源管理服务于组织战略的有效路径？这一系列的问题可以基于大数据的分析与挖掘得到解答。

数据分析是运用适当的统计分析方法对收集来的大量数据进行分析，提取有用信息形成结论，并对数据加以详细研究和概括总结的过程。数据挖掘是在基本数据分析的基础上，通过各种算法，包括机器学习、深度学习等算法，对数据进行建模来提取有价值的信息，从海量数据中探寻出隐藏于其中的规律的过程。数据分析与挖掘应按照描述性分析、诊断性分析、预测性分析和指导性分析的逻辑递进展开：发生了什么？为什么会发生？基于这一规律未来会发生什么？因此需要做些什么？

数据分析和挖掘可用可视化的方式来呈现，即数据可视化。数据可视化指利用计算机图像处理技术，将数据及数据分析、挖掘的过程和结果转换为图像，使枯燥或不易理解的内容以一种易于解读的视觉方式（包括图、表、仪表盘、3D和动画等）展示出来的技术。

数据可视化具有多维度和交互性的特点。多维度是指对数据相关的多个变量或多个属性进行标识，可根据每一维度的量值来进行显示、组合、排序与分类等。交互性是指可以根据个体的个性化需求，灵活改变数据的展示形式，更好地促进用户和数据之间的互动。数据可视化具有两大功效：一是以视觉效果来强化对数据的感知，由此可以更直观地发现用传统的统计方法难以发现的信息和规律；二是将可视化的图像用于最终的业务方案报告中，使报告论证效果更好、更具说服力。

（五）业务方案制定

数据分析和挖掘其实是一个知识发现的过程，由此揭示的要素相关性和问题发生发展的逻辑最终要反馈到业务问题的解决方案中，这是数据分析的目的所在。在业务方案制定过程中，需要将数据间的关联转换为人力资源相关要素与业务现象之间的关联，需要将数据建模的结论应用于通过人力资源管理方案解决业务问题的过程中，把相对抽象的数据关系和模型用一种具象的、可描述的方式表达出来，使方案落实到人力资源管理的操作层面，进而推动业务问题的解决。

三、数字化背景下人力资源管理转型的价值和意义

（一）实现对人力资源的深入洞察

传统的人力资源管理对多元化的员工采用的是"千人一面"式管理办法，使得员工的个人需求无法得到充分的尊重和满足，差异化的个人能力无法得到契合组织发展的发挥空间，究其原因是因为员工的个人特质无法得

到全面的展示和呈现。在数字化社会,组织和员工之间的关系已发生了根本性的变化,即组织必须通过整合员工的个人需求与组织目标才能在双赢的关系中发挥人力资源的作用,打造难以复制的组织竞争力。这对员工的个性化和精细化管理提出了很高的要求。而数字化技术在人力资源管理中的广泛应用使得每个员工从入职前到离职后的整个过程都伴随着数据的生成,这些数据的不断积累又丰富了组织对员工特质的全面了解,从而形成对员工与组织契合程度、契合方式、激励有效性、能力塑造等关系的深刻洞察,为差异化、个性化、精细化管理提供了充分的可能。

（二）实现人力资源管理的智能化

数字化人力资源管理能够促进管理运营与管理决策的智能化。在数字化的人力资源运营中,信息查询、人机咨询、业务办理都可以实现智能化。当有数据接入时,系统能按照预设的人力资源管理流程自动对数据进行处理,将其与系统中的其他环节相连接,实现人力资源的闭环管理。数字化人力资源管理决策是大数据、云计算、人工智能等前沿技术相整合的结果,是更高层次的智能化,能够依靠包括数据清洗、数据挖掘、数据分析等在内的系统数据处理工具和云计算等支撑技术来实现,从而对海量数据进行智能化的处理,以实现具有前瞻性、高精度的数据分析和前景预测。这些智能化分析的结果不仅可以用于人力资源决策,还能反馈于与人力资源相关联的管理决策、商业模式变革等,从而驱动组织的管理创新、业务模式创新等。智能化人力资源管理还能使决策免受主观因素的干扰,体现出更强的科学性和公正性。综上,人力资源管理智能化是数字化人力资源管理带来的福音,能够在各个层面提升人力资源管理的效率和效果,进而改进组织的整体运营。

（三）服务于价值共创的商业逻辑

如前所述,数字化推动了商业主体间的价值共创,而价值共创作为全新的商业逻辑,需要得到相应的人力资源支持,数字化人力资源管理恰恰契合了价值共创对人才的需求以及对人才网络联结的要求。在价值共创的商业逻辑下,共创共享代替了竞争对抗,其前提条件是人力资源拥有相应理念和诉求,在万物互联进而人才互联的商业环境中,人力资源需要更多的灵活性、包容度、适应力和创新性,数字化人力资源管理能够基于日常收集的员工行为、员工特征、员工态度等数据,快捷地筛选出符合这些要求的人力资源,使其投身于引领价值共创的活动中。价值共创突破了组织的界限,将不同的商业主体链接到共同的价值共创活动中,这离不开广泛的人力资源的协同,数字化人力资源平台能够担负起这样的人才互联的使命。简言之,数字化人力资源管理能有效地给价值共创商业逻辑下的人力资源赋能。

四、数字化背景下战略性人力资源管理的特点

数字化背景下的战略性人力资源管理必然借助人力资源三支柱的力量来实现大数据的协同,同时将其落实于以各个职能模块为核心的人力资源管理体系。也就是说,以三支柱为"经"、各大模块为"纬",形成人力资源管理矩阵,通过大数据将矩阵的各个部分连接起来,这有利于人力资源管理与组织业务的无缝连接,从而实现战略性的人力资源管理。

三支柱作为人力资源管理的"三驾马车",从更专业化的视角出发,覆盖并指导各项相关职能活动开展。三支柱本身就是数字化的产物,数字化实现了信息与具体行为主体的剥离,使某一活动得以分解和重构,体现在人力资源管理矩阵中,就是某一特定的人力资源管理职能可以分解为不同主体从事的不同类型的活动,并通过大数据的共享、传导和重新生成,在共享服务中心、人力资源专家中心和人力资源业务合作伙伴之间形成分工协作,更有效地作用于员工能力与动机这两个战略性人力资源管理的着力点,从而更有力地支持组织战略。

通常在基于数字化理念指导的三支柱协作机制下,人力资源专家中心负责在组织战略的指引下,设计和构建组织层面的人力资源制度、政策、流程,并在人力资源业务合作伙伴或共享服务中心遇到相关技术难题时,提供专家级的指导和解决方案;人力资源业务合作伙伴则深入具体的业务部门,横跨两界,兼具业务领域知识和人力资源专业技能,从而将各项人力资源职能锁定于特定的业务活动,实现人力资源管理服务于业务目标的战略功能;共享服务中心主要负责数据的收集、整理和维护,并根据人力资源专家中心、人力资源业务合作伙伴、内部员工等不同使用者的权限提供真实可靠的数据,同时为使用者进行自助式的人力资源管理运营提供数据和技术支持。

在人力资源管理的实践中,基于大数据的三支柱协作机制必然落实于

对各个模块的支撑作用,从而进一步提升人力资源管理矩阵的协同能力。

(一)数字化背景下的人力资源规划

人力资源规划需按照在职员工能力与动机两个维度的表现对其进行人才盘点,同时基于能力和动机的要求设定、分析人才需求。人力资源规划并非人力资源管理的起点,它是建立在以往员工数据的基础上的。每个员工身后都跟着一长串的数据,而这些数据整合的结果为人力资源规划提供了真实且实时的人才盘点素材。数字化技术使大数据在共享服务中心、人力资源专家中心和人力资源业务合作伙伴三者间有序流动、无缝整合。共享服务中心负责人力资源管理各环节信息的收集、整理、汇总、更新等,并将其共享给人力资源专家中心和人力资源业务合作伙伴,人力资源专家中心再指导人力资源业务合作伙伴从能力和动机的角度来分析各业务部门的未来人员需求,并将相关信息汇总给共享服务中心供后续使用。外部人才供给信息也将借助数字化技术充分纳入人力资源规划中,最终形成基于数字化理念指导下的人力资源解决方案。

(二)数字化背景下的员工招聘

为了发挥招聘环节的战略性,需要以招聘到既有能力又有意愿的人才为目标。能力的甄别来源于对工作要求的理解,对意愿或动机进行甄别则需要考察求职者对工作的认可度、热爱度及对组织的认同度、喜爱度等。大数据能更有效地筛选出符合要求的人才,从而强化三支柱的合力。人力资源专家中心在数字化技术的加持下充分发挥招聘渠道资源整合的功能,选择适合本组织的招聘方法,并基于共享服务中心共享的大数据(包括求职者信息和各部门岗位要求信息等),推荐适宜的渠道。进入招聘流程的求职者的信息随着简历提交、笔试、面试等流程的推进不断累积,并由共享服务中心实现共享,交付人力资源业务合作伙伴进行选聘决策,再由共享服务中心办理录用通知发放、入职手续等后续事宜。可见,数字化技术将人力资源专家中心的流程设计、渠道整合,共享服务中心的信息传输、流程推进,人力资源业务合作伙伴的业务确认、选聘决策等无缝地连接起来,使三者能协同形成高效的招聘流程,选拔出高能力、高动机的人员。

(三)数字化背景下的员工培训

培训流程以需求分析为起点。共享服务中心共享新员工技能要求、在职员工绩效水平、在职员工接受培训的历史信息、在职员工工作敬业度等大数据，根据这些数据可以自动生成培训需求甚至培训方案的建议，也可以由人力资源业务合作伙伴据此判断新员工需要何种培训、在职员工是否存在绩效不足的问题、绩效不足的原因是技能不足还是动机不足、在技能不足的情况下存在何种培训需求等。培训内容和培训方式的数字化为个性化的培训提供了可能，同时更能满足员工自主培训、碎片化学习的要求。也可以由人力资源业务合作伙伴基于培训过程中生成的数据分析培训效果及背后的原因，并对培训流程进行反馈，其中共性的问题可交给人力资源专家中心，由其进行以数据为依据的专业解析，从而不断优化培训政策和培训流程。

（四）数字化背景下的绩效管理

绩效考核的结果是对各项人力资源管理职能实施效果的检验，其又能对后续的职能改进提供必要的反馈，因此绩效管理与其他环节之间的数据沟通显得至关重要。人力资源专家中心在设计绩效管理的框架与流程时，要充分利用数字化技术，特别注意绩效考核环节与前端、后端的人力资源管理职能之间的数据接口，既在逻辑上体现绩效管理辐射人力资源管理全局的核心作用，又能保证数据的有序、顺畅流通，确保以绩效管理为核心的人力资源管理闭环系统的有效运行。共享服务中心在其中发挥着数据维护的基础作用，包括对员工历年考核结果，员工技能、兴趣、特长等基础信息，员工培训数据，员工薪资水平，员工职位变迁等信息的维护，并在保护隐私的同时将数据传输给需要的人力资源管理环节。人力资源业务合作伙伴从数据平台实时获取所需的各类数据，在把握员工综合情况的基础上对员工绩效及其背后的成因进行深入的解析，并能通过数据挖掘及建模形成员工绩效预测模型，对员工未来绩效进行预测和必要的干预，以便前瞻性地提升员工绩效。每一轮绩效考核的数据也可以输入各类决策模型，辅助人力资源业务合作伙伴进行薪资决策、升职决策、职业生涯发展决策等。人力资源专家中心则可以结合绩效管理的系统数据发掘其中的异常值，进行研判，并对绩效管理的政策和实施细节进行不断的优化。数字化技术能确保数据在三支柱之间以及绩效考核与各人力资源管理职能之间的共享、加工、集成和反馈，发挥绩效管理辐射全局的作用。

（五）数字化背景下的薪酬管理

薪酬管理需要组织内部数据以实现内部公平性，也需要外部数据以实现外部竞争性。数字化技术有助于人力资源专家中心更加全面地获取薪酬市场现状与趋势的数据，结合组织的战略定位，通过数据分析，对组织的薪酬总体水平进行定位。人力资源专家中心同时需要大量的组织内部数据，挖掘出最能体现内部公平性的变量，形成报酬因素和工作评估模型；继而结合工作岗位相关的数据完成工作评估和薪酬建模，形成组织的薪酬结构。在具体的薪酬决策中，与薪酬相链接的数据，包括员工学历资历、考勤状况、绩效考核结果、历史薪酬等，都需要纳入薪酬模型中，并由此计算出年度薪酬方案。共享服务中心需要对各类数据进行实时维护，为薪酬决策提供数据支持；人力资源专家中心根据各方面的年度数据制订组织的年度薪酬计划；人力资源业务合作伙伴据此与业务部门合作，按照薪酬模型计算出每个员工的薪酬额度，制定相应的奖金、加薪、降薪等方案。可见，数据积累越充分、数字化能力越高，组织整体的薪酬制度越公平，年度的薪酬计划越完善，员工个人的薪酬决策也越精准。

（六）数字化背景下的员工关系管理

员工关系管理的重点在于组织与员工的责权利相统一，由此构建和谐共赢的组织-员工关系。借助数字化平台，共享服务中心可将劳动合同、劳动奖惩等数据进行统一管理，将组织与员工的责权利进行更加透明的呈现，这有利于推动人力资源专家中心对双方责权利进行更加公平公正的设定。借助数字化技术，人力资源专家中心和人力资源业务合作伙伴能对员工满意度、敬业度、离职倾向等进行问卷设计和全面调查，对员工关系管理的效果进行跟踪，对影响效果的因素进行数据分析和建模，对员工敬业度等进行干预，对离职倾向进行预测和防范等。数字化使得员工关系管理的重心从事后处理转变为具有前瞻性的事前管理、事中干预与事后处理相结合，优化员工关系管理。数字化还能通过不断积累的数据，对预期效果与影响因素等进行数据挖掘和建模，打造符合组织战略的新型组织-员工关系。

（七）数字化背景下的员工职业生涯管理

员工职业生涯管理重在将员工个体的职业发展目标和组织的战略目标协同起来，确保员工在个人追求成长和发展的同时服务于组织的战略。共享服务中心需实时更新、维护员工的个人数据(包括入职前后的培训记录、绩效表现、岗位变迁、职业生涯满意度等)与组织的业务数据(包括员工个体的业务贡献、部门的绩效水平、组织战略目标的实现程度及其运作过程中的业务问题等),并按需提供便捷的共享服务;员工也应享有调取这部分数据的权力,以便于自我驱动式进行职业生涯管理。人力资源业务合作伙伴需要有效利用上述数据,深度把握员工在能力和动机维度所获得的支持和存在的瓶颈,切实落实本部门员工的职业生涯管理,帮助员工在业务发展的框架内规划其职业生涯目标与路径,对员工进行实时前瞻性的主动和被动离职管理,结合员工的职业生涯满意度数据,分析回顾员工各种举措的效果,实时改进工作重点与工作措施等。人力资源专家中心需汇总各部门的业务数据和员工数据,动态把握各部门员工流动状况,总体权衡组织在离职管理中的得失利弊等,结合员工能力与动机的全样本数据进行建模,不断优化组织的相关制度。

综上所述,数字化人力资源管理能够实现员工能力与员工动机的目标协同、各个模块之间的流程协同以及三支柱的功能协同,从而使人力资源管理更有效地服务于组织战略。首先,大数据能够更充分地将员工能力与员工动机的目标整合到三支柱和各个模块的协同中,通过大数据支持实现目标导向的人力资源管理的运营和决策。其次,各个模块本身就是共同服务于人力资源管理战略的耦合系统,基于数字化的数据共享强化了彼此之间的同频性,并且使各流程之间的顺畅性更加显著,因而协同性进一步得到保障。最后,三支柱中,人力资源专家中心主要负责人力资源大数据的获取、生成、传输、分析、建模、结果输出等的机制建立、流程设计和技术指导;共享服务中心主要负责大数据的收集、汇总、整理、传输等;人力资源业务合作伙伴则主要负责深入业务实践,应用人力资源专家中心构建的数据分析流程和共享服务中心提供的大数据进行业务数据和人力资源数据的整合分析,为业务问题提供人力资源解决方案,实现人力资源管理与组织战略的实质性对接。

数字化人力资源管理基于数字化指导理念与工具,通过数据的传输、共享、集成等机制以及数据挖掘、数据建模等工具,不仅能结合其职能设定诊断相关问题,优化相关决策,提供智能化解决方案,还能通过模型构建对人力资源的相关变化趋势进行前瞻性的预测,防患于未然地进行人力资源管理的部署,从而从整体上提升人力资源管理的效能,服务于组织战略的根本目标。

本章小结

战略性人力资源管理既要依据组织的战略规划,确定人力资源管理的战略,并据此设计人力资源管理流程;又要根据组织内外部人力资源的分布状况,进行人力资源的SWOT分析,并据此进行战略设计。战略性人力资源管理建立在三重协同的基础上,即纵向协同、横向协同和内部协同。战略性人力资源管理应着力于员工的能力和动机,并将提升这两个维度的目标渗透到六大模块中。

人力资源三支柱包括人力资源共享服务中心、人力资源业务合作伙伴和人力资源专家中心。以三支柱为支撑的人力资源体系与人力资源管理各大模块相整合形成人力资源管理矩阵,有利于组织的人力资源管理活动更为紧密地贴近组织战略,从而更好地服务于组织业务,为组织创造价值。

在数字化商业环境中,人力资源管理的数字化转型具有重要的意义,通过利用数字化技术对复杂多样的人力资源大数据进行处理、提纯、挖掘、建模等,指导人力资源管理活动和决策,实现人力资源管理的信息化、数据化和智能化。数字化人力资源管理的流程可分为业务问题解读、数据收集、数据预处理、数据分析与挖掘、业务方案制定五个步骤。数字化转型能广泛应用于包括各大模块在内的人力资源管理的诸多核心场景,并有助于人力资源三支柱的协同,放大三支柱对各大模块的支撑效应,从而整体上提升人力资源管理的效能,促进战略性人力资源管理的落地,服务于组织战略的根本目标。

核心概念

战略性人力资源管理;能力;动机;人力资源共享服务中心;人力资源业务合作伙伴;人力资源专家中心;人力资源管理矩阵;数据收集;数据预处理;数据分析与挖掘

复习题

1.什么是战略性人力资源管理?为什么说人力资源管理应发挥战略性

作用？

2. 如何根据组织战略规划人力资源管理？如何根据人力资源分布制定组织战略？

3. 战略性人力资源管理的两大着力点是什么？如何通过人力资源管理各职能来实现战略性人力资源管理？

4. 什么是人力资源三支柱？什么是人力资源管理矩阵？人力资源管理如何服务于组织战略？

5. 人力资源管理数字化转型的意义体现在哪些方面？

6. 如何理解数字化背景下的人力资源管理的五个步骤？

7. 数字化如何服务于战略性人力资源管理？

讨论题

1. 试分析从人事管理到人力资源管理，到战略性人力资源管理，再到基于数字化的战略性人力资源管理的历史发展脉络及演变逻辑。

2. 以人力资源管理职能活动中任一模块为例，试分析人力资源三支柱如何有效作用于员工的能力和动机。

3. 怎样通过人力资源管理的数字化转型来强化人力资源三支柱之间的协同效应？

4. 人力资源管理的数字化转型在实践中面临的最大挑战是什么？应当如何应对？

模拟案例题

请为 A 建筑公司制定组织战略，并分析：

1. A 公司应如何实施战略性人力资源管理？

2. A 公司如何通过人力资源管理各大职能作用于员工的能力与动机？

3. A 公司的人力资源三支柱应如何协同服务于该公司的战略目标？

4. A 公司应如何围绕人力资源管理矩阵开展人力资源管理的数字化转型？

第三章

人力资源规划

人力资源规划也称人员规划,是指组织在某个发展阶段对人员的供给和需求进行预测和分析,并根据预测结果采取相应措施,确保组织人员在数量和质量上实现供求平衡。战略性人力资源规划以满足组织战略目标为出发点,以战略达成对组织员工的整体要求,以对不同工作岗位员工的素质和数量要求为依据,进行人员的供给和需求分析,提供平衡人员供求的具体方案。因此,人力资源规划可以分为几个步骤:一是工作设计与工作分析,二是不同工作岗位员工供求分析与平衡。

第一节 战略性工作设计与工作分析

一、战略性工作设计

工作设计又称岗位设计,是指以任务结构为中心,对工作内容、岗位职责、工作关系、环境条件和薪资报酬等进行设定,以保证不同工作岗位的组合能够达成组织的整体任务。其中,工作内容设计主要考虑工作的广度和深度、工作方式是简单重复还是复杂多样、工作的自主性程度和反馈性程度等。岗位职责设计是指与工作目标达成相对应的责权利的设计,即员工从事这一工作需要承担何种责任、为了实现工作目标需要具备哪些职权、目标实现后可获得何种利益等。工作关系设计是基于工作岗位在组织结构中的定位和工作流程的设计而形成的与其他岗位及人员之间的工作衔接关系、协作关系和监督关系等。环境条件设计要兼顾提高工作效率和保护员工身心健康的目标,从而对工作场所的温度、湿度、照明、噪声及工作设备的配置等进行规划设计。薪资报酬的等级通常因工作设计而确定,根据工作设计中的技能要求、工作中应承担的责任等因素来设定与其内在价值相符的薪资水平。工作设计是否得当对提高员工的积极性和满意感、提升工作绩效以及达成组织目标都起着重要的作用。

员工通过在组织特定的工作岗位上从事相应的工作活动,以完成相应的工作职责来为组织服务。战略性工作设计意味着工作内容、工作关系和环境条件等的设计必须具体到组织特定的业务场景中,确保各项工作之间有机协同,以有效地服务于组织战略目标的达成。

工作设计与组织战略是相互影响、彼此强化的。组织战略通过组织结构决定工作设计,而工作设计又通过界定职责和激励员工服务于组织战略。

(一)组织战略决定工作设计

组织所采用的组织设计及相应的工作设计必须根据组织战略而定。组织结构可分为机械式结构和有机式结构两大类。机械式结构是以高度的专业化分工、职能化的部门划分、相对集中的决策权、明确的上下级关系、窄小的管理幅度和清晰的工作流程为特点的;而有机式结构以专业化分工程度低、非职能化的部门划分、相对分散的决策权、相对松散的上下级关系、较宽的管理幅度和相对自由的工作流程为特点。

迈克·波特(Michael Porter)将战略分为两种主要的类型:成本领先战略和差异化战略。与成本领先战略相适应的是机械式组织结构以及效率导向、以降低劳动力成本为目标的工作设计;实施差异化战略则要求组织保有灵活度和创新性,以提供与竞争对手有差异化的优质产品和服务,投射在组织结构上则体现为有机式结构,相应的工作设计也必须更具自主性,使工作更具激励潜能,激励员工为了更优质的产出而努力。

不同组织结构下的工作设计会体现出截然不同的特点。在机械式组织结构中,工作设计更强调效率,通过明确的工作分工和职责设定要求员工从事单一性、重复性的工作活动,员工需要根据上司的指令和组织既定的常规化流程来完成,缺乏工作自主权和决策权。有机式组织结构则更强调工作设计的灵活性和自主性,通过工作扩大化和工作丰富化,一方面使员工在工作中从事不同类型的活动,拓展技能领域;另一方面使员工摆脱上司的严密控制,更多地结合自身需求决定工作的方式和流程,更加灵活地完成工作目标。

(二)工作设计服务于组织战略

工作设计通过两种途径服务于组织战略:一是基于组织任务的工作设计,即通过工作的分工和组合确保员工层面的工作任务达成能够有序地整合为组织整体任务的达成;二是基于员工激励的工作设计,即提高工作的激励潜能,确保员工获得充足的工作动机,在工作岗位上保持饱满的工作热情。

基于组织任务的工作设计首先要针对特定的工作岗位,回答清楚输入端、过程端和输出端的问题。输入端需要回答的问题包括:需要哪些原材料?输入哪些数据信息?这些输入与上游的工作有何关联?工作任务所借助的生产工具、工作设备有哪些?需要多少及怎样的人力资源的输入?过程端需要回答的问题包括:需要通过一系列什么样的工作任务才能将输入有效地转化为输出?各个工作任务的具体要求及相互关系如何?输出端需要完成的则是通过工作过程应当生成何种成果(包括物理成果和与之相伴随的信息产出等)、如何衡量成果、如何界定成果与后续工作之间的关系等。

基于员工动机的工作设计,要特别关注人的需求,将更人性化的元素注入工作内容之中。传统的专业化分工能够提升效率,但是研究发现,过度的专业化会导致工作动机下降、工作倦怠、专注度低且差错率高等心理问题,同时会因长期重复性动作而造成局部神经受损等生理问题,最终使整体效率不升反降。1976年,哈克曼(Hackman)和奥尔德姆(Oldman)通过大量的问卷调查提出了工作特征模型,将工作特征的五个核心维度表述为技能多样化、任务完整性、任务重要性、任务自主性和任务反馈性。其中,技能多样化是指完成工作所需要的多样化的技能的程度,包括横向技能数量的增加和纵向技能难度的增加。任务完整性是指员工可以从头到尾完成一项任务从而能体验完整的工作单位的程度。任务重要性是指工作对于实现组织目标的贡献率和重要性程度。任务自主性是指员工能够自主地安排工作方式、任务进度的程度。任务反馈性是指员工能够获得自己工作效果好坏的信息的程度。通过更好地满足工作特征模型中所要求的技能多样性、任务完整性、任务重要性、任务自主性和任务反馈性,员工能摆脱被动机械化工作的无意义感,认识到自身工作对组织整体目标的价值,体会到工作的意义;同时员工有更高的自主性,自己决定工作方式和流程,而不是一味地听命于上司的指令,由此唤起员工对工作结果的主动关注,并从工作反馈中获取成就感和价值感,从而自觉地将个人目标和组织战略捆绑在一起。

二、战略性工作分析

（一）工作分析的概念

工作分析是指通过特定的方式搜集各个工作岗位的信息,以便于根据工作岗位的设定开展相适应的人力资源管理职能活动。

工作分析分为两大板块:一是工作是什么,二是适合从事该工作的人是谁。在第一板块中,又可将所需搜集的信息分为几类:第一类包括工作的任务与职责,这是工作分析的核心,需要细致了解如何通过任务及任务组合来完成特定的职责。比如人力资源主管的职责之一是负责组织的人员招聘,这一职责需要通过选择招募渠道、设计招募广告、组织选聘流程、安排选聘测试与面试等具体的任务来实现。第二类是工作的目的,即该工作的设置是为了满足组织何种需要,这可以从工作所属的部门及在部门中的定位来分析,也可以结合各个职责设置来分析。比如通过人员招聘解决组织人力资源储备的问题。第三类包括完成工作所需的设备、工具、机器等以及工作的物理地点与环境。比如人力资源主管主要的工作资料是电脑,其通常在办公室工作等。第四类是工作间的关系,包括该工作与上下级之间的纵向关系以及该工作与其他工作之间的横向联结。人力资源主管的上级是人力资源总监,下属是人力资源部的员工,需要和其他职能部门的主管等协同工作。第五类是工作的绩效标准,即各个职责所需达到的业绩水平。比如通过招聘使年底在职员工总人数增加3%,等等。工作分析要在组织战略的大视角下,梳理出工作岗位的职能定位和职责构成。

第二板块的信息和第一板块密切相关,是基于工作内容的设置对从事该项工作的人员的最低要求,包括:技能要求,即为了有效地完成工作任务和目标,需要具备哪些知识和能力;教育背景,即该工作所要求的学历与专业;工作经历,即在相关领域有多长的工作时间、多少的经验积累以及所获得的相关成就等;性格属性及个人兴趣,有些工作对特定的性格和兴趣有要求,这些也可列入人员要求中。人员要求的信息可以通过对第一板块的工作信息的掌握进一步分析得出。

战略性工作分析需要兼顾能力要素信息和动机要素信息的搜集。工作分析中的工作任务、职责、绩效标准、所需技能等与员工能力要求直接相关,但同样重要的动机要素信息却缺乏体现,工作扩大化与丰富化后的工作属性信息便于员工更好了解工作的内在意义,软硬件的工作环境信息能让员工掌握工作外在的条件,对于员工兴趣爱好、个性特征等要求的描述便于员工评估工作与自身的契合度。当这些条件从不同角度满足员工对工作的诉求时,员工的动机会提高,进而保障自身的工作投入。工作分析中全面搜集能力与动机要素信息,也能使工作分析更好地作用于后续的人力资源管理活动,实现战略性人力资源管理的良好开端。

(二)战略性工作分析的作用

战略性工作分析是后续包括人力资源规划、员工招聘、员工培训、绩效管理和薪酬制定等在内的各项人力资源管理活动的基础,因而被称为人力资源管理的基石。

人力资源供给与需求的分析与预测都需要结合不同工作岗位的人员数量和质量的要求展开。人力资源规划不仅是对组织整体的人才分析和规划,更需要落实到具体的工作岗位上,结合工作岗位相应的任职要求来进行更加精准的人才供需判断,由此对增聘还是减聘、增聘或减聘多少人员以及何种人员给出明确的规划。

员工招聘需要严格参照工作岗位的任职要求。技能水平、教育程度、工作经验、性格爱好等都可以作为招聘标准,用于对求职者的评价和筛选。基于工作分析的招聘能够避免主观臆断,使人才的选拔更加贴近组织的要求。

员工培训同样需要参照工作岗位的任职要求,特别是技能的要求。有效的培训始于培训需求的确认,需明确员工是否需要培训、需要针对何种技能的培训。对于新员工的培训需求分析直接来源于任职要求,对于在职员工则需结合任职要求及绩效水平进行。

绩效管理中的绩效标准来源于工作分析。在实践中,有些工作分析包含了绩效标准,在绩效考核时可以进一步细化后使用。有些工作分析不一定包含绩效标准的信息,但有关工作目的、任务和职责的信息都是制定绩效标准的重要参照。

薪酬制定先要按岗定薪,即根据不同工作岗位的技能要求、任务范围、职责大小等来确定各个工作的内在价值,由此设定相应的基本薪资,这是薪酬制度的核心,以便在组织目标的视角下,通过薪资水平的高低体现不同工作岗位的重要性和贡献度。

将工作分析的结果贯穿始终地运用于后续的人力资源管理,以确保人力资源管理各职能的协同性,也是工作分析战略性的要求与体现。

(三)战略性工作分析的步骤与方法

战略性工作分析应遵循一定的步骤和方法展开。具体步骤包括:确定工作分析的目的、分析工作的背景信息、搜集和分析工作信息、确认工作信息、撰写工作说明书和工作规范。

1. 确定工作分析的目的

工作分析可以分为全面的工作分析和基于特定目的的工作分析。全面的工作分析是人力资源管理部门组织的,针对组织内整体的工作岗位分布展开,并对各工作岗位进行全面的信息搜集和整理,形成正式的工作描述和界定。因此,全面是这一类工作分析的要求。基于特定目的的工作分析是在人力资源管理过程中,对工作的某一或某些方面进行分析,并将其作为相应人力资源管理活动的依据,此时工作分析不求全面,而要更加聚焦某些关键方面。比如当组织对新员工进行培训时,制定培训方案需要了解工作岗位的技能要求,基于这一特定目的的工作分析就应该侧重于任职要求中的技能部分。而当组织设计薪酬方案时,职责范围、工作环境(特别是工作环境较差,需要进行相应补偿时)、技能要求等都应作为工作分析的重点。

2. 分析工作的背景信息

特定工作岗位的背景信息包括组织结构、工作流程等信息,这些背景信息有利于人力资源部门从相对宏观的视角来认识不同工作岗位的分布情况及具体工作岗位的设置依据。组织结构图可以帮助人力资源部门了解工作岗位所处的部门,并从部门间的关系设定中了解该部门的定位和目标,由此明确工作岗位的定位和目标。工作流程图帮助人力资源部门了解特定工作岗位与上下游工作岗位的关系,包括物资流和信息流等输入、输出的交互关系,并在这种交互关系中明确特定工作岗位是如何承上启下与上下游工作岗位共同服务于组织战略目标的机制和作用的。可见,组织战略是工作分析的大背景,由组织战略决定的组织结构、工作流程等是工作分析的直接背景。

3. 搜集和分析工作信息

搜集和分析工作信息是战略性工作分析的主体工作,通常由人力资源部门发动和组织,同时需要得到各部门主管、各工作岗位任职员工的协同配合。搜集工作信息的具体方法有问卷调查法、访谈法、观察法、工作日志法等。

问卷调查法是将需要搜集的工作信息以提问的方式制作成问卷,由在职员工填写,再通过分析整理问卷结果获得员工对工作各方面的客观情况。调查问卷可以分为定性的问卷和定量的问卷两种,定性的问卷需要员工用文字进行描述回答,而定量的问卷则设置成选择题的形式,通过员工勾选来搜集信息。问卷调查法是最常用的工作分析工具,其优势在于能够高效地获取大量员工的反馈信息,实施成本相对较低。但问卷调查法对问卷设计的质量要求高。首先,问题的范围要涵盖工作分析的各个方面,避免遗漏。其次,问题要明确清晰,确保员工填写时能够充分理解。定性的问卷要确保员工可以通过简单的语言准确回答,定量的问卷要保证各个选项含义明确,没有重叠和遗漏。高质量问卷设计也能在很大程度上减少员工不配合、敷衍填写的情况以及由此带来的负面影响。

访谈法是通过面对面问答的方式来搜集工作岗位信息,由人力资源部门负责事先完成访谈提纲及访谈场所等的设计,由熟悉该部门业务的在职员工和管理者作为被访谈者来回答这些问题,最后由人力资源部门对访谈资料进行汇编整理,形成该工作岗位的完整信息。访谈者需要明确以下几点:一是访谈的目的——是获取全面的工作岗位信息还是针对特定的人力资源管理活动进行的信息搜集?二是访谈的问题。基于访谈目的列出访谈提纲,具体的访谈问题可包括工作中需要从事哪些具体的活动,主要的工作职责有哪些,如何完成各项工作任务,工作的时间和地点,工作特殊的环境和条件,评估工作的绩效标准,需要与哪些工作岗位进行配合,工作岗位需要哪些技能、学历、证书、工作经验、身体条件等。三是访谈的技巧,访谈者需要营造轻松的氛围,向被访谈者说明此项工作的目的和价值,在过程中积极倾听,鼓励被访谈者全面客观地提供相应的信息，并在访谈结束后将访谈记录交给被访谈者进行确认。访谈法的优点是能快速有效地获得工作岗位信息，缺点是受访员工可能会出于自己利益的考虑夸大自己的工作内容、工作难度和工作意义等，造成信息扭曲。而解决这一问题的关键也在于访谈者的专业技能及其对访谈目的、访谈问题和访谈技巧等的综合把握。

观察法是指人力资源部门通过持续一段时间实地观察员工的工作活动以获取有关工作内容、过程、方式、结果等的岗位信息。这一方法适用于以外在身体活动为主且工作活动重复性较强的工作岗位，不适用于以脑力劳动为主的工作或者随机性、应变性要求较高的工作。运用观察法需要选择合适的观察对象，确定合理的观察周期，尽量在不影响员工正常工作的情况下进行。为了保证观察结果的客观性和准确性，也可以对某一工作岗位选择不同的观察者和被观察者，在不同的时间展开观察，做好记录，然后整合各自的记录结果并生成最终的工作信息。观察法的优点是客观、全面、深入，缺点是搜集信息所需时间较长且适用性受到限制。

工作日志法是由在职员工根据工作日常记录工作过程，并从中提炼出有关工作内容、工作方式、工作关系、工作难度等信息。使用这一方法的前提是员工书写工作日志，如果员工是基于原有的工作习惯书写工作日志，则相关信息具有更大的参考价值，但这也对人力资源部门的归纳分析能力提出了较高的要求；如果员工是按照人力资源部门的要求（包括特定的格式规范）书写工作日志，虽然这降低了整理工作的烦琐程度，但由于员工可能存在蓄意夸大工作付出的动机，会对信息的真实客观性造成影响。

人力资源部门可以根据工作分析的具体目标和要求，综合不同的方法，取长补短，形成更加全面、客观、准确的工作分析结果。

4. 确认工作信息

对于搜集整理后的工作信息，人力资源部门需要进行核对和确认。核对和确认工作可以选择与原来相同或不同的信息源。相同信息源的作用是澄清原来信息沟通中不清楚、不准确的部分，而不同信息源的作用更多的是补充遗漏的信息、纠正夸大的信息等，比如可以寻找从事相同或类似工作的其他员工，或者向员工的直属上司求证工作信息。当核对过程中发现有较大的出入时，人力资源部门应考虑在做好信息采集对象工作的基础上重新实施第三个步骤——搜集和分析工作信息。

5. 撰写工作说明书和工作规范

最终确认的工作岗位信息要通过工作说明书和工作规范这两个文件长效地记录和保存下来。工作说明书和工作规范分别对应工作分析的两大板块，前者用于描述工作是什么样的，后者则用于描述适合该工作岗位的员工是什么样的。

工作说明书一般包含以下要素：一是工作岗位基本信息，如岗位名称、编号、所属部门、直接上级、薪资等级等。二是工作岗位概述，即用精练的语言概括这一岗位的基本定位和主要职责。三是工作职责，具体描述每项工作职责包含的相关工作任务和活动，一般用动宾结构说明每项工作任务或活动的实施过程和实施对象，还可以进一步说明该项活动的实施目的，使工作任务和活动之间以符合组织目标的内在逻辑进行排列，以体现这一工作岗位职责的全貌及其内在关系。四是工作环境和条件，指工作活动发生的时间、地点、物理环境的特点等，特别要对物理环境具有特殊性的工作条件加以明确的说明。五是使用工具和设备，指工作操作过程中使用的工具、设备、仪器、机器等生产资料。六是工作关系，指该工作岗位的员工需要与组织内部及外部哪些群体和个人发生工作中的联系和互动、彼此间联系的属性和要求等。七是绩效标准，指针对每一项工作职责和工作活动，需要从哪些方面评判其效果以及在多大程度上达到了符合组织目标要求的业绩水平。

工作规范是对任职资格的具体说明，一般包含以下要素：一是一般智力水平及总体的智商。1938年，瑟斯顿（Thurstone）提出人的智力由语言理解能力、推理能力、理解速度、数字能力、词汇运用能力、联想记忆能力、空间想象能力等七种基本能力组成，每个人有各自的强项和弱项，而总体的水平就构成了其一般智力水平。二是特定的智力水平，即其中某一项与工作直接相关的能力。三是身体条件与体力水平，当工作对此有特殊的要求时可列入任职要求。四是资格与资历，包括教育背景、工作经验、获得的专业资格证书等。五是兴趣爱好，当兴趣爱好与工作吻合时，会大大提升工作投入，因此有时此项也会列入任职资格。六是性格属性，当工作岗位涉及的工作内容或工作场景等对特定性格属性有特定的偏向时，其也成为必要的任职条件。七是工作动机，包含从事特定工作的动机及服务于特定组织的动机等。这也是兼顾员工能力与动机的要求，使员工能更好地服务于组织战略。

工作说明书与工作规范存在着内在的逻辑关系，因此，在实践中很多组织将工作规范直接合并到工作说明书中，即在工作说明书中同时包含工作信息与任职要求。

（四）战略性工作分析的趋势

1. 去工作化的趋势

在充满不确定性的商业环境中，组织战略更加强调创新性，更加依赖与外部环境的互动以实现价值共创，因而越来越多的组织结构设计从机械式结构转向有机式结构，以便提升组织的调适性。与之相适应，工作设计也需要更大的灵活性，因此去工作化成为一种趋势。

去工作化并非是组织不再需要工作的设置，而是在新的商业环境中，定义工作的方式发生了本质的变化。以往通过工作职责来界定不同工作岗位的边界，固然能够明确分工，划清责任，在很大程度上发挥个体员工的工作积极性，但划分职责同时也意味着束缚了员工自身潜力的充分发挥。工作说明书中的职责即是工作的本分，而工作说明书中没有列出的，即使员工再擅长、再有激情，也要退避三舍，以免发生职责不清、职能重叠、资源重复等问题。由此产生的"这不是我的工作"的态度严重影响了员工的主人翁责任感（削减了员工对于组织的心理所有权），限制了员工自主地服务于组织目标的意识与激情。因此，基于工作职责的工作分析不能很好地适应当今竞争激烈、对组织不断提出变革创新要求的商业环境。去工作化的目的就是淡化工作岗位间的职能边界，激励员工从自身的能力和意愿出发，能动地发挥自己的所长，自发地将个人成长的目标和组织发展的目标相整合，实现雇主与雇员的双赢。

2. 胜任力模型

胜任力模型是去工作化后工作分析的必然选择。传统的工作分析以工作职责为中介，进而定义任职资格。去工作化则跳过职责的中介，直接聚焦于特定工作岗位对任职者核心能力的要求，而潜台词则是期待员工能最大限度地发挥自身能力，积极且不受限制地在工作岗位上创造价值。既然工作不再以职责和任务为划分的标准,那么员工的胜任力就成为界定工作岗位的依据。胜任力模型能够深入地分解各个工作岗位的能力层次和能力构成,实现去工作化的目标。

胜任力模型是将特定工作中表现优异者和表现一般者区分开来,将知识和技能水平、个性特征、工作动机、自我概念和社会角色等提炼为一系列胜任力要素的组合,并根据其在达成工作目标中的作用确定这些要素的权重。

针对不同的工作岗位及其要求的绩效标准,可以通过六个步骤建立胜任力模型。第一,明确绩效标准,即区分表现优秀和表现一般的衡量标准,标准应尽量做到客观、具体、可测。第二,选择样本,根据绩效标准,对现有工作岗位上的员工进行评估,并分别选取绩效优异者、绩效一般者和绩效不足者。第三,搜集样本数据,也就是通过问卷调查或访谈等方式,对选取出的员工进行技能、动机、自我定位等方面的了解,将相关的事实以数据的方式进行提取。第四,数据整理与分析,对搜集到的信息进行分析,提炼出区分绩效优异者、绩效一般者和绩效不足者的胜任力要素。第五,建立初步的胜任力模型,对胜任力要素在不同组别中出现的频次和程度进行比较,分析组别间的共性和差异,确定胜任力维度,并根据出现的频次为胜任力要素赋予权重,由此形成胜任力模型。第六,验证胜任力模型,可以通过交叉检验,启用新的员工样本来测试胜任力模型的有效性,也可以根据胜任力模型选拔员工或对员工进行培训,然后跟踪观察这些员工在实际工作中的表现是否足够优秀,由此来判断胜任力模型的有效性。

通过建立胜任力模型,组织不再限定工作内容,而是激励员工充分发挥各方面的胜任力要素来完成多元、多变、灵活的工作任务,更积极主动地达成工作目标。例如,在战略性人力资源管理的视角下,人力资源管理者的具体工作内容需要随市场环境、业务变化、竞争策略等不断调适,很难界定清楚,但是完成这一工作所需要的胜任力要素是确定的,包括人力资源的专业技能、关系管理能力、提供咨询的能力、组织领导力、沟通能力、全球视野及文化力、商业伦理实践能力、批判性思维能力、业务敏感度等等。这既可以作为选拔人力资源管理岗位员工的选聘标准,也可以作为对其绩效进行考核的基本依据。

第二节　人员供求分析与平衡

人力资源规划的基础是人员供求的分析与预测,包括现有组织人才的盘点、未来组织对人才的需求、人才市场所提供的满足组织人才数量与质量要求的人才供给等。

一、人力资源需求预测

人力资源需求预测是结合组织未来特定阶段的战略规划,预测战略目标达成所需要的各类人才的数量和质量,不仅需要对组织整体的人才需求进行分析,而且需要结合特定类型的人员需求战略,通常是在工作分析的基础上对不同工作岗位的人员需求进行分析并进行汇总。

人力资源需求预测应当是定量分析与定性分析的结合,是通过客观数据分析加以主观经验判断进行的。其中,定量分析的方法有趋势预测法、回归预测法、比率预测法、散点预测法等。趋势预测法是根据历史上人员数量的增减趋势来预测未来年度的人员需求量。例如,某组织在过去 5 年中每年的人员需求增加值为 5 人,那么未来 1 年的人员需求量就是在现有人员数量的基础上加 5 人。再如,某组织过去几年平均人员需求的增幅是 3%,则可以预测未来 1 年的人员需求增幅也是 3%。回归预测法的关键是确定影响人员需求的自变量,自变量可以是一个也可以是多个,然后通过一元回归或多元回归法来确定作为因变量的人员数量。例如,学校中学生的数量就是自变量,由此可以通过回归分析计算出所需教师的数量;医院中病床的数量作为自变量,可以计算出所需护士的数量。比率预测法是通过对总的工作量和单位员工生产效率的预测及其相互间的比率关系来预测员工需求的方法。例如,未来 1 年某公司某产品的产量目标确定之后,将其除以员工的人均生产效率就得出达成年度目标所需的员工数量。散点预测法是将历史数据所反映的特定变量与人员需求之间的关系在坐标系中用相应的点表示出来,然后对各个散点在图中所呈现的整体规律性加以归纳,以此判断未来自变量对人员需求的影响方式,并基于特定自变量的值计算出所需人员数量。

不难看出，定量分析的方法是建立在一个假设基础上的，即过去的趋势将延续下去。但在现实商业环境中，尤其是在持续变化的商业环境中，往往并不存在一个恒定的假设。因此，人力资源需求预测必须结合管理者的主观判断，将定量分析中假设为不变的复杂因素考虑进去，加以整合，在定量分析的基础上进行定性分析。定性分析需要重点考察以下几点：一是企业的战略调整。例如，某高校将发展战略从教学型转变为科研型，则意味着现有师资工作配比的变化、未来人才结构的变化以及科研型人才需求的大幅增加等，这需要管理者在现有人才盘点的基础上充分考虑转型的力度及组织对人员需求的影响，从而形成更加符合组织战略目标的人力资源需求预测。二是工作岗位的再设计。工作再设计中对职责描述、辅助工具、技能要求、工作量设定等的调整都会影响员工的工作方式和效率，因而可通过改变组织任务达成对员工的数量和质量要求。通常，随着员工数量需求的上升，组织对其技能多样性及复杂性等工作特征的质量要求就会下降。因此，管理者需要凭借管理经验对两者之间的关系进行权衡和设定。三是其他人力资源职能的调整。例如，当组织对员工的绩效标准进行调整时，会带动员工工作效率的变化；当组织对薪资水平进行调整时，也会通过影响员工的工作满意度来影响其业绩产出；而组织提供的培训的频率和有效性会重塑员工的技能，改变员工的工作效率，等等。

德尔菲法可以应用于管理者主观判断有效性的提高。本质上这是一种反馈匿名意见征询的方法，其大致流程为：在就所要预测的问题征得专家的意见后，对此进行整理、归纳、统计，再匿名反馈给各位专家，再次征求意见，再集中，再反馈，直至得到一致的意见。德尔菲法的实施是人力资源部门与选出来的管理专家共同合作的过程。首先，由人力资源部门将设计好的员工预测调查表发给专家，由专家进行自由预测，人力资源部门汇总整理专家的预测结果，形成第二轮的调查表并反馈给专家，从而进行第二轮调查，然后再汇总、反馈。人力资源部门根据需要进行更多轮次的调查，直到专家们形成基本一致的预测结果。这种方法能够有效规避少数管理者主观判断的偏差，但是对专家数量有一定的要求，对人力资源部门所设计的调查问卷的有效性也有较高的要求。

综上，人力资源需求预测需要根据组织对于人员需求预测的精度综合定量与定性方法来制定适合的预测方案。

二、人力资源供给预测

人力资源供给预测包括外部供给预测和内部供给预测。

外部供给是指外部劳动力市场能够提供的且愿意到组织工作的人力资源供给。外部供给预测是一个从宏观到微观不断细化的过程。宏观上主要分析外部劳动力市场的总体状况，微观上则要结合工作分析对于具体工作岗位的任职资格的设定来分析符合要求的人力资源供给。一般情况下，当劳动力市场供给充足时，组织获取人才的压力较小；当劳动力市场整体趋紧或者劳动力市场中某种类别的人力资源供给短缺时，组织的吸引力就是外部人力资源供给的重要影响因素，特别是与竞争对手相比的相对吸引力。当组织与竞争对手相比，在品牌、口碑、雇主形象等方面具有更大的吸引力时，组织仍能获取必要的人力资源供给。外部供给的地域影响会随着组织的规模和性质的不同而不同。规模较小的地域性组织一般从本地获取人力资源，因此人力资源供给的预测也需要具体到特定地域的劳动力市场。对于跨越地域的大型组织而言，基层的岗位仍然来源于本地，而高层的或者具有特殊重要性的工作岗位则突破了地域限制，可以在更广阔的范围甚至全球范围内展开招募。可见，人力资源供给预测需要结合组织不同层次人才需求的属性来确定地域范围。

内部供给是指组织内部原有的人力资源，根据组织的安排和调度能够满足组织新的人员需求的情况。内部供给预测建立在系统的、动态的组织人才盘点的基础之上。例如，通过了解现有人力资源的年龄结构，可以预测未来特定时间内自然减员的情况及相应的人力资源存量；通过对员工流动率的跟踪分析，可以预测基于主动离职和组织辞退等原因所形成的人力资源供给。这些预测还需聚焦于特定的人才类别，辅之以对不同类别员工的质量分析，据此预测在满足组织新的人员要求方面是否存在结构性的失衡以及哪些类别的员工供给充足、哪些类别的员工供给不足。

内部供给分析可以采用人员替代法、人才"蓄水池"分析、马尔科夫模型等技术方法。人员替代法是基于现有人力资源的状况，对不同个体的晋升及调动可能进行分析,以便动态把握组织内部的人才供给,满足组织随时产生的人员需求。人才"蓄水池"分析是基于对特定工作类型员工流入和流出的预测,分析未来该类员工的数量,以此进行人力资源供给的预测。马尔科夫模型是基于人力资源在不同职级间流动、离职等的历史数据,动态地统计和预测未来的人力资源供给。例如,某组织每年不同职级间的转换率(如表3-1所示)说明,根据历史统计,Ⅰ职级的员工有80%的留存率,20%选择离职;Ⅱ职级的员工中分别有10%和12%的比例转为Ⅰ职级和Ⅲ职级的员工,离职率为8%,留存率为70%,等等。根据当前各职级的人力资源数量,可以预测出未来一年各职级的人力资源供给(如表3-2所示)。Ⅰ职级的30名员工中,24名没有变化,6名离职;Ⅱ职级的50名员工中,35名留任,5名转至Ⅰ职级,6名转至Ⅲ职级,4名离职;Ⅲ职级的100名员工中,75名留任,10名转至Ⅱ职级,15名离职。综合各职级间的变动状况,预测未来Ⅰ、Ⅱ、Ⅲ三个职级的员工人数分别为29名、45名和81名。再结合人力资源需求预测,就能计算出各职级人员未来一年的供求状况。

表3-1 某企业不同职级间的人员转换率情况　　　　单位:%

职级	Ⅰ	Ⅱ	Ⅲ	离职率
Ⅰ	80			20
Ⅱ	10	70	12	8
Ⅲ		10	75	15

表3-2 某企业未来一年各职级人力资源供给情况　　　　单位:人

职级	初期人数	Ⅰ	Ⅱ	Ⅲ	离职人数
Ⅰ	30	24			6
Ⅱ	50	5	35	6	4
Ⅲ	100		10	75	15
人员供给预测		29	45	81	25

三、人力资源供求平衡的方案制定

预测人力资源供求状况的目的是实现人力资源供求平衡。人力资源规划就是以人力资源供求状况为基础，设计相应的方案来达成组织人力资源的供求平衡，以满足组织战略的要求。人力资源的供求状况可分为供不应求、供大于求、结构性供求失衡这三种情况，相应的人力资源规划也应制定不同的方案。

（一）供不应求

当预测的人力资源供给无法满足需求时，组织需要增加供给或减少需求来实现供需平衡。具体的方法包括：让现有员工增加工作量；雇佣临时员工；外包部分工作任务；减少员工主动辞职等造成的员工流失，同时减少辞退员工；从外部招募新的员工；通过技术创新提高员工工作效率。从达成供求平衡效果所需花费的时间来看，这些方法大致体现为由少到多，例如，加班加点工作能达到立竿见影的效果，而招募新员工需要一个较长的过程，技术创新及其在组织中应用的周期则更长。从是否可逆的角度来看，这些举措的不可逆程度呈现依次提高的态势，比如加班加点可以随时停止，而对于新招募的员工却不能轻易地解聘，等等。

（二）供大于求

当预测的人力资源的供给超过需求时，组织为了控制人力成本，需要减少人力资源的供给。具体的方法包括：裁员以减少组织员工数量；自然减员，即对于因退休或员工自动离职造成的职位空缺不予填补；员工提前退休；减少工作时间，比如从每周工作 5 天减为 3 天，从每天工作 8 小时减为 5 小时等；工作分享，即由几名员工分担原来一名员工的工作量。这些方法在达成供求平衡效果的快慢和对员工的伤害程度方面表现各异，其中直接辞退员工是最直截了当的，但是这种方式具有不可逆性，而且对员工造成的伤害程度比较高；相比而言，减少工作时间、工作分享次之；其他的方式，如自然减员、提前退休等，收效最慢，但是对员工的伤害程度也是最低的。

（三）结构性供求失衡

即使组织的人力资源供给与需求在整体数量上持平，也不意味着达到了完全的供求平衡，因为组织需要的人才类型是多元的，在不同的人才类别下,可能同时存在供不应求和供大于求的状况,这就是所谓的结构性供求失衡。组织可以同时采用上述方法来解决,例如,一方面为人员短缺的岗位雇佣新员工或临时员工,另一方面对冗余的人员采取减少工作时间、工作分享等举措。组织也可以通过职位间调动来解决结构性失衡问题。在不同职位之间,如果某些职位人力资源供大于求、某些职位供不应求,而彼此间的技能要求具有相似性,就可以通过人员调动以富余补不足,实现各自的平衡。如果职位间的技能要求具有差异性,则可以通过员工再培训使之具备相应的技能,以此作为职位间调动的先决条件,但再培训的时间成本较高,这也是组织需要考虑的因素。

第三节 数字化背景下的战略性人力资源规划

一、数字化背景下的工作分析

（一）数字化技术对工作分析的作用

战略性人力资源管理强调人力资源管理各职能之间的协同性,数字化技术促进了彼此间的协同。工作分析是这一协同机制的起点与基石,数字化技术一方面放大了工作分析的基石作用,另一方面也提升了工作分析的效率与效果。

1. 助力传统的工作分析

以数字化技术为支撑的工作分析使整个流程更加科学精密,最终使得对工作岗位及人员要求等信息的梳理更加具有说服力。首先,人力资源部门需要选取典型性的工作分析岗位。以往这一过程主要依赖于人力资源部门的直觉或者对浅略数据资料的定性分析,但是大数据提供了更全面的量化分析资料,例如对不同岗位不同时期的产出绩效,体现不同岗位之间关系的网络节点图等,这些数据材料可以让人力资源部门对典型岗位的选取更加理性、更加客观。其次,在数字化技术的加持下,有关工作岗位信息的收集更加便捷、广泛而高效。借助网络,人力资源部门不仅可以发放电子问卷,从组织内部员工那里收集到尽可能全面的工作岗位信息、工作所需技能的信息等,还能从人力资源专业网站、同行企业网站等渠道搜集到有关工作岗位、工作技能要求等的外部信息作为补充。再次,对于相关信息的梳理更加准确、高效。以往对于不同工作岗位信息的综合,容易因工作量大而发生错误偏差。借助数字化技术,只需要根据前期确定好的统计指标,将工作岗位的分析结果录入相应的系统平台,就能够方便快捷地整合出工作说明书和工作规范。除此之外,数字化还能更加清晰完整地揭示组织内工作岗位之间的关系,更加简洁客观地揭示工作排布的目标和逻辑,输出更为全面的可视化的工作岗位图谱。

2. 加速去工作化的趋势

去工作化的趋势主要反映在组织需要更高的灵活性。基于这一要求,员工越来越需要跨学科、跨职能的知识结构,从而适应组织的灵活变化和创新需求。大数据时代本身就在削弱员工之间的职能边界感,其主要体现在组织业务关联以及员工知识获取上。对于组织业务关联,人力资源部门经由组织内部信息系统,可以精准梳理出不同岗位之间的关联机制,帮助各个岗位之间更加聚拢,从而发展出更强有力的工作态势。这种岗位间凝聚的趋势,自然削弱了岗位与岗位、部门与部门之间的边界趋势;对于员工知识获取而言,以往没有哪个时候可以像现在这样快速便捷获取信息和知识,这也意味着较之以往,现在的员工更容易具备技能多样性,复合型人才的增多自然削弱了员工对于岗位边界感的刻板记忆,而且更具关联的岗位间关系本身也需要员工具有更全面的知识结构。

3. 基于大数据的胜任力构建

大数据时代,组织对于胜任力模型的建构将更加简单、更加全面。第一,确定绩效标准。大数据的应用,让人力资源部门在原来内部比较的基础上,还能引入外部数据对员工进行全面对比,从而更加清楚地掌握组织员工在整体用人市场上的占位,同时在内部对比方面,还可以抓取不同岗位、不同时期的产出绩效,单独构建绩效比对模块,从而实现动态化内部管理。第二,评估区分绩效优异者、绩效一般者和绩效不足者。大数据的应用能让这种区分更加具备颗粒度且更连续,从原来的简单三分类变成连续的绩效评估变量,而且这种绩效评估可以综合更加多样化的评估维度,还可以实现不同维度内的员工绩效对比。第三,搜集关于技能、动机、自我定位等方面的员工样本数据,以往这些资料大多通过问卷调查、行为访谈等方式获得,大数据的应用能让人力资源部门更加客观地提取相关数据,同时通过对员工工作表现数据的分析,可以比员工本身更加清楚地认识到员工的技能需求。第四,数据整理与分析。大数据的应用让原有的数据整理过程消失了,只需要将组织内部数据实时录入,在分析时进行提取即可。第五,建立初步的胜任力模型。大数据的应用让所有的数据评估维度更加可视化,同时云计算等方式可以快速地处理海量数据,从而构建更合理的胜任力评估模型。第六,验证胜任力模型。大数据的应用使员工的工作数据持续被记录,以往对于胜任力模型的验证只能通过某次截面数据进行比对,现在则可以持续追踪员工工作过程,实现动态比对。

(二)人力资源三支柱与工作设计和工作分析

1. 人力资源专家中心

人力资源专家中心是整体工作的组织者和最终方案的制定者。作为这项工作的起点,人力资源专家中心应先确定工作设计与分析的对象和目标,结合战略意图选择内外部数据收集的力度和范围,部署相关任务,并借助专业技能进行外部数据的搜集。人力资源业务合作伙伴从员工和直线经理那里获得真实的组织内部信息。共享服务中心将内部与外部的数据汇总后在平台上共享。最后由人力资源专家中心根据所获数据完成战略性的工作设计和工作分析。

人力资源专家中心主要解决的是不同岗位业务流程中所遇到的人力资源管理方面的难题,既然是难题则一定存在于具体事实信息中。较之传统情景,人力资源专家中心现在可以从组织的信息系统中及时调出业务数据,从根本上更清楚地分析问题的表现与成因,从而能更好地实现"对症下药",因为别人所表述的问题与实际碰到的问题往往存在差异,而这些差异很有可能干扰人力资源专家中心对事实情况的判断,从而给出不适用的解决方案。此外,通过对业务数据及组织外部数据的调取,也能帮助人力资源专家中心给出更加全面、更加具有可操作性的对策建议,以更好地实现"药到病除"。

2. 人力资源业务合作伙伴

人力资源业务合作伙伴是由既熟悉人力资源部门职能又了解业务需求的人建立起人力资源管理与各业务部门沟通的桥梁,这本身就要求业务合作伙伴具有跨职能的知识结构。原来的业务合作伙伴很关键的工作就是整合信息,这些信息往往来源于员工与直线经理的问卷及访谈资料。大数据的应用一方面可以对这些定性资料的分析更加快捷,另一方面也可以与组织内实时的业务数据相结合,以辅助这些定性资料,从而在组织工作设计和工作分析上汇总出更具针对性的业务流程信息。

3. 共享服务中心

共享服务中心的操作是大数据工作设计与工作分析的基础,两者都需要随时获取不同业务单元的数据,其中不仅包含对既往业务流程数据的汇总,也包含对未来业务开展的指导性信息。在大数据时代,一方面,共享服务中心在数据收集方面,不仅可以快速地拿到组织外部的数据,还能基于信息系统对于业务数据的统一接口,快速并齐组织内部的业务数据;另一方面,共享服务中心还可以构建实时登入端口来动态统计这些数据,从而突破原来的"点线面"层级的数据,构成包含时间维度"体"的数据。显然,对于工作分析及工作设计业务,这些动态的内外部信息可以提供更加具有指导性的意见。

二、基于数字化技术的人力资源规划

(一)数字化技术对人力资源规划的作用

一方面,大数据能够实现基于日常数据收集的精准数据分析。通常,人员规划是基于特定的人力资源管理需求展开的,如员工选聘需求。大数据使人员规划不再是人力资源部门某个时间点的工作,而是基于人力资源管理各个职能所产生的数据随时发生的反馈于特点需求的持续过程。也就是说,人员规划的数据收集工作分布于平时,数据分析工作集中于特定时间的特定需求。人员规划的供求预测不依靠一时的数据收集和分析,而是以日常的数据积累作为可靠的支持,再在特定的时间点结合特定的需求进行数据分析,而这样的数据分析无疑更加全面、更加精准。

另一方面,大数据与数字化技术能够有效整合人力资源部门数据和业务数据。人员规划的数据不仅来源于人力资源管理的各个职能,还要和业务数据协同。人力资源的需求与供给都以是否满足业务目标的实现为最终评判标准,因此要使之与业务数据相关联,通过科学的数据分析方法(包括使用可视化的工具),深入挖掘并直观呈现人力资源在质与量方面的特点和业务产出的关系,揭示人力资源属性对特定业务的影响,同时也体现特定业务目标对人力资源质与量的要求。人力资源的存量分析需要以此为标准,人力资源的未来需求预测同样如此。从满足业务的视角得出的人力资源供求关系的结论才能真正服务于各部门的业务需求,进而服务于组织的战略目标。

(二)人力资源三支柱与大数据人员规划

人力资源三支柱凭借数字化技术的加持,能够在各类人力资源数据及业务数据的收集、分享、传递、应用等方面实现无缝链接,更好地分工合作,确保人员规划的工作既在组织层面有序地实施,也在业务部门层面更有针对性地支持其运作,并最终服务于组织整体的战略目标。

1. 人力资源专家中心

人力资源专家中心在人员规划中的作用分为前端、中端和后端三个阶段。前端的任务是从整体框架上设计员工信息平台输入端口、人员规划的数据类别、数据来源、与共享服务中心和业务合作伙伴进行数据交换和传递的关键接口及共享路径等。中端的任务是对业务合作伙伴在业务服务中遇到的问题提供实时的支持,从人力资源专业技能的角度帮助其解决业务服务中的技术问题。后端的任务是从共享服务中心那里获取整个周期的内外部数据,汇总各业务部门的人员供求状况,在组织的层面形成不同类别人员供求的最终结果,并据此利用其人员规划的专业技能完成组织人员规划的总体方案。

2. 人力资源业务合作伙伴

人力资源业务合作伙伴在专家中心整体设计的基础上负责深入业务部门,有针对性地获取并掌握特定业务部门与组织战略相关联的关键业务信息,同时从人力资源的角度尽可能全面地追踪和记录部门员工的信息,包括员工的认知能力、知识和技能储备、个性特征、兴趣爱好、工作动机、组织认同、价值观、培训状况、绩效水平、工作满意度等。业务合作伙伴一方面将这些信息同步给共享服务中心,以便随时根据各方的需要共享信息;另一方面应用数字化技术对人力资源和业务两方面的数据进行整合,进行大数据分析。具体流程可包括:第一,分析当前员工数据和业务数据的相关性、员工的数量和属性以何种机制影响了业务绩效;第二,获取行业中的最佳实践或者标杆数据进行对照,推衍出哪些员工变量的调整有利于改善业务产出,并提出假设;第三,在假设基础上建立数据模型,比如以某个特定的业务变量为自变量,推导出哪些员工变量是自变量、哪些是调节变量,互动的方式如何,影响该业务变量的模式如何,并通过大数据分析工具来验证、调整该数据模型;第四,使用该数据模型,结合未来业务目标,对未来的员工变量进行计算,得出关于员工数量需求及员工各方面属性要求的判断。

3. 共享服务中心

共享服务中心在人员规划中的主要工作是收集来自人力资源专家中心、人力资源业务合作伙伴及外部人才市场的数据,进行动态的数据维护,并根据专家中心和业务合作伙伴的需求,提供实时数据以供其使用。共享服务中心服务于人力资源规划的数据不限于员工的基本信息,还应包含员工培训经历、绩效水平等多元的人力资源历史数据,以形成有关员工数量与质量的立体数据。另外,共享服务中心应实时地将不断生成的原始数据纳入平台,并对原始数据进行加工处理,提高数据的规范性和标准化,这是数据维护的重要环节,有利于人力资源专家中心和人力资源业务合作伙伴更加便捷、高效地调取使用、实施员工现状分析。

本章小结

工作设计应基于组织战略,以任务结构为中心,对工作内容、岗位职责、工作关系、环境条件和薪资报酬等进行设定,以保证不同工作岗位的组合能够达成组织的战略目标。工作设计与组织战略是相互影响、彼此强化的。组织战略通过组织结构决定工作设计,而工作设计又通过界定职责和激励员工服务于组织战略。

工作分析是通过特定的方式搜集各个工作岗位的信息,并将收集整理的信息汇总于工作说明书与工作规范中。工作分析是人力资源规划、员工招聘、员工培训、绩效管理和薪酬制定等各项人力资源管理活动的基础。战略性工作分析应揭示不同工作设置的目标和逻辑,体现工作间协同对组织战略的意义。而去工作化的胜任力模型聚焦于特定工作岗位对任职者核心能力的要求,是符合新时代组织战略要求的工作分析方法。

战略性人员规划对组织在某个发展阶段的人员供给和需求进行预测

和分析，一方面根据人员供求状况帮助组织制定战略，另一方面以满足组织战略目标为出发点，以不同工作岗位对人员素质及数量的要求为依据，提供平衡人员供求的具体方案，确保组织人员在数量和质量上实现供求平衡。

在战略性人员规划的基础上，组织通过内部招募或外部招募吸引人力资源来申请组织的空缺职位。战略性员工招募既要关注未来员工的能力维度，又要最大限度地激励组织现有员工和作为潜在员工的求职者，为良好的组织-员工关系奠定基础。招募效果的判断要兼顾录取比例与录用成本。

数字化不仅助力传统的工作分析，还加速了去工作化的趋势，而基于大数据的工作分析结果也更为精准，尤其在人力资源管理三支柱的协同下，工作设计和工作分析的数据化流程更加顺畅，因而更具战略指导性。人力资源规划主要借助数字化技术中的大数据技术。通过人力资源管理三支柱的分工协作，基于大数据的人员规划能从历史数据中寻求最优的人员供给和需求预测，同时大数据的应用也可以帮助组织在招募渠道及方式等方面制定出更好的方案。

核心概念

人力资源规划；工作设计；工作分析；工作说明书；工作规范；去工作化；胜任力模型；人力资源需求预测；人力资源供给预测

复习题

1. 工作设计如何服务于组织战略？
2. 如何进行战略性工作分析？工作分析的具体步骤是什么？收集相关工作信息的方法有哪些？
3. 战略性工作分析在人力资源管理各职能中有何作用？
4. 如何进行人力资源需求和供给的预测？
5. 如何平衡人力资源的供给和需求？
6. 人力资源三支柱如何通过数字化技术助力工作设计与分析？
7. 人力资源三支柱如何通过数字化技术助力人力资源规划？

💡 讨论题

1. 如何将员工能力和员工动机两个维度体现在工作设计中？

2. 为什么说基于去工作化的胜任力模型符合未来工作设计的趋势且有利于组织的战略目标？

3. 数字化会对工作岗位造成怎样的冲击和影响？

4. 新的人工智能技术的引入对制造业和服务业的工作设计会造成怎样的影响？人力资源管理者应该如何扬长避短，有效地利用人工智能技术的优势，同时规避由此带来的负面影响？

5. 战略性人员规划如何作用于组织的战略规划与战略实施？

📝 模拟案例题

1. 请选取 A 公司某一因数字化转型而设立的工作岗位，并对其进行工作设计。

2. 请选取 A 公司一个传统的工作岗位，并对其进行工作分析。

3. 试选取 A 公司的某个特定工作岗位，对其进行人员需求与供给的预测，并说明使用了哪些预测方法。

4. 假设 A 公司设计部门需要新增 3 名员工，请结合当前人力市场现状给出人力资源规划方案。

5. 假设 A 公司施工部门存在阶段性人员过剩的情况，请给出各种可行的减员方案。

6. 请分析在数字化人力资源规划中 A 公司应该注意的问题。

第四章

员 工 招 募

员工招募是指组织通过各种方式吸引求职者来申请组织的空缺职位。战略性员工招募建立在战略性人员规划的基础上,同时又是人员选聘和录用的前提。员工招募和员工选聘是将人力资源规划付诸行动的过程。因此,人力资源规划、员工招募和员工选聘这三者共同构成了组织获取合适的人力资源的完整过程。战略性员工招募首先强调有效性,员工招募不是越多越好,而是尽可能增加受众覆盖面与潜在求职者之间的重叠度,以便在控制成本的同时,搭建起高质量的候选人才库,为选聘环节高效地选拔出最合适的人力资源创造条件。同时,战略性员工招募的路径要能够最大限度地激励组织现有员工和作为潜在员工的求职者,为良好的组织-员工关系奠定良好的基础。

第一节 战略性员工招募

一、战略性员工招募的要求

战略性员工招募应为员工选聘创造良好的条件,即能够有效地网罗具有潜质的人才,以便从中选拔出高质量的能为组织战略服务的合适人选。因此,在招募阶段,组织就应将对人才的要求纳入考虑范围。从战略意义上说,所谓合适的人选应满足三个匹配:人与岗位的匹配、人与组织的匹配、人与环境的匹配。第一,人与岗位的匹配要求求职者的资质、技能、经验等满足工作岗位的要求,能够胜任工作,同时对工作内容感兴趣,有足够的工作动机。第二，人与组织的匹配意味着求职者基于自身的价值观、道德水准、兴趣偏好等，能认同组织的愿景与战略，喜欢组织的文化与氛围，适应组织的政策与规范等。第三，人与环境的匹配是指求职者是否能适应特定的场景、情境等，这里的环境既指实体的环境，比如组织在海外的分部；也指抽象的情境，比如在海外分部工作所面临的文化场景，处于初创期、充满不确定性的组织环境，等等。真正符合组织战略需求的人才应该是在合适的时间、合适的地点、从事合适的工作的合适的人，也就是三个匹配都满足的人。战略性员工招募应该以此为目标，以最大限度地涵盖这些人并成功吸引其启动求职申请为标准，组织相应的资源，展开相应的活动。

二、员工招募的途径

人力资源的供给分为内部供给和外部供给，因此招募也分为内部招募与外部招募两部分。招募工作的第一步就是由组织确定采用内部招募还是外部招募。两者各有优劣，需要人力资源部门根据组织的战略和岗位性质作出适当的选择。

内部招募的优势包括：第一，组织对内部员工各方面情况非常了解，尤其是在持续记录员工在整个人力资源管理周期内发展轨迹的组织，能够在出现岗位空缺的第一时间，根据所掌握的员工技能、兴趣、绩效水平、职业发展目标等信息，准确地判断哪些员工符合任职条件，可以纳入候选人的行列，甚至在后续的选聘环节，这些信息也是最有力的选聘依据。第二，相比较从外部招募的人员，内部员工对组织及空缺岗位等各方面的情况与要求也更加了解，因此能在很大程度上节省组织入职培训及技能培训等成本，同时在新的岗位上，这些内部员工也可以更快、更顺利地开展工作。第三，内部招募意味着组织把空缺工作岗位优先留给自己的员工，员工能够获得升职机会，这对获得升职的员工固然具有内在激励性，即便对于暂时没有获得升职机会的员工也能发挥激励作用，因为组织的内部招募优先的原则为在职员工在组织里的职业生涯发展提供了制度保障。内部招募能够提升在职员工的工作投入和组织认同。总体而言，内部招募的优势主要来源于组织和员工的彼此了解以及政策导向对员工的广泛激励性。事实上，很多组织推行内部招募优先的原则，就是为了充分发挥内部招募在员工能力和激励方面的优势。

　　内部招募也存在着潜在的问题：第一，内部招募是与升职机会相联系的，组织中的升职机会相对升职愿望总是稀缺的，因而容易导致员工间的过度竞争，出现"内卷"，甚至出现不正当、非道德的竞争行为，破坏组织内部的合作性和凝聚力。第二，相对于外部招募，在内部招募中没有获得升职机会的员工，在面对与自己条件接近而获得升职的同事时，更容易出现心理不平衡的情况，并可能引发后续的工作意愿下降、工作效率下滑等问题。第三，内部招募中员工与组织彼此互相了解，这既是优势也是劣势，内部员工在升职后会受制于组织一贯的思维定式，因循守旧，组织也会因为缺乏外来的新鲜刺激而失去很多创新与变革的契机，这就是所谓的"近亲繁殖"现象。组织在采用内部招募时必须协调好员工之间的关系，规避负激励的问题，同时利用各种方法突破近亲繁殖带来的负效应。

　　外部招募的优势在于：第一，候选人的选择范围更广，特别是对于核心岗位的员工而言，更广的选择范围意味着更加充分的挑选余地和更加优秀的选聘人才。第二，从外部招募能提升员工多样性，为组织带来新鲜的观点、多元的视角、丰富的经验，从而为组织带来更多的创新动力。第三，外部招募虽然会对内部员工造成压力，但也会产生促进其前进的动力，他们面临的竞争不仅来自同事，也来自更广泛的求职者，因而能激励其更努力地工作，更全面地磨砺自己的技能，提升自己的价值。

　　外部招募的劣势正好与内部招募相反：第一，外部求职者对组织并不熟悉，这意味着外部员工入职后，要学习新岗位所需要的工作技能，也要适应新的组织价值观与企业文化。这些学习与适应都需要较长一段时间的磨合，一旦磨合不好，就可能对组织或个人造成消极的影响。第二，采用外部招募也会因为减少了组织内部的升职机会而挫伤内部员工的积极性。第三，从外部招募新员工，并对其进行培训的过程不仅漫长而且成本高。由于组织对求职者不熟悉，选拔过程也容易造成失误，给组织带来隐形的成本。

　　但是，外部招募几乎是组织必然的选择，即便是内部招募优先的组织，也必然存在人力资源短缺或人力资源素质不匹配等问题，必然需要从外部引入更多的人力资源。人力资源部门应根据特定阶段组织对人才的需求，综合实施内外部招募，平衡好彼此的优势和劣势，使招募工作更好地服务于组织战略。

三、内部招募的方法

从组织内部招募,可以通过一系列的方法来实现。常用的方法是在组织内部发布职位公告,向相关工作岗位的在职员工公开招募,由员工报名申请进入选聘流程。为确保流程的公开透明,应在相关员工可以接触到的途径发布职位公告,例如在公司网站上发布,或者发送电子邮件给符合申请条件的员工,等等。公告中应包含员工关心的各类信息,包括空缺职位的工作内容、工作关系、薪资状况、技能要求等基本信息,也可以提供该职位在员工职业发展路径中的定位等额外信息。同时,公告中需要说明申请的程序及后续审查、选拔、聘用的整个流程等。尽可能翔实的信息有利于在职员工根据自身条件及个人职业发展规划,对于当前阶段该职位是否适合自己、是否契合自身的职业发展目标、是否有利于自己在组织中发挥更大的作用等作出充分的预测和合理的判断。

内部招募也可以借助组织常态化的员工档案管理来实现,比如通过人员接任表或职位接任表进行。人员接任表是以员工为对象,对其绩效表现和升职潜力这两个维度进行动态评估,从而了解不同员工调任到不同岗位的可能性。当前工作岗位的绩效水平不能代表新的工作岗位的绩效潜能,某些员工虽然当前的绩效水平很高,但是可能已经抵达其职业天花板,缺乏继续上升的空间,或者短期内还不具备升职所需的各项技能,因而潜能尚需得到进一步的开发;而有些员工可能当前的绩效水平不是最优的,但是如果能获得升职的机会,可能更容易发挥其自身的禀赋,或者更能激发其为组织效力的动机与活力。因此基于员工档案管理的内部招聘需要对两个维度分别进行评估。毫无疑问,最优的选择是绩效表现与升职潜能双高的员工。在难以两全的情况下,升职潜能应优先于当前绩效。职位接任表是以不同工作岗位为对象,罗列出在不同阶段适合接任特定岗位的人员名单,并按胜任力程度排序。这两种方法都为管理者提供了内部候选人的信息,管理者可以直接锁定候选人,也可以和相关员工沟通,鼓励其申请相应的职位,这有利于提高内部招募的效率和人员招募的准确性。

对于关键管理岗位的人员招募还可以实施更为积极主动的接班人计

划,也称管理继任计划,即组织针对未来管理岗位的人员需求进行长期规划,通过预测、培训、评估等一系列活动为关键的管理岗位识别、培养和储备后备人员,形成合理的人才梯队,并在需要的时候将其作为内部招募的对象。接班人计划包含三个步骤:第一,组织高层管理者与人力资源部门主管一起,根据组织的战略规划确定组织未来的核心工作岗位及这些岗位所需的核心技能。第二,对组织内部的人才进行盘点,锁定高潜能员工,并有意识地为其提供内部与外部培训、工作轮岗与跨部门工作历练的机会等,将其培养并塑造成能够胜任核心岗位的后备力量。第三,对这些后备人才进行评估,选择最优的人选从事核心岗位的工作。

四、外部招募的方法

外部招募来源与方法各异,包括广告招募、校园招募、社会招募、职业中介招募、推荐招募、自荐招募等。

(一)广告招募

广告招募是通过招聘广告的形式吸引求职者的方法。广告招募的成败取决于内容的设计和媒体的选择。

招聘广告的内容设计应遵循 AIDA 原则,即注意(attention)、兴趣(interest)、渴望(desire)和行动(action)。广告设计首先要做到抓眼球,可以通过醒目的图案、标新立异的版面设计或幽默、震撼的标题等引发潜在受众的注意,将尽可能多的受众吸引过来。下一步就要通过实质性的内容来激发他们的兴趣,特别是有关工作岗位性质、要求、待遇等的描述和说明,由此让潜在求职者对这一工作岗位产生浓厚的兴趣。渴望是指对此有兴趣的潜在求职者产生了应聘的迫切愿望。其来源可以是对于工作岗位特点的补充说明等,进一步强化求职者的工作认同;也可以是有关组织自身形象的推介,使之形成组织认同,对于在特定组织从事特定工作产生更明确的意愿,由此他们的应聘愿望也从潜在转化为显在。值得注意的是,招聘广告与商品广告不同,旨在吸引的对象不是越多越好,而是力求吸引来的求职者尽量符合组织和工作岗位的要求,因而有较大的可能被选聘为组织员工。因此在对工作岗位和组织进行介绍时切忌夸大其词,而要基于基本事实,让受众自己去判断该工作是否符合个体的需要、是否能产生真实的应聘意向。最后一步是行动,即广告要提供简便易行的联系方式,促使求职者在热切的愿望下能立即采取行动,完成应聘的申请流程。

组织的品牌与声誉是对求职者产生吸引力的重要因素。面对相同或相似的工作岗位,求职者会特别关注组织作为雇主的声誉,即在对待员工方面是否有好的口碑。例如"最佳雇主"榜单上的组织在招募阶段更能得到人才的青睐,获得明显的竞争优势。当然,组织在经营方面的业绩及相应的品牌效应也会在招募中发挥作用。

招聘广告的投放媒体也在很大程度上影响着招募的有效性。从传统的纸质媒体到现在形态各异的数字化媒体都可以作为招聘广告的载体,具体包括报纸、杂志、广播、电视等传统媒体,网站、论坛、电子邮件、微信、微博等数字化媒体。组织在选择媒体时需要考虑媒体受众与想要吸引的求职者之间的吻合度,例如,如果招募的是技能要求不高的工作岗位,地方性的报纸是合适的媒体;如果招募的是具备专业技能的人员,则可以选择与之相适应的专业类期刊,相应的读者更有可能成为满足组织人力资源需求的未来求职者。

(二)校园招募和社会招募

校园招募是针对应届毕业生的招募方式,由用人单位到意向中的院校招募具有特定专业背景、符合组织专业需求的毕业生。一般用人单位会与相关院校建立起相对稳定的合作伙伴关系,每年对学校开放一些职位,保持一种持续性的供求关系。用人单位也会参加院校组织的校园人才招聘会,与其他用人单位一起参与毕业生的招募。这种方式给毕业生提供了更多的选择,也要求用人单位展现自己的优势来吸引人才。为了更好地发掘和吸引人才,组织还可以采取更加积极主动的措施,如为毕业生提供实习机会,在相对较长的时间内观察和评判毕业生在实际工作场景中的表现与潜能,从而作出更加准确的选择。

社会招募一般也通过招聘会的方式进行,目标对象是社会上来源各异但暂时处于待业状态的人员。社会招募可以是综合型的招聘会,对招聘方和求职者都没有专业、级别等的限制;也有的是针对性较强的招聘会,这时就需要主办方明确参与的条件,确保双方的供求是匹配的。

校园招募与社会招募的共同点是由组织主动实施招募活动,直接走入他们聚焦的目标人群,在面对面的交流过程中,一方面向潜在求职者推介自己的组织和待招聘的工作岗位,鼓励大家投递简历,积极应聘;另一方面通过和求职者的当面沟通初步了解求职者的状况,完成初步筛选,减少后续选聘的工作量。面对面的交流为组织和求职者创造了深入了解彼此的机会,通过这种途径建立起的雇佣关系,将会是基于双向选择的更加稳固的雇佣关系。但校园招募和社会招募都需要一定的时间,组织需要顺应相应的周期来开展招募活动,而无法按需实施即时招募。

(三)职业中介招募

职业中介机构是招聘方和求职者的中介,它们拥有关于招聘方和求职者的大量信息,在整理归类各种信息的基础上,有方向地向各方传递信息,帮助双方更高效地完成人岗匹配,并收取一定的中介费用。为了更好地发挥中介作用,职业中介机构必须对双方的情况充分了解,特别是组织的用人需求。职业中介机构包括职业介绍所、人才交流中心和猎头公司等。职业中介机构服务于一般性的用人需求。人才交流中心为主动谋求工作的技术性人才提供平台。猎头公司专门针对管理层和高级专业岗位的,收费标准也更加高昂。但是由于猎头公司专业性强,每一次成功的"牵线"都有可能满足组织对高端人才的渴望,同时帮助人才找到对其更加赏识且能更充分发挥其才能的组织,进而有利于自身职业生涯的良性发展,这种在高级职能岗位上的人岗匹配为供求双方创造的价值也是最大化的。猎头公司的服务对象不是主动寻求工作的待职人员,而是在职员工,其中有些人并没有跳槽的主观动机,有些人则是不愿或不宜公开表明其跳槽的动机。猎头公司凭借其专业性,敏锐地发现人才和特定组织之间潜在的契合点,然后主动游说人才离开原来的组织和岗位,在新的组织中寻求更好的福利待遇和更有前景的职业发展。甚至可以说,猎头公司比人才自身更了解自身的价值,更能设计出符合其综合素质、有前途的职业规划。

(四)推荐招募和自荐招募

推荐招募是指由组织的在职员工或合作伙伴等推荐自己的亲朋好友、同学同行等来组织应聘的招募方法。虽然看似不太正式,但这是很多组织包括大型跨国企业都广泛应用的方法。推荐招募有几大优点:第一,推荐人对组织的文化、组织的期望和要求比较了解,同时对被推荐人也比较了解,出于对双方负责的态度,推荐人会自主地进行筛选,选择那些其认为较有可能符合招聘标准、个人价值和组织文化比较契合的熟人予以推荐,因而大大地提高应聘者的录用率。统计表明,推荐招募与其他招募方法相比具有较高的入职比例。第二,由于推荐人的关系,被推荐人一旦获得入职资格,会有更强的工作意愿,对组织也会产生更强的认同感,总体的离职率会随之下降。第三,推荐招募的成本最低,全部成本来自给推荐人支付一定的推荐费,而且很多组织是在推荐成功后即被推荐者经过选聘被录用后才支付推荐费,与其广告费用和支付给中介机构的费用相比,这一成本低廉很多。这种方法也有缺点,比如选拔范围会受到限制,容易形成组织内非正式群体等。值得注意的是,作为一种招募方法,个人推荐不能代替后续的选聘环节,应聘者仍然需要通过正规的选聘流程,直到被确认其符合选聘标准、符合组织的要求时,才能获得入职资格,否则推荐招募就会出现任人唯亲的现象。

自荐招募则是由应聘者直接找到相应的组织谋求入职资格,前提是应聘者充分了解组织的用人需求,在自我评估的基础上确认自己的基本条件符合组织要求。自荐招募经常和门店的招聘广告同时使用,当门店自己张贴招聘广告,明确用人意向和工资待遇时,其实就是邀请符合条件求职者自己上门应聘。当然,也有其他形式的自荐招募,自荐者要对意向中的组织和工作岗位进行大量的调查研究,深入了解组织的需求及自身条件与对应岗位的匹配度,有的放矢地推介自己,以获得组织的青睐。

不同的招募方法各有优劣,组织需要结合现阶段的目标和工作岗位的性质进行取舍,必要时综合使用不同的招募方法,使其形成优势互补,寻找并吸引到兼具工作能力和意愿的求职者,为后续的员工选聘奠定良好的基础。

五、招募有效性的评估

招募效果是否理想主要看两个方面:一是录取比例,二是单位员工的录用成本。

录取比例是指最终入职的新员工与起初经过招募而被吸引求职者的比例,这个比例越高意味着招募的效率越高。从投递简历或求职申请表开始,求职者会经历一系列的选聘流程,每一步都有一个产出率,比如筛选出获得面试资格的人数占提交求职简历人数的比例,最终通过选拔获得录用通知的人员占据面试者总数的比例,以及接受录用通知正式成为新员工的人员占获得录用通知者的比例,综合这些产出率就是招募的最终录用比例。虽然这个过程很大程度上会受到选聘流程的影响,但是招募工作能否最大限度地锁定并吸引到与组织彼此认同且互相适合的人选,也在其中发挥了至关重要的作用。

单位员工的录用成本即组织平均录用一个员工所花费的成本,成本越低则招募效率越高。有些招募方法能够很好地满足两方面的要求,如推荐招募法。但这两个标准之间有时是冲突的,比如借助猎头公司进行招募可以有效提高录取比例,但成本会急剧上升;在媒体上发布招聘广告,虽然成本不高,但录取比例很难保证。组织需要根据所招募工作岗位的性质和要求,在两者间进行取舍,或者通过综合使用不同的招募方法来优势互补,寻求两者的平衡。

然而,这两个标准也不是绝对的。对于某些组织的某些核心岗位而言,组织会选择不计录取比例和录用成本,只求寻觅到最符合组织要求的稀缺人才。虽然从一般意义上看这样的招募是比较低效的,但是如果将人才未来为组织创造的价值考虑进去,就会发现这一切代价又是值得的。所以说,招募的有效性因工作性质及其对人才的要求而异。相对而言,一般的工作岗位应尽量提高录取比例,降低录用成本,但对于具有战略性的工作岗位,对于技能要求特殊的高端人才或稀缺人才,则不必受制于这两点。不论何种工作、哪类人力资源,招募有效性的最终评判标准应该是在较长的周期内招募的投入与招进来的员工为组织创造价值之间的比较,如果后者超过了前期的投入,招募就是有效的。

第二节　数字化背景下的战略性员工招募

技术发展及社会情景的变化,使得传统的员工招募活动逐渐变得低效与落后。相较于过去,潜在员工接触信息的渠道实现了线下到线上的迁移,技术进步也使更多类型的招募信息得以投放。在决策环节,数字化技术可以整合更多的可靠决策信息,给出更为综合的定量决策模型。总之,人才招募作为后续人力资源管理活动的起点,人力资本作为企业价值与竞争优势的重要来源,如何在企业数字化转型过程中进一步发挥出新技术对员工活动的积极影响,应得到足够的重视。

一、基于数字化技术的员工招募方法

(一)数字化员工招募广告

数字化时代,数字化招募广告已经成为最广泛应用的招募方法。企业拥有更多可以投放招募信息的渠道,包括专业化的招聘网站、企业自身的官方网站、三方求职平台、微信公众号、微博社区及其余相关线上社区论坛等。招聘渠道的扩充,不仅扩增了企业招募信息的投放范围及潜在受众群体,也能通过丰富的媒介形式将企业信息更直接全面地传达给目标求职群体。

数字化媒体在聚焦圈层方面有天然的优势,适宜的媒体渠道就意味着组织能更好地结合渠道本身的受众特性有针对性地投放招聘广告,比如专业人士的微信群、特定主题的电子论坛、某院校的校友网站等,这些渠道都聚集了具有相似背景和显著技能特长的人群,使得受众中潜在求职者的比例明显高于其他途径,这就为招聘广告的精准投放创造了有利的条件。

数字化招募广告还能发挥多媒体和高互动的优势,将广告的 AIDA 原则放大到极致,更有力地说服和吸引潜在求职者。例如,一则微信群的招募广告,利用标题成功捕获群中朋友的注意力,让大家不由自主地点开广告,紧跟的是音效、图案、文字等多媒体结合的工作介绍,同时兼顾了文字的理性诉求以及图案与音效的感性诉求。对于有相关方面求职意向的人而言,多媒体类型结合的内容展现促使其产生了解内容的兴趣,同时多种媒体类型所承载的更加全面、生动的招聘信息也能进一步将兴趣转化为求职渴望,此时在潜在求职人员热情高涨之际,一键求职功能可以使其更快速地链接进入求职申请通道。这一切能有效地作用于求职者的兴奋点,并促使求职者在很短的时间内一气呵成地实现从被广告吸引到完成申请的整个过程。

(二) 专业招聘网站

专业招聘网站利用数字化技术,链接求职者和雇主的需求,帮助雇主完成合适的员工招聘,帮助求职者找到适合的雇主和工作岗位。专业招聘网站一般包括招聘信息发布、简历下载、求职简历生成、职位搜索、定制招聘专区等功能。较之传统的职业中介机构,专业招聘网站拥有更加丰富的人力资源供求信息资源,一方面通过职位信息库提供海量的人才招聘信息,另一方面通过专业人才库为企业提供各类专业型人力资源的选择。

借助大数据技术,专业招聘网站能够对海量的供求信息进行分析挖掘,实现雇主需求与人力资源更加高效与精准的匹配。一方面,专业招聘网站对于求职者的职业背景、职业倾向、工作地点、求职意愿、性格兴趣、社会关系、行为模式等数据进行分析,以便聚焦更加明确且适合的雇主与岗位。另一方面,专业招聘网站对雇主的组织文化、工作需求、战略重点、业务目标等数据进行分析,以此为所需人才提供清晰准确的画像。两方面数据的对接就形成了科学的供求匹配方案。

在基于大数据精准匹配的基础上,专业招聘网站还能引入直聘的方式,为供求双方提供直接的网上操作,利用在线聊天等功能模拟招聘场景,让雇主和求职者直接沟通。这样能省去很多中间环节,不仅提高招聘效率,也能基于自动匹配的推荐,提高招聘的成功率。

(三) 线上线下协同的招募方法

在线下招募环节中,数字化也发挥着越来越重要的作用。比如在校园招募和社会招募中,可以先通过线上互动实现企业与求职人员的初步了解,使招募方对求职者的数量与质量有一个概括性的认知,以便适当调整线下招募活动的时间、范围和方式等,同时使求职者对招募方的组织架构、工作设计、政策规范、办事风格等获得基本的印象,由此判断该公司及特定工作是否适合自己。双方事先就能做好必要的取舍与调适,因此能有效提高招募的效率。当线下活动结束后,双方也可以通过数字化的方式进行后续事宜的沟通,以便及时采取跟进或退出的行动。同样,推荐招募和自荐招募中,数字化也可以作为有效的补充,串联起整个招募活动的各个环节。线上线下协同的招募活动比完全线下的招募更加节约双方成本,包括时间成本和金钱成本等。可见,数字化招募在使招募过程更加高效且有效。

二、基于数字化技术的员工招募决策

员工招募涉及多种决策,如是内部招募还是外部招募的决策、招聘广告投放渠道的决策、招聘广告设计的决策、选择何种招募方法的决策等。数字化技术尤其是大数据技术能够提升这些决策的质量。

第一,关于内部招募还是外部招募的决策。通过对不同岗位的内部招募与外部招募的存留历史信息进行数据编码及分析,挖掘出不同招聘方式下所招募员工的组织行为与绩效表现,把握不同工作岗位招募来源与员工后续绩效表现的相关性规律,以此为依据来决定这一岗位未来到底采用外部招募还是内部招募。

第二,关于招募信息投放渠道的决策。大的媒体类型一般通过既往规律或简单的定性分析即可作出选择,但是对于同种类型的不同媒体间的选择,则可以依赖大数据作出更精准的分析。通过记录及整合来自不同招募渠道的求职者个人特征、面试表现及就职绩效,可以更准备的掌握不同媒体渠道潜在受众的潜在人群画像,这对于未来选择媒体渠道更具有参考价值。

第三,关于招聘广告内容及形式设计的决策。例如,在基于 AIDA 原则的广告设计中,在激发兴趣和渴望的环节,如何整合组织形象与工作特征的关系,什么样的联系方式或者链接设计最能激励求职者在第一时间采取行动完成应聘申请,在传统媒体中图文之间的比例及布局,在数字化媒体中招聘广告如何处理音频、视频等多媒体资源等,这些问题都可以通过大数据分析获取答案。

第四,关于招募方法组合的决策。例如,对于不同的工作岗位而言,在外部招募中具体使用何种或哪些招募方法的组合才能实现最优的招募效果,也是大数据的用武之地。招募的有效性取决于招募的投入与员工创造的组织价值之间的比较。这种比较需要一段时间的数据积累,不同的招募方法投入成本各异,而员工为组织创造的价值也因工作岗位性质的不同而不同,借助大数据和相应的数据处理方法,可以更具预见性地将各自的关键点提炼出来,构建更加合适的未来招募方法选择的模型。

三、人力资源三支柱与数字化员工招募

1. 人力资源专家中心

人力资源专家中心根据员工招募方式及其效果的历史数据在政策导向及组织实施方面给予以下几个方面的指导和建议:

第一,基于组织内部收集整理,人力资源专家中心可以更动态地了解到组织的员工供求关系对特定部门及岗位现有员工的分析,也可以更清楚组织需要什么样的员工;结合不同部门的招募需求,人力资源专家中心可以在招募渠道上进行整合,实现招募在组织层面的规模效应。

第二,数字技术的进步使得人力资源专家中心可以更容易地获取到别的企业的招聘信息等,从而即时更新自身的工作分析内容及招聘标准。

第三,从组织战略视角出发,人力资源专家中心需要设定选择内部招募还是外部招募的基本原则,对于不同岗位采取何种招募方式确定政策导向。数字化的变革可以使人力资源专家中心更为精细化地设计这些决策原则,因为企业内部系统存储了大量员工工作数据,并且外部信息源也变得更易接触,以往即时设计出精细化的决策原则在实施过程中也很难落地。

第四,在外部招募中,对于不同类型岗位的具体招募渠道的优先级以及岗位之间的招募渠道整合方式,人力资源专家中心也可以基于大数据分析给出更科学的决策。以往仅能依赖非结构化的信息资料及个人直觉进行相关决策,数字化跃迁给予了企业较为全面的可供决策使用的员工数据。

第五,数字化情境下的招募渠道可以承载更多类型的招募信息投放,因此人力资源专家中心也需要思考如何整合不同类型资源以更好地传达工作描述与企业信息等。

2. 人力资源业务合作伙伴

人力资源业务合作伙伴结合部门业务需求及其对各工作岗位的职责设定,负责招募方案的设计,并向组织汇总。借助历史数据,人力资源业务合作伙伴从对业务目标贡献程度的视角对各种渠道的招募效果进行分析比较,从而更加有效地选择招聘渠道。同时也可以根据团队人员构成的互补性及多样性,结合不同渠道受众的群体特征,选择更为适合的投放渠道。比

如通过分析发现需要招聘严谨且专业的员工,就可以选择更为小众且高专业性的渠道进行招募广告投放;如果需要招聘更具有灵活性、更年轻的员工,选择较新的年轻人聚集的社区显然更为有效。

针对特定工作岗位的招募广告设计也应以业务目标为导向,人力资源业务合作伙伴应整合业务数据对广告要素的作用发挥予以分析,还可以搜集在职员工对当初招募广告的感受的反馈数据,用以优化AIDA原则的落地方式以及不同工作岗位是否适宜共享某些招聘渠道和宣传要点、特定工作岗位是否需要不同招聘驱动的合力等。人力资源业务合作伙伴应具有实施招募的自主性,尤其在面对紧急业务的用人需求时,可以自主地开展必要的岗位招募工作。

3. 共享服务中心

在招募活动中,共享服务中心需要及时提供各类型可供支持招募决策的数据。除了对内部系统中所产生的员工数据进行整理外,其他外部企业的招募信息也应该被及时关注并收集。招募中,共享服务中心的服务对象包括求职者和相关人力资源工作人员。面向人力资源工作人员要能做好数据匹配,将既往员工数据按需匹配,如按照招聘渠道将不同渠道的求职者个人特征、面试记录及最终入职数据进行汇总。当组织产生招募需求时,这些数据就能快速帮助人力资源专家中心决策出哪些渠道的组合更为合适。同时通过数据了解不同渠道潜在受众的个人特征,也能辅助设计出更能吸引受众的招募广告。

对于求职者,共享服务中心应结合人力资源专家中心和人力资源业务合作伙伴的工作部署,广泛而有针对性地向求职者发布招募信息,经过各级审批后,基于内部人力系统与外部招聘系统的链接,可以在多渠道同步发布招聘信息,同时协助求职者进行求职信息提交,完成求职信息汇总、整理,并结合组织的通行规范对求职者进行初筛,并且后续可以持续追踪整理这些求职者的个人表现。

本章小结

为了雇佣到与岗位匹配、与组织匹配、与环境匹配的人力资源,组织首先要进行招募,即吸引人力资源来申请组织的空缺职位。战略性员工招募既要关注未来员工的能力维度,又要能最大限度地激励组织现有员工和作为潜在员工的求职者,为良好的组织-员工关系奠定基础。组织可以选择内部招募或外部招募,两者各有优势与劣势。内部招聘可以通过发布职位公告、人员接任表或职位接任表等方式进行;外部招募包括广告招募、校园招募、社会招募、职业中介招募、推荐招募、自荐招募等不同的方法。具体采取何种招募方法需要组织根据工作的要求和特定的情境作出选择。而对于招募效果的判断要兼顾录取比例与录用成本。

数字化技术不仅提供了更加多元的招募方法,而且能利用大数据使内部招募还是外部招募、招募渠道选择、招募广告设计及招募方法组合等决策更加优化。人力资源三支柱在数字化技术的加持下,可以更密切地协同、帮助组织在招募渠道及方式等方面制定出更好的方案。

核心概念

员工招募;内部招募;外部招募;广告招募;校园招募;社会招募;职业中介招募;猎头公司;推荐招募;自荐招募;录取比例;录用成本

复习题

1. 组织获取合适的人力资源的过程应包含哪些环节?
2. 从战略意义上看,合适的人力资源应满足哪三个匹配?
3. 员工招募可以分为哪两种?各自的优势和劣势有哪些?
4. 组织如何进行内部招募?外部招募的方法有哪些?
5. 如何评估招募方法的有效性?试比较不同招募方法的有效性。
6. 数字化技术可以从哪些方面提升招募的有效性?
7. 人力资源三支柱应如何促进组织的战略性员工招募?

讨论题

1. 试讨论在不同的情境中员工内部招募与外部招募的优势与劣势,并进行对比分析。
2. 如何通过数字化技术来提升员工招募的有效性?
3. 基于大数据的员工招募在实施中有哪些难点?未来的发展趋势如何?

4. 从传统媒体和数字媒体上分别选择一则招募广告,比较其设计中的优劣,并讨论各自改进的空间和方式。

三 模拟案例题

1. 请从 A 公司的设计部门选取一个特定的工作岗位,为其设计员工招募方案,请综合使用传统的招募方法和数字化的招募方法。

2. 请从 A 公司的施工部门选取一个特定的工作岗位,综合使用传统的招募方法和数字化的招募方法为其设计员工招募方案。

3. 请选取 A 公司设计部门的一个特定岗位,为其设计招募广告。

4. 请对上述岗位的各种招募方法进行有效性评估。

第五章

员 工 选 聘

战略性人力资源管理的首要任务就是为组织寻找到合适的人才,即既有能力又有意愿为组织创造价值的人才,并将其聘为组织员工。员工选聘就是在员工招募的基础上,通过一系列的筛选活动,不断地从求职者中遴选出最符合组织和岗位要求、最能在组织的结构体系中服务于组织战略目标达成的人才。员工选聘是招募活动的必然延伸,与招募合称为员工招聘。

第一节　战略性员工选聘

一、战略性员工选聘的意义

(一)战略性员工选聘的含义

战略性员工选聘是指以组织战略为导向,确定人员选聘标准,一方面明确达成战略目标的工作设计及其员工技能要求,另一方面明确与组织战略相适应的价值观和行为规范,并在此基础上对招募到的求职者进行考察和甄选,为组织挑选出既具备工作技能又富有工作意愿的人员,予以正式录用。

可见,战略性员工选聘具有以下特点:第一,员工选聘要从能力和动机两个维度来满足组织战略要求;第二,在能力维度上,主要根据战略性工作设计及其员工技能要求,通过战略性人员规划来明确人力资源的能力要求;第三,在动机维度上,主要根据战略性人力资源管理对员工价值观与行为规范的界定,满足相应价值观与行为规范的求职者将具备更高的激励性和工作意愿；第四，能力和动机这两个维度都应转化为具体的选聘标准。

（二）战略性选聘的重要性

员工选聘是获取人力资源的关键环节。人力资源是组织最为倚重的资源，是组织竞争优势的来源。组织只有在合适的时间、合适的地点为合适的工作岗位挑选出合适的人力资源，才能凭借这一操作性资源更好地撬动组织的其他资源，包括更好地运用各种生产资料，更好地利用各种财务资源，更好地应用知识、技能和数据等。因此，有效的员工选聘能够通过高水平的员工绩效提升组织整体的绩效。

员工选聘的有效性体现在员工与工作及员工与组织的双向适宜性，即新录用的员工具有高度的员工-工作的契合度和高度的员工-组织的契合度。员工-工作的契合度又来源于两个方面：一方面是员工各方面的知识、技能等能够很好地满足工作的需要，另一方面是员工的人格属性、兴趣爱好等各种特征和素质适合从事相应的工作。通常情况下，兼具胜任力与适合度意味着员工对工作产生了更深层次的认同，形成了其与工作之间的高度契合。员工-组织的契合度来源于员工对组织的愿景与使命、组织的战略目标、组织的历史与文化、组织的品牌与价值的认同。当与组织契合度高时，员工会自发地将自己的职业目标与组织发展目标相锁定，为组织目标持续贡献自己的能力。员工-工作契合与员工-组织契合不能偏废。当员工认同组织而不投入工作时，会产生低效员工，员工既不能很好地在工作岗位上发挥作用，又不愿意离开组织，会给组织造成隐性成本。当员工热爱工作却不认同组织时，这类员工将具有更高的离职倾向，以寻找更适合自己的组织，这就意味着组织会失去高绩效的员工，尤其是当员工选择竞争对手作为服务对象时，对组织的打击会更加严重。只有当组织通过严格而科学的选聘机制筛选出兼具工作与组织契合度的员工时，才能为组织争取到既有能力又有内在动机、能为组织战略目标的实现持续创造价值的适宜员工。

有效的选聘意味着正确的选聘决策，既录用了适宜的求职者，同时拒绝了不适宜的求职者；而错误的选聘决策则导致相反的结果，或者录用了不适宜的求职者，或者拒绝了适宜的求职者。错误的选聘决策会给组织带来额外的人力成本。录用不适宜的求职者会带来显性的与隐性的成本，包括员工无法胜任应聘岗位而带来的额外的培训成本、员工低工作投入或低组织认同所导致的内在动机不足而产生的业绩低落的成本、辞退低绩效员工所需的花费、因员工主动或被动离职而需重新招聘员工所产生的成本等。拒绝适宜的求职者短期内可能并不会让组织感受到损失,但是长期看会有损组织在人才方面的口碑,有损组织作为可信任的雇主的形象。另外,当被拒绝的人才拥有达成组织的战略目标所需的至关重要的能力时,拒绝该求职者会给组织造成巨大的损失,尤其是人才因没有获得组织的录用而服务于竞争对手时,这种反差带来的损失难以估量。

员工选聘的重要性可见一斑。为了通过有效的员工选聘筛选出有利于组织战略的员工,人力资源部门必须首先确保选聘标准的战略有效性,然后选择适合的选聘工具及选聘工具的组合。

二、员工选聘的标准设定

具有战略有效性的员工选聘标准要兼顾能力与动机两个方面,并且两者都需要结合组织战略来界定。首先,要确定基于能力的选聘标准,员工的任职要求本质上是由组织的战略目标决定的,战略目标决定了组织的工作设置和工作设计,进而决定了不同工作岗位对人才的要求,按照这一逻辑演化而来的员工的能力和素质要求,必将成为选聘的根本依据。其次,基于动机的选聘标准越来越受到重视。求职者的人格属性、兴趣爱好是否体现了与工作性质的内在契合?求职者的求职动机如何?求职者对组织是否有足够的了解?是否存在深度的组织认同?求职者的价值观是否和组织价值吻合?求职者的职业生涯规划能否恰当地融入组织发展中?这些标准来自求职者、工作和组织的协同,从不同角度影响着求职者的求职动机和未来的工作激励,都应纳入员工选聘标准。

战略性的工作设计和工作分析对不同工作岗位的职责进行了界定,并通过工作规范明确了任职资格,为战略性员工选聘的选聘标准设定奠定了坚实的基础。一般来说,对任职资格中的学历和经验等的要求比较明确,但是技能等方面的要求通常是方向性和粗线条的,这对于招募工作而言已经足够了,但是作为员工选聘标准还不够具体、细致和精确。因此,员工选聘标准还需要在任职资格的基础上从以下三个方面进一步细化,由此构建起一套最符合组织战略和岗位要求的选拔体系。

第一，需要将任职资格分解为可以用选聘工具进行测度的指标。比如，有效沟通的能力作为管理岗位的任职资格，需要一系列的指标来衡量，包括口头表达能力、倾听能力、写作能力、信息获取能力、反馈接受能力等，这些经过细化的指标就构成了沟通能力的选聘标准。

第二，需要明确每个指标应达到的水平。不同工作岗位对各种能力的要求是不同的，对于沟通能力的各个细分维度而言，管理岗位选聘者就需要每项维度都能达到高的水准；技术人员可能仅需要在某一维度具备高的水平，比如信息获取能力，而其他维度的要求会普遍低于管理者；以文书为主要工作内容的行政岗位人员则需要更高的写作能力等。这些结合工作职责对能力水平的要求都是设定选聘标准的依据。

第三，需要设定各选聘标准的权重。各选聘标准对组织战略的贡献度也是不同的。首先，要明确能力指标与动机指标之间的权重。工作动机在很大程度上体现了工作能力的兑现率及工作能力与战略目标的匹配度。因此一般情况下，越是对能力要求高的岗位，对员工的工作动机的要求越高。人力资源部门必须配置好能力指标与动机指标的比重，以确保选聘的员工为组织战略目标持续地付出热情和努力，尽可能地发挥其潜能。其次，在各项能力指标之间，彼此的重要性和预期贡献率也要通过权重来体现。比如管理者需要领导能力、人际能力、决策能力、沟通能力、计划执行能力等，这些能力之间的配比如何，需要在设定选聘标准时进行清晰的界定。组织中不同层级的管理岗位、不同部门的管理岗位对这些能力的配比都会不同，这些都需要落实在相应的选聘标准中。

三、员工选聘的一般流程

员工选聘紧紧承接着招募活动。招募是一个从无到有的过程，旨在将分散的求职者汇集成一个备选人才库，而选聘是一个从多到少的过程，目的是从众多的备选人才中挑选出既有能力又有意愿、最能满足工作岗位需求、最能帮助组织达成战略目标的人才，并为其提供工作岗位，这个过程需要组织投入大量的时间和精力。招募的成功以求职者提交求职申请表或个人简历为标志，而这也恰恰是员工选聘的起点，筛选工作就此开始，接下来通常会使用选拔测试、工作样本测试、选聘面试、背景调查等选聘工具进行筛选，直到选出最合适的人才并给最终胜出者发放录用通知。

（一）求职申请表与个人简历

人力资源部门首先根据申请表或个人简历中提供的基础信息，将明显不符合组织要求的人员筛除出去，比如缺乏必要的技能、学历不够、所要求的工作经验不满足等。当然申请表和简历中还包含一些隐含信息，值得人力资源部门作更加深入细致的分析。比如说，求职者有在多少个组织工作的经历？每段工作持续的时间有多长？所提供的各段工作经历之间是否衔接起来？没有衔接的部分是否提供了合理的说明？这些信息可以帮助人力资源部门对求职者有一些合理的推断，比如每段工作时间都不超过半年，大概率可以说明该求职者缺乏对组织的忠诚度。为了作出更加准确的选聘决策，还可以借助后续的选聘流程，比如在面试中对类似的推断进行验证，通过问答环节了解信息背后的确切原因，有可能求职者能证明之前的频繁离职是具有合理性的，也有可能进一步的询问能证实之前的推断，这些都可以帮助人力资源部门作出求职者是否适合的最终判断。个人简历与求职申请表的功能基本一致，不同之处在于申请表有固定的格式，也便于人力资源部门更快捷地查询所需信息，更高效地完成第一轮的筛选工作。

（二）选拔测试与工作样本测试

通过第一轮筛选的求职者进入下一个选聘环节，通常是选拔测试或工作样本测试等。这一关是将工作岗位及组织环境对人才的特定要求转化为选聘标准，有针对性地对求职者进行选拔，以确保在合适的时间为合适的岗位选择合适的员工。选聘标准既包括能力维度也包括动机维度，相应的测试工具也涵盖侧重于能力维度的知识测试、技能测试、认知测试、运动能力测试以及动机维度的人格测试、情商测试、兴趣测试。

（三）选聘面试

经过前两轮的筛选后，组织通常会安排选聘面试，面对面地进行问答和交流，以便组织对候选人进行更加直观和深入的考察。通过面试能够更全面地了解测试所无法充分展现的求职者的一些素质和特征。一般面试胜出者就是组织拟录用的对象。

（四）背景调查

对于某些重要的岗位，组织还会对候选人进行背景调查，从原雇主、原同事、社交媒体以及其他与候选人有交集的人员那里获取候选人的背景信息,既能补充选聘过程中候选人的信息缺失,也能验证候选人所提供信息的真实度和完整性。在这个过程中,那些蓄意隐瞒或歪曲个人信息的候选人将被淘汰;那些在之前的选聘流程中没有体现而在背景调查中浮现的个人信息,如果其中包含了不适合工作或组织要求的因素,相关候选人也将在这一轮被筛除。

(五)发放录用通知

经过以上的选聘流程,此时留下的求职者会拿到组织发出的正式录用通知。录用通知一般会包含以下信息:给新员工的欢迎辞、工作的职责范围、薪酬福利信息、聘用的时间周期等。选聘活动到此画上句号。求职者拿到录用通知后还有一个自主选择的过程,只有当求职者接受了录用,正式成为组织的新员工,组织选聘员工以此获取人力资源的活动才真正完成。

以上是员工选聘的一般流程,但并不是所有组织都要无一遗漏地实施所有的选聘流程。不同的组织会根据组织的规模、工作岗位的等级和重要性、招募到的求职者与所需人力资源的比例、选聘的预算等因素来确定具体启用哪些选聘环节,而选聘是否有效的评判标准也应结合新员工未来为组织创造的价值来考量,创造价值与选聘成本之比越大则选聘越有效。

四、选拔测试的工具选择

在员工选聘流程中,从选拔测试到面试这一阶段的工具选择,对于从备选人才库中将最符合组织战略要求的人才选拔出来至关重要。人力资源部门需要了解每种选聘工具的优缺点和适用范围,以便作出最优的选聘决策。

(一)选拔测试

选拔测试又包含知识测试、技能测试、认知测试、运动能力测试、人格测试、情商测试、兴趣测试等。

知识测试与技能测试旨在衡量求职者是否具有工作岗位职责所必备的知识和技能。通常求职者的技能是以一定的理论知识为前提的,因此特定的知识储备也成为求职者能够胜任申请岗位的必要条件。不同的岗位对知识的要求不同,应按岗设置测试题目。这种选拔方法简单易行,客观性强,经济成本和时间成本都比较低,但是知识储备不能完全反映求职者的实际技能,所以知识测试应与技能测试相结合。不同工作岗位的技能要求规定了技能测试内容的深度和广度,设计出能客观测度出求职者实际技能水平的测试题目是这种选聘工具有效性的重要条件。

认知测试是对求职者认知能力即智商的衡量工具。韦克斯勒智力量表就是一种常见的认知测试工具,它将认知的维度分为几类:对于日常事务的认知广度、注意力和记忆力、语言理解能力、数学推理和计算能力、理解判断能力、归纳和演绎等逻辑思维能力等。这些认知能力被认为具有普遍性,能够在基础的层面预测求职者在工作岗位上的技能习得和任务达成的程度。还有一些认知测试覆盖了对观察能力、形象思维能力、推理能力等的衡量。组织可以根据工作岗位的要求选择合适的认知测试类型,或者从不同的认知测试中选取特定认知维度的测试题目。

运动测试适用于某些对求职者的运动能力有特定要求的工作岗位。运动能力包括速度、耐力、灵活度和柔韧性、身体协调性等不同的维度,同样也需要根据工作岗位的特殊性来选择具体的维度,并根据相应维度的具体标准将要求转化为测试的方式和测试的内容。

人格测试旨在测量个体在对人、对事、对己等方面行为的内部倾向性和心理特征,并以此判断个体是否具备应聘岗位所需要的特定态度倾向和行为方式。由于人格特征具有整体性、稳定性、独特性和社会性,因此,可以对个体在未来工作岗位上的行为表现作出相对准确的预测。人格测试的方法很多,比较常用的有大五人格量表、迈尔斯-布里格斯类型指标(Myers Briggs Type Indicator,MBTI)、DISC人格测试等。不同方法关注的人格维度不同,比如大五人格是指个体在外倾性、随和性、尽责性、情绪稳定性、经验开放性等五个维度的倾向。虽然人格特征没有好坏之分,却有是否适合特定工作岗位的区别。比如外倾性高的个体更适合从事销售工作,情绪稳定性强的个体更能为要求苛刻的客户提供满意的服务,等等。而尽责性是任何工作岗位都关注的维度,不论从事何种工作,尽责性都和员工绩效高度正相关。不同人格特征适合的职业类型不同,因此可作为组织进行员工选聘时的重要参考。

情商测试旨在测量个体的情绪商数。戈尔曼(Goleman)等认为情商包括自我认知、情绪控制、自我激励、他人情绪认知、人际关系处理等五个维度。作为与智商相对应的概念,情商被认为在很多工作环境中都能影响员工的绩效,因而越来越受到重视。在复杂多变的商业环境中,员工能否基于自我管理不断激励自己,在很大程度上会影响其对工作的投入程度;而很多工作岗位需要员工与他人协作、与客户交流、与上下级互动,这些都需要高情商的加持。因此,将情商测试纳入选拔机制也就不足为奇了。

兴趣测试是通过兴趣量表测量求职者的兴趣偏好,并将其与各职业群体的兴趣爱好相比较,以此预测适合求职者的工作。兴趣是最好的老师,兴趣也是内在工作动机的重要指标。兴趣测试可以帮助人力资源部门更深地洞察求职者的工作兴趣与工作动机,对于衡量求职者对特定工作岗位的工作意愿具有较高的预测效果。

（二）工作样本

工作样本是在选聘过程中让求职者直接完成实际工作中的一项或几项任务并根据完成的情况对其任职资格进行评定的方法。相较于选拔测试,工作样本法能够更加直观地展示求职者完成实际任务的效果,因而也更加客观有效。比如对于打字员的工作,与其通过手指灵活性、识字水平等相关测试来间接预测求职者的打字水平,不如在规定时间内直接让其完成一定量的打字任务,任务一结束,相应的打字速度、打字准确率等绩效指标也就出来了。使用工作样本法的关键是提炼出工作岗位中最核心的工作任务作为测试样本。此外,这种选聘工具也有一定的局限性,比如其不适用于任务周期较长的工作,而且需要对求职者进行个别的测试,成本相对较高。

工作样本法在应用于选聘管理岗位人才时,被称为"管理评价中心",其中包括一系列模拟典型性管理任务的样本活动,如无领导小组讨论、文件筐测试、做演讲等。无领导小组讨论是由应聘者组成一个小组,在不事先设定领导者或者负责人的情况下,给他们一个管理问题供其自由讨论,而选聘者则对其进行观察,通过应聘者在讨论过程中沟通的内容、沟通的方式(包括非语言行为等)对其管理潜能作出评价。之所以不设定领导者,目的就在于考察应聘者在相对平等的角色中能否自发地展现出管理者所需的人际沟通能力、组织力、影响力、领导力。而无领导小组讨论之所以成为一种应用广泛的评价中心技术,就在于它不仅能考察应聘者面对管理问题时的逻辑分析能力、创造性解决问题的能力,还能考察其社会技能和领导潜能。无领导小组讨论的问题既可以是开放性、思辨性的管理问题,也可以是真实的管理情境或管理案例。而作为选聘者则应该事先准备统一且充分的评分标准,以便对应聘者各异的行为表现进行有依据的评价。文件筐测试是给应聘者发一篮筐的文件,包括信件、公文、备忘录、各类报告等,要求应聘者在规定时间内对各类文件进行阅读处理,写出公文处理报告。这一技术具有高度的仿真性和综合性,能够有效地考察应聘者的分析判断能力、决策能力、协调能力等。同样,选聘者要设计出合理的评分点和评分标准。

(三)选聘面试

选聘面试是通过求职者和面试官之间面对面的沟通和交流,由面试官对求职者的任职资格进行评价的选聘方法。选聘面试是应用最广的一种选聘方法,但其有效性也是备受质疑的。

1. 选聘面试的类型

根据不同的判别标准,选聘面试可以划分为不同类型。

按照结构化程度,面试可以分为结构化面试、非结构化面试和半结构化面试。结构化面试是最标准化的一种,面试官事先会根据选聘标准设定统一的面试问题及标准化的面试流程,并对评价标准作出细致的规定。这种方式能够保证面试结果的公平公正性,也能够最大限度地结合选聘标准来提出问题。虽然存在着缺乏灵活性、难以结合应聘者的回答深入提问的局限性,但大量数据统计表明,结构化面试的有效性是最高的。非结构化面试则是由面试官结合面试现场情况随机地发问并根据个人化的评价标准对求职者进行打分的面试方法。对于有经验的面试官来说,其可以通过既往经验就求职者的简历及回答进行更灵活、更深入的提问,这能更充分地挖掘出应聘者的优缺点。但对于缺乏经验的面试官来说,其无法将求职者的回答与实际中可能的工作表现进行联合分析,因此大多时候靠主观臆断进行决策。半结构化面试介于前两者之间,实施得好则能规避前两者的缺点,扬长避短。

按照内容,选聘面试可分为直接提问式面试和情境式面试。前者是直接就应聘者的技能、工作动机、预期薪资、对组织的了解程度等面试官感兴趣的问题提请应聘者回答,不仅可以从回答的内容中了解问题的答案,也可以根据应聘者回答的方式,包括自信程度、是否有所保留和掩饰等,侧面地了解应聘者的综合素养。情境式面试是让应聘者回答在特定情境中如何行动的一种方法。情境式面试又分为经验型面试和假设型面试两种。经验型面试是要求应聘者结合以往的经验回答在类似的情境中具体是如何行事、如何处理的,比如"请举例说明在过去的管理工作中你是如何激励你的团队的"。而假设型面试是让应聘者设想在假定的情境中将会如何处理,一般会给定一个具有挑战性的情境,比如"假如你和一个很难共事的同事被分在了一个项目组,作为组长,你打算如何对他进行激励,如何有效地完成项目"。

按照组织形式,选聘面试可以分为一对一面试、陪审团式面试和集体面试。一对一面试是一个面试官负责分别面试不同的应聘者,这有利于面试官用统一的标准对不同的应聘者进行深入的沟通。这种方法比较耗时,但有助于提高应聘者之间的可比性,作出客观的评判。陪审团式面试是多个面试官对一个应聘者展开面试,同样比较耗时,但是有助于对应聘者作出更为全面的评价。集体面试则是一个或多个面试官同时对多个应聘者进行面试。这种方法时间有效性强且有利于直观地比较不同应聘者的临场表现,但也可能对应聘者的某些重要特质疏于观察。

2. 选聘面试中常见的问题

既然面试是面试官基于和应聘者的问答而对应聘者的任职资格作出判断的过程,就一定会涉及面试官的主观认知和判断,这一主观行为可能会与应聘者的真实情况不一致,甚至产生很大的偏离,从而导致面试的失效。据统计,面试是应用最普遍的选聘方法,但其有效性有待提高。正是面试中常见的认知问题造成了这一状况。

第一印象效应在选聘面试中非常普遍。面试官经常在面试的开始几分钟凭借着对应聘者的第一印象来作出是否合适的判断。第一印象有些来自个人简历等前端的选聘流程中形成的关于应聘者的信息,尤其当这些信息比较负面时,面试官经常会被负面印象所主导,而无视应聘者在整个面试过程中的真实表现。也就是说,面试甚至还没开始应聘者的面试结果就已经决定了。还有的第一印象来自应聘者在面试开始几分钟给面试官留下的印象,比如外部形象、面部表情和举止态度或者回答第一个问题时的效果,这些都可能使面试官匆忙作出判断,而应聘者后续的表现则被忽略,或者简单地起着验证第一印象的作用。第一印象本质上是一种选择性知觉,即根据应聘者局部的特征或素质来对其整体的任职资格进行评判。

除此之外,还有基于面试官个体偏好的选择性知觉。比如面试官主观地认为某一项技能最重要,当应聘者这项技能比较突出时,面试官就以偏概全地得出结论,认为该应聘者符合工作要求。

应聘者在面试中的出场顺序也可能导致对比效应,尤其当应聘者紧跟在一个表现特别突出的应聘者之后出场时,即便这个应聘者的表现良好,也会因为和前一个的对比而导致面试官给出远低于其真实水平的面试结论。反过来,如果前一个应聘者表现特别差,后一个则有可能从对比效应中得利,即获得远高于其真实水平的面试结论。

面试中应聘者的非语言沟通是一把双刃剑。有经验的面试官能敏锐地捕捉到应聘者下意识的非语言沟通所传递的信息,比如应聘者回答问题时的语音语调、应聘者是否和面试官保持眼神交流等,这些都能体现出应聘者的自信程度。有时应聘者为了迎合面试官,可能会掩盖自己的真实想法甚至编造事实,这时有经验的面试官能从其下意识的肢体动作中看出端倪。应聘者有时会利用这一点,事先设计好自己的非语言沟通方式进行印象管理,比如在回答问题时保持微笑、经营好自己的语音语调等,就很容易给面试官留下友善、从容的印象。缺乏经验的面试官无法有效地分辨下意识和有意识的非语言沟通行为,因而会对应聘者进行背离客观事实的主观判断。

面试中会出现诸多主观认知的问题,归根结底还是因为面试官对面试的目的即结合哪些工作要求选拔什么样的人才这一基本问题缺乏深刻的了解,不能将评判标准聚焦在与工作要求直接相关的领域,而被其他非关键因素比如应聘者的个人魅力等所左右。面试目的越明确、越清晰,面试官受制于刻板印象、选择性知觉、对比效应等认知偏差的可能性就越小。

3. 选聘面试的流程和注意事项

选聘面试前需要作好充分的准备工作。最重要的准备工作就是明确工作要求,从能力和动机的双重角度明确组织需要什么样的人才。在此基础上设计面试的题目。据统计,结构化面试的有效性明显高于非结构化面试,因此面试官需要事先确定面试问题、提问的顺序、预期的答案、评判的标准等,这些事先准备一方面能帮助面试官强化对面试目的的认知,另一方面也能协调不同面试官之间的面试过程和评判结果。除了这些标准化的准备工作之外，面试官事先还需要对应聘者有深入的了解，比如回顾应聘者的个人信息，对特别感兴趣的方面或者信息比较模糊的部分等可以进行简要记录，作为面试中需要深入了解的内容。除此之外，确定面试时间和地点的安排并及时通知到应聘者等组织工作也必须有序地落实。

面试的目的是通过面对面的交流更充分地了解应聘者，一般情况下，应聘者越放松，越能够更好地自我展示。因此进入面试阶段，先要通过开场白让应聘者放松下来。当然还有一种情况，当工作要求中包含了压力承受能力时，面试官可以反其道而行之，有意识地营造紧张气氛，比如一上来就提出特别具有挑战性的问题，也可以辅之以特别严肃的现场氛围等，以此来考察应聘者在压力之下的应对。这种面试称为压力面试。概括地说，面试之初的主要任务是结合工作要求，营造合适的面试氛围。

接下来是作为核心的问答环节。面试官根据事先的准备有序地提问。除此之外，面试官要扮演两个更重要的角色，一是鼓励应聘者尽量充分地回答，二是在这个过程中主动倾听。面试中问是引子，答才是重点。应聘者的回答不仅能够从内容上提供有关应聘者能力的信息，也能从回答的方式上提供其各方面软素质的线索。所以提问之外，面试官还可以在其他方面有所作为。面试官可以通过眼神交流或者点头、微笑等肢体语言表达对应聘者的回答感兴趣或者认同其观点等。面试官还可以根据回答情况深入发问，或者启发式地引导应聘者给出面试官想要了解的信息。此外，面试官主动倾听的能力也至关重要，主动倾听主要表现为倾听时能主动结合工作要求抓取最有价值的信息，过滤缺乏价值甚至可能造成误导的信息。面试官不能随意用各种动作干扰应聘者，也不能随意打断应聘者的回答，但是必要的时候可以通过复述应聘者的话来确认其想要表达的意思。在倾听过程中，面试官还要做好记录，记录越细致越有利于面试结束后的复盘、不同应聘者之间的比较以及最后对面试结论予以确认。

问答环节过后，面试接近尾声，面试官应留些时间让应聘者提问。事实上，应聘者提什么样的问题在很大程度上说明了其对什么感兴趣，这也是一个很好的了解应聘者态度、价值观的途径。面试官要向应聘者说明后续的安排，让其了解最终结果的时间节点。有些不予通过的结论是当场确定的，这时尽量让应聘者第一时间了解结果，不耽误其后续的求职进程。结束面试时尽量使用正面积极的表述,即便是宣布否定性的结论,也应不失礼貌并给应聘者足够的鼓励,比如可以说其各方面条件很好但其他的应聘者更符合组织的要求、祝福其找到更合适的工作等等。

面试结束后,面试官应单独或与其他面试官一起结合面试记录对面试过程进行回顾,特别是对意见不统一的应聘者,更要结合工作要求仔细地梳理其在面试中的表现,从工作能力和工作动机两个维度考察其能否满足组织的要求,并最终给出通过或不通过的结论。

(四)选聘工具的信度与效度

选聘工具应该兼具信度和效度。信度是指选聘工具测验结果的一致性、稳定性及可靠性,信度越高表示该选聘工具的测验结果越一致、稳定与可靠。信度包含内部一致性和外部一致性,前者是指同一套测试中不同题目之间具有预测的一致性,后者是指同一测试标准的不同版本的测试之间具有预测的一致性。信度高的选聘工具能够稳定地提供求职者的测试结果。

效度是指有效性,即选聘工具能够准确测出所需测量的标准的程度。效度越高,选聘工具的测量结果越能反映想要考察的求职者的状况。效度分为三种类型:校标效度、内容效度和结构效度。校标效度是测验分数与另一些标准的或参照量数的相关度,例如一个智力测验或量表与另一权威的智力量表评定结果等的相关度。内容效度是指一个量表实际测到的内容与所要测量的内容之间的吻合程度。结构效度是指测验的结果对理论上的概念特征所能正确反应的程度。当选聘工具效度高而信度低时,这意味着测试工具确实是针对任职资格要求进行的衡量,但是结果稳定性较弱,不能很好地预测不同求职者的实际水平。当选聘工具信度高而效度低时,这意味着测试工具虽然能够稳定一致地测度求职者的水平,但是测度出来的能力和任职资格之间的相关性弱,因此无法体现求职者能力与工作岗位之间的适配性。可见,真正有效的选聘工具必须同时具备高信度和高效度。

那么如何确保选聘工具的有效性呢?第一步,在工作分析的基础上对任职资格进行深入分析,进而将任职资格要求转化为明确的选聘标准和评价指标。第二步,根据各个维度的选聘标准,从不同的题库中选取能够有效测度相应选聘标准的题目,组合成针对特定工作岗位的测试题,如果有必要也可以按照选聘标准自行设计测试题。第三步,衡量测试题的信度和效度。具体的做法可以是同时性验证或者预测性验证。同时性验证是通过在职员工验证测试题。如果员工测试成绩和其在现任岗位上的绩效呈现正相关,则意味着测试工具是有效的,正相关度越高,测试工具的有效性越高;反之则说明测试工具有效性有待提高。预测性验证是直接让求职者使用测试工具,并根据测试结果进行选聘,然后跟踪新聘员工的绩效水平。如果他们的绩效水平和之前在测试中的成绩呈正相关关系,则可以证明测试工具是有效的,未来可以继续使用。这两种验证方法都可以用期望图表来体现不同成绩段员工成为高绩效员工的可能性。测试中的成绩段越高,员工成为高绩效员工的概率越大,则说明选聘工具是有效的。当两者正相关度不够高时,需要通过重复前面的步骤来重新组织选题并反复验证,以确保使用的选聘工具帮助组织选拔出符合战略要求的人才。

第二节 数字化背景下的战略性员工选聘

一、基于数字化技术的选聘标准及工具选择

(一)基于数字化技术的选聘标准设定

确定员工选聘标准是对工作规范中的任职资格具体化、精确化的过程。基于大数据的挖掘和分析在这方面具有天然的优势,能够为人力资源部门提供更加精准的答案。

历年员工的选聘标准怎样?基于不同选聘标准招进来的员工在组织中的能力水平、动机水平、绩效水平、培训效果、工作满意度、离职率如何?这些情况随任职时间而变化的情况如何?同行业标杆企业的相关数据如何?诸如此类的人力资源大数据,并不是在某一时间点收集的,而是由共享信息中心存储、由人力资源业务合作伙伴随时调用,梳理出不同选聘标准设置带来的各种效果,并将该业务部门业绩达成对组织战略的贡献作为最终标准,考察各个工作岗位最优的选聘标准配置。如何将工作规范中的任职资格分解为具体可测度的指标、每个指标应如何设置为达到的水平、各选聘标准之间的权重如何等这些问题的答案将形成一套符合业务部门需求的细致周

全、明确可行的选聘系统。而人力资源专家中心可以在汇总各部门相关信息的基础上对数据进行进一步的分析，在组织的层面考察影响人才选聘效果的要素，必要时对选聘标准的基本维度如自然属性、工作属性、兴趣爱好、行为方式、价值观、技能经验等进行调整或给出相关建议。

（二）基于数字化技术的选聘工具选择

选聘工具的选择同样可以采用类似的思路和方法，将共享服务中心日常积累的人力资源大数据与选聘工具的选择进行数据关联和分析，探讨不同选聘工具在人才识别方面的有效性。无论采用的是同时性验证还是预测性验证，人力资源大数据都可以扩大验证的数据基数，丰富验证的相关性指标，由此给出更加有说服力的结论。人力资源业务合作伙伴基于对本业务部门的了解，可以更准确地梳理出战略性的关键业务指标，并根据部门员工在这些指标上的业绩表现来比较不同选聘工具及其组合的信度和效度。即便在同一业务部门，不同工作岗位对选聘工具的要求也不同，大数据对此能够作出细致的分析，提供富有洞察力的选聘工具的选择。人力资源专家中心整合各业务部门的经验，促进跨部门的经验交流，形成组织层面的共享经验。

二、基于数字化技术的选聘工具

（一）求职申请表与个人简历

求职申请表与个人简历筛选是第一步，通常可以设定准入门槛，再通过数字化的手段进行筛除。求职申请表因为有固定的格式和标准的字段，因而筛选相对便捷。而大数据技术使关键信息的抓取变得容易，个人简历也能够通过数字化实现有效筛选。

大数据也能够反馈于求职申请表的设计。借助共享信息中心的数据，人力资源专家系统可以从历史数据中提炼出可用于一票否决的指标，将其设计到申请表中，这样就可以在选聘之初将不适合的求职者批量筛除，以减少后续选聘成本。

除了筛除的功能，求职申请表与个人简历也能借助大数据技术给后续的选聘提供参考意见。数据抓取技术能根据用户自我表达内容识别其人格特征。

（二）选聘测试题

选聘测试题由不同部分组成，有些部分具有共性，可以在组织层面由人力资源专家中心统一制定，如测试求职者的价值观是否与组织目标和文化相适应。有些部分要结合特定业务部门特定工作岗位的要求来设计，可以由人力资源业务合作伙伴来实施。题目可以直接来源于题库，也可以根据组织战略对于工作岗位的特殊要求自行设计。

大数据技术使题库的不断丰富和更新成为可能。例如，经常被选入选聘测试的题目得以保留，而题目入选的次数和频率越低，则越有可能在更新中被取代。由此，题库可以处于动态更新的状态中，更好地服务于组织人才选聘。

对于特定工作岗位的完整的选聘测试就是由共性部分的试题和特定部分的试题组成。在人力资源大数据面前，测试题的信度和效度由不断更新的数据来验证，人力资源业务合作伙伴可以实时调整测试题的题目、类型、比例和数量等，尽可能提升其信度和效度，以满足选拔优秀人才的目的。

（三）背景调查

大数据在背景调查中可以发挥巨大的作用。求职者过往的行为，只要在网络上留下痕迹，都可以成为背景调查抓取的数据，用于对求职者进行立体画像，全方位地掌握求职者的知识技能、人格特质、心理特征、兴趣爱好、人际互动特点等。例如，根据求职者的网络行为数据（如网络访问行为）对求职者的心理要素进行计算，分析其心理特征，洞察其在其他选聘工具中没有表现出的特质，判断其心理健康程度及与组织和工作的契合度。同时，大数据使组织能更便捷地触达与之有过交集的人，获取他人对该求职者的评价，并从多元视角的评价中对其形成更加全面的认知。

（四）面试

面试题目的调整与更新可以采用类似于测试题的大数据方法。更重要的是，组织在面试中引入聊天机器人，可以更加充分且全面地嵌入大数据的理念、技术和方法，大大提升面试的有效性。

聊天机器人替代或者部分替代面试官具有多方面的优势。聊天机器人是信息提供者、信息收集者、信息分析者、选聘建议者等诸多角色的集合。作为信息提供者，聊天机器人可以实时回答求职者有关组织和工作岗位的各种问题，让求职者对职位有一个全面的认知。聊天机器人还能将组织日常工作场景的视频嵌入流程中,让求职者更清楚地了解组织及对应工作岗位的运作状况,求职者在此基础上也能进行自我筛选,自行判断组织的特定工作岗位在多大程度上适合自己的现实需求和未来发展需求,如果感觉不合适,求职者可以及时止损,选择退出选聘流程。

作为信息收集者,聊天机器人在与求职者沟通的过程中,能从求职者的语言中获取其个人特征、兴趣和需求等信息,其非语言的表达(如手势、表情)也能进一步提供可供分析的辅助信息。语言中包含显在的和潜在的信息,比如针对面试问题的答案是显在的信息,而使用某些特定词汇的频率能够反映出求职者的关注点、思维方式等,是潜在的信息。作为信息分析者,聊天机器人会在聊天中密集地收集并记录有关求职者的各项信息,然后将这些数据整合,与机器学习功能结合起来,创建求职者画像,根据其差异化特征,提出个性化的面试问题,其既满足组织深入了解求职者的需求,也能优化求职者的求职体验。不仅如此,聊天机器人会将获取的求职者的特征与在岗优秀员工的特征加以比对,进行客观的评价和筛选,自主作出选聘决策或者提供建议参考,由人力资源部门进行最终定夺。与传统面试相比,聊天机器人能够最大限度地遏制主观认知偏差对面试效果的干扰,给出最符合组织利益的选聘决策。在求职者与聊天机器人的问答进程中,机器人会持续更新关于求职者的个人信息,随着机器学习能力的提升,其智慧程度和决策准确性也会进一步提高。聊天机器人还会对新入职的员工进行持续跟踪,通过对其在就职期间数据的收集分析并与其在面试过程中的数据相匹配,不断梳理面试的要素互动机制、调整面试的决策流程,以提高以后的选聘效率。

三、人力资源三支柱与数字化员工选聘

(一)人力资源专家中心

人力资源专家中心作为规划设计者,在选聘活动中承担着岗位胜任力模型构建、人才晋升渠道设计、招聘渠道布局等多方面的职责。可见,完整的选聘活动应追溯到工作设计,并涵盖人力资源规划、招募及最终通过选聘工具选拔人才等过程。在选拔环节,前期的数据都具有必然的指示意义。人力资源专家中心需要体现人力资源管理中枢的整合与协同作用,包括选

拔与前期人力资源管理活动的关联,一方面通过前期数据指导选聘的决策,另一方面通过将选聘数据(包括后续人力资源管理职能推进中的数据)反馈于完整的选聘活动,高屋建瓴地制订出符合组织发展实际的选聘方法与流程,并在不断更新的数据加持下优化这一职能。

(二)人力资源业务合作伙伴

人力资源业务合作伙伴作为战术层面的执行者,在组织选聘政策的大框架下,结合业务部门的实际,协助部门负责人设计和实施招募方案及选聘流程。针对每种工作岗位的选聘方案要求更高的精准度,从而实现高信度与高效度的选聘设计。一方面,人力资源业务合作伙伴将选聘流程、选聘方法、选聘工具的具体使用等数据整合起来,对本部门特定工作岗位选聘状况进行立体呈现;另一方面,人力资源业务合作伙伴将部门目标达成情况等业务数据与员工绩效、员工满意度、员工离职率的人力资源数据相结合,作出关于选聘效果的科学判断,然后通过两组数据间的分析挖掘,不断以更高的颗粒度优化选聘方案、选拔人才,并确认录用员工的名单。人力资源业务合作伙伴也可以根据数据分析的效果,基于与业务部门无缝合作的经验,对哪些数据能体现招聘效果作出判断,从而不断调整所需收集的数据类型,为后续的选聘实施与决策提供更有效的数据支持。

(三)共享服务中心

共享服务中心在选聘活动中服务于人力资源专家中心和人力资源业务合作伙伴的数据要求,也服务于求职者的信息沟通。对于前者,共享服务中心为多渠道的来源数据建立起整合的数据接口,将各类数据自动链接进选聘数据库,使数据汇总简单、高效。同时,按需整理选聘数据,对数据进行初始加工,形成更完整的、更直观的数据,然后传输给数据使用者。面对求职者的信息服务,重在让求职者实时了解选聘全过程,包括前端让求职者了解选聘流程的日程安排、过程中让其了解不同选聘工具的具体要求、后端与其共享关于决策进程和选聘结果的信息等等。这既有利于选聘活动的规范化运作,也有利于提升求职者的求职体验。

本章小结

战略性员工选聘以组织战略为导向,确定人员选聘标准,既要明确达成战略目标的工作设计及员工技能要求,又要明确与组织战略相适应的价值观和行为规范,并在此基础上对招募到的求职者进行考察和甄选,为组织挑选出兼具能力与动机的员工。

员工招聘一般以求职申请或个人简历为起点,通常包括选拔测试、工作样本测试、选聘面试、背景调查等选聘工具,直到确定合适的人选并发放录用通知。选聘工具应该兼具信度和效度,如此才能确保组织录用到符合组织战略目标的求职者。组织应在工作分析的基础上明确选聘标准,据此选择选聘工具和内容,并通过同时性验证或者预测性验证来确保选聘工具的有效性。

基于大数据的挖掘和分析在任职资格具体化、精确化方面具有天然的优势,选聘工具及选聘方法的有效性也能凭借大数据的力量获得更精确的验证。因此,数字化技术可以通过大数据助力选聘标准的设定和选聘工具的选择。数字化技术还能直接应用于各种选聘工具中,如线上求职申请的递交与筛选、面试中的聊天机器人等。人力资源三支柱也能在大数据技术的加持下进行更紧密的合作,从而服务于员工选聘的战略目标。

核心概念

战略性员工选聘;选聘标准;求职申请表;个人简历;选拔测试;工作样本测试;面试;背景调查;录用通知;管理评价中心;信度;效度

复习题

1. 什么是战略性员工选聘?战略性员工选聘具有哪些特点?其重要性体现在哪些方面?

2. 组织应该如何从组织战略出发设定员工选聘标准?

3. 员工选聘与人力资源规划、员工招募的关系如何?员工选聘的一般流程是怎样的?

4. 选拔测试有哪些具体的方法?请分别说明。

5. 选聘面试有哪些不同的分类方式?分别包含哪些类型的面试?

6. 什么是选聘的信度与效度?如何确保选聘工具的有效性?

7. 数字化技术如何助力战略性员工选聘?

8.人力资源三支柱应如何协同提升数字化员工选聘对组织战略的贡献？

讨论题

1.如何通过战略性员工选聘的流程和方法来提升选聘的信度与效度？

2.员工面试中常见的问题有哪些？这些问题会如何影响面试的信度与效度？应该如何解决这些问题？

3.数字化技术在哪些选聘方式上有更大的应用空间？应当如何应用？

4.机器人面试官已成为数字化时代新的选聘工具，请分析其优势和劣势并谈谈如何在选聘中更有效地发挥机器人面试官的作用。

模拟案例题

1.请结合你为A公司设计部门与施工部门所选取的工作岗位，利用数字化技术分别设定选聘标准。

2.请结合你为A公司设计部门与施工部门所选取的工作岗位，分别设计一套选拔测试题。

3.请为A公司设计部门经理岗位制定一套"管理评价中心"的测试活动。

4.结合你为A公司设计部门与施工部门所选取的工作岗位，分别设计一套结构性面试的问题，并结合面试的注意事项角色扮演面试的过程。

第六章

员工培训与开发

第一节 战略性员工培训与开发

一、战略性员工培训与开发的意义

(一)员工培训与开发的含义

员工培训与开发是指组织通过员工入职培训、员工技能培训、员工技能开发等方式,帮助员工获得适应于组织的知识、技能、态度与工作行为等。一般情况下,员工培训针对当前或近期的目标,而员工开发更多地指向职业发展与长期成长目标。其中,员工入职培训是为了帮助新员工快速融入组织而开展的培训;员工技能培训是为了新员工或在职员工实现职业技能的提升而展开的培训,可以促进员工个人绩效的增长,进而提升组织整体绩效;员工技能开发是对有发展潜力的员工提供长期导向的技能培训,包括技术培训和管理技能培训,以帮助这些员工更好地为未来的职业发展做好准备。

(二)战略性员工培训与开发的必要性

很多组织对员工培训与开发保持怀疑的态度,认为培训投入成本高,却看不到实际效果。究其原因主要有两点:一是因为培训的组织和实施没有做到有的放矢,培训目标没有充分地与战略结合起来,培训的实施过程松散无序,无法营造支持性的培训环境并设计有效的培训方案,造成培训与实际工作"两张皮",最终导致培训成果无法体现为工作绩效的提升。二是没有就培训的意义和价值与员工达成共识,此种情况下,员工会觉得培训是组织的硬性要求，只能被动接受，培训中没有热情，导致花了时间与精力却收效甚微，既没有反馈到其当前的工作中，又不能支持其长远的职业发展。

战略性员工培训与开发就是以组织战略为起点，分析特定的工作岗位应如何发挥战略作用，需要何种技能，与组织战略相匹配的价值观、行为方式是什么，如何通过培训加以塑造和强化等。这些问题的解答有助于明确培训需求和培训目标，并在此基础上通过有序有效的培训设计与实施达成培训目标，进而服务于组织战略的高效达成。此外，战略性员工培训与开发也需要组织着力于实现与员工的双赢，通过与员工的充分沟通帮助其理解具体到员工个体的培训项目对组织战略的意义以及对员工个人成长、发展和职业生涯的价值，从而提升员工在培训过程中的投入程度，让其积极主动地将培训的效果在实际工作场景中进行展现。

总而言之，战略性员工培训与开发之所以重要，正是因为它能通过战略导向的培训目标设定，将具体工作岗位上的培训与组织战略链接起来，并通过有效的方案设计提升员工积极参与培训的内在动机，实现员工成长与组织战略达成的双赢。

二、员工培训与开发的实施过程

为了切实发挥员工培训与开发的战略性作用，有效的实施过程至关重要。整个过程包括培训需求分析及目标设定、培训方案设计、环境支持及员工动员、培训实施及转化、培训评估及反馈。

（一）培训需求分析及目标设定

战略性员工培训与开发必须有的放矢，只有存在必要的培训需求，整个培训活动才有意义，才能为组织和员工创造价值。因此，培训需求分析是培训工作的起点。

对于新入职的员工而言，既要为其提供入职培训使其更快地融入组织环境，又要提供与工作岗位相关的技能培训，使其更快地胜任工作，因此培训的需求是必然存在的。

入职培训旨在向新员工介绍有关组织和所在部门的基本信息，包括组织战略、组织历史和文化、组织结构、组织的规章制度、部门在组织中的定位和作用、部门的行为规范，在组织和部门中如何顺利展开工作的建议等。入职培训具有一定的仪式感,能让员工感受到受欢迎,增强其归属感,同时也能让员工从总体上了解组织的沿革及其文化,并以此为背景更好地把握作为组织的一份子意味着什么,更快地启动社会化的进程,也更快地融入组织氛围中。可见,员工入职培训并非以提升能力为目标,而是通过增进组织认同来提升员工主动性工作的意愿,从而持续地努力服务于组织战略。

对于新入职的员工和任职于新岗位的员工而言,由于缺乏特定工作岗位的工作经验,其培训的需求分析主要来自工作分析和任务分析,即特定工作岗位需要完成哪些任务、各项任务的完成标准是什么、达成这些工作标准需要哪些 KSAO 即知识(knowledge)、技能(skill)、能力(ability)及其他方面(others)的要求。这里的知识、技能和能力等就形成了相应的培训需求。工作岗位的设计和任务要求越符合组织战略,培训的需求分析就越能聚焦战略目标。

对于特定岗位的在职员工而言,培训需求的确定需要结合绩效分析,即对员工在岗位上的绩效表现进行评估,判断其是否达成了绩效标准。达成绩效标准的就没有短期的培训需求,对于没有达成绩效标准的员工,还需要进一步分析绩效不足究竟是因为技能缺失还是其他原因如工作意愿、工作匹配度等。因技能缺失导致的绩效问题需要通过技能培训来解决,而工作意愿问题则需要具体问题具体分析,辅之以价值观渗透等。在这个过程中,绩效标准、技能要求、价值导向等都需要围绕组织战略展开。

除了上述基于当前或短期需求的培训,组织还应致力于员工技能的开发,包括技术岗和管理岗的能力开发,一方面服务于员工职业生涯的目标,另一方面支持组织战略的长效发展。对员工进行开发的需求分析应该建立在员工个人职业目标和组织战略需求的基础上,寻求两者之间的交集,并回答一系列的问题,包括基于员工当前的绩效表现,如何实现个人职业的升迁、个人职业升迁的方向是技术岗还是管理岗、职业升迁的路径是否符合组织战略的要求、升迁后的岗位相比较原来的岗位有哪些新的 KSAO 要求,由此可以形成不同员工未来能力开发的需求。

所有的培训需求一旦确定,就要用培训目标的方式明确下来,包括培训结束后受训员工将掌握哪些知识,获得哪些技能,能够通过什么新的方法在特定岗位上有效地展开工作,这种改变将给工作、部门、组织解决哪些问题,带来怎样的利益。明确的培训目标也是后续培训评估的重要依据。

(二) 培训方案设计

培训目标确定后,就需要进行培训方案设计,其旨在规划好培训内容、培训对象与培训师、培训的时间和地点、培训的流程和方法等。

培训内容必须根植于培训需求的分析,在此基础上明确知识、技能、态度等维度的具体培训内容及预期达到的标准。例如,新员工入职培训主要聚焦于态度,因此,培训内容的重心应当在培养新员工对组织和团队的积极认知以及归属感的提升上。对新老员工的技能培训则应当以知识和技能维度为主,包括完成特定工作所需的基本业务知识以及特定的技能要求,同时辅之以完成工作所需的工作态度培训,如进取精神的培训、合作意识的培训等。长期导向的技能开发应以职业发展路径为依据,包含更广泛的知识领域和更深入的技能要求。其中,知识重在横向上的拓展,以帮助员工具备跨领域的视野和触类旁通的基础;技能重在纵向上的推进,以未来的岗位要求为目标,不断开发员工潜能,积极打造未来导向的胜任力。除此之外,态度维度的培训也很重要,特别是将个人发展与组织战略相结合的意愿,通过为组织目标作贡献来实现个人价值的价值观等。

培训对象同样基于培训需求的分析,在培训方案设计阶段需要将培训对象进一步落实,结合岗位要求对培训迫切性的要求、员工各方面的准备情况、组织目前的资源状况等方面的考量,分批将所需培训员工纳入培训计划中。

培训师有多种来源,既可以来源于组织内部,包括组织内部的人力资源部门、部门技术主管、组织中在特定领域有一技之长的员工;也可以来源于组织外部,如专门的培训机构、来自行业的精英人士、来自院校的专业学者等。来自组织内部的培训更能结合组织的要求和工作的要求为员工提供针对性强的培训,而且他们对于培训对象的特点和需求也更加了解,不足之处在于可能缺乏培训经验,此外,长期在组织工作思维比较受限,因而缺乏创新的观点以及系统性的认知等。来自组织外部的培训优点在于专业性强,赋予培训经验,观点比较多元,但如果与组织的联动不足,可能无法提供最能满足组织要求的培训项目。总的来说,组织要根据不同员工培训的不同需求和内容,选择合适的培训师,包括结合内外部的培训,最大限度地提升培训的质量。

培训时间的合理规划也是培训成功的重要条件。根据培训类型的不同,培训时间的安排存在较大差异。对于离岗培训而言,受训员工有更充裕的时间投入培训。在职培训则要求处理好培训与正常工作之间的关系。有些培训有明确的培训时间,受训员工需要在安排好工作任务的前提下按时参加培训,组织和部门要将员工的培训时间纳入工作计划。有些培训规定了整个流程完成的时间节点,在此期间,员工可以根据工作安排相对灵活地参与培训,根据自己的掌握情况个性化地推进培训流程,并在时间节点前完成整个培训。

培训地点则需要根据培训规模、培训方式等因素决定。例如,在岗培训通常就发生在工作场所,而离岗培训则首先要确保能够容纳相应的培训人数,同时需要明确培训对设备、设施的要求,包括对其数量和类型的要求、设备的摆放与设施的陈列要求等,由此准备满足培训硬件条件的合适场地。

培训的方式多种多样,适用于不同培训类型的方法也不尽相同。具体的方法将在下文详细介绍。

(三)环境支持及员工动员

培训的环境支持主要包括上级、同事的支持和受训员工的培训准备。组织是否将培训纳入战略性人力资源管理的框架体系、是否赋予培训足够的战略地位、管理者是否为培训配置所需的资源、是否对不同培训的有序推进进行有计划的部署等,这些问题决定了培训是否具备良性的环境支持。同事的支持主要体现为培训期间同事是否愿意承担在培员工的工作任务,让其能更好地协调培训与本职工作之间的关系。良性的环境支持还包括在培训结束后支持受训员工将习得的技能转化到实际工作中并主动将自己的工作与培训者带来的新的工作方法或工作流程相协调。

员工动员的重点是强化员工参与培训的动机。根据期望理论,当员工的期望值和效价(即员工获得的奖励能满足自身需求因而具有价值的程度)双高并形成正向链接时,员工的动机会增强。也就是说当员工认识到其参与培训的努力能够带来绩效提升、组织奖励等相应的成效,同时其获得的奖励又能很好地满足自身成长发展等需求时,员工积极性就会被充分调动起来。关于期望值的提高,首先需要确保员工当前的知识储备、能力、资源等能够满足培训的前提要求；其次要充分提升员工的自我胜任感，比如分享一些培训成功的案例等，使员工对培训的效果充满信心。关于效价的提高，则是要让员工认识到培训不仅对组织战略有利，也对自身的成长发展有利，从而理解培训的必要性。组织可将培训需求分析的情况及培训将带来的效果和利益告知员工，促使其结合自身的绩效、技能储备、职业发展目标等情况明确培训对自己丰富知识、改变行为、增长技能、提升绩效、实现长远发展的价值和意义。

(四)培训实施及转化

培训实施是落实培训方案的过程，也是培训的主体阶段，由合适的培训师在培训方案设定的时间和地点用适当的培训方法对培训对象展开培训活动。培训前一般由人力资源部门向接受培训的员工介绍培训的概况、培训中的要求，并发放培训相关的资料。培训中，由培训师按照计划实施一系列的培训活动，并根据员工的接受程度适当地调整培训的内容、方式或进度，以达到最佳的培训效果。培训结束后，一般由员工对培训师和培训项目进行评价，并将培训所得应用到实际工作中去。

一方面，能否将培训中习得的知识、行为和技能有效地应用到实际工作中，即是否能实现有效的培训转化，是判断培训能否真正带动绩效提升的关键环节。这一步的成败受很多因素的影响，比如培训需求是否来源于工作实践、培训项目的设计能否充分结合工作场景的应用、培训对象是否既有能力又有意愿参加培训提升自我等等。可见，培训流程中前面的步骤实施得越充分越到位，培训转化的成功概率就越高。

另一方面，培训后的支持性环境对培训转化也发挥着不可忽视的作用。受训员工是否有机会且有动力在工作中尝试应用新习得的技能，取决于组织或部门的工作氛围、上级及同事的支持。如果员工工作的环境比较保守，长期以来形成了固定的工作流程和工作规范，则员工的新尝试可能受到抑制，甚至员工进行培训转化的动机也会受到抑制。而在鼓励创新的组织环境中，组织会为员工的新技能、新方法提供支持，如上级主动要求员工将培训的成效体现在工作中、上级和员工共同探讨如何应用新技能及其组织系统应进行何种调整来适应这种变化、上级对于培训带来的行为改善和绩效提升等给予及时充分的肯定和奖励。对于应用新技能过程中可能产生的错误或问题,则采取相对包容的态度,通过建设性的反馈帮助其纠偏,真正将培训的效果转化为新的生产力。此外,组织或部门中其他同事的支持也很重要,例如同事配合受训员工应用新技能的要求对自己的工作方式或工作流程等做必要的调整;同事乐于和受训员工共同讨论新技能的实际实施效果、成功的经验和未来推广的前景等。只有培训实现了成功的转化,培训的目标才可能在组织绩效和组织战略的层面真正实现。

(五)培训评估及反馈

培训评估是对整个培训项目的实施效果进行评价,并通过反馈为后续的培训项目提供进一步改进和优化的有益经验。培训的效果评估应从不同的层面展开,包括反应层、知识层、行为层、员工绩效层、投资回报层和战略层。

反应层即受训员工在培训项目中的直观感受。这个层面的评价可以通过发放调查问卷的方式进行,问题主要包括"你对培训师的工作满意吗?""你喜欢此次培训吗?""你认为培训有用吗?""你认为培训组织得好吗?"等等。

知识层即受训员工通过培训是否在认知层面掌握了新的理念、新的技术、新的工具和方法。这个层面的评价可以通过书面测试等方式来进行。

行为层即受训员工是否将所认知到的新技术、新方法等付诸自身的行动,能否在实际工作中真正地应用所学,也就是培训转化的效果。行为科学认为所谓的习得就是行为的长期性改变,只有当认知层面的掌握转化成行为层面的习得,培训才不会流于形式。这个层面的评估可以通过上级或同事对受训员工的观察和评价来实施。

员工绩效层即受训员工是否由于行为的改变带动了个体绩效的提升。只有当培训项目的实施能帮助员工得到更好的成长和发展,培训的价值才能得以肯定。这个层面的评价可以借助组织的绩效评估系统来进行。如果员工绩效没有提高,则说明在进行培训需求分析或培训方案设计时没有将技能与绩效联动起来,这个结果对于后续培训项目的改进具有很大的借鉴意义。

投资回报层即个体绩效的提升是否带动了部门乃至组织的绩效,从而使组织创造了更多的价值,使培训投资获得了更高的资金回报。当培训既提升了员工的个人能力又帮助组织提高了绩效时,其才真正贡献于员工-组织双赢的目标。如果员工绩效提升了,但部门与组织绩效没有提升,培训的投资也无法收回,则说明培训项目没有充分嵌入组织系统中,无法发挥以点带面的作用。

战略层即组织绩效的提升是否真实地贡献于组织的战略目标。如果组织的绩效管理体系一开始就按照战略目标来分解和设定组织各层级的绩效标准,那么这一步就是水到渠成的。也只有当培训项目最终落实于对战略的贡献,培训才具有最终意义。

为了更好地评估培训项目的有效性,组织可以引入控制组作参照,进行培训前后的对比测试。在培训前,对即将参加培训的培训组与不参加培训的控制组进行学习层、行为层、个体绩效层的对比,并在培训后重新将两组员工的认知、行为和绩效进行对比。以下三种情况都能说明培训项目是有效的:第一,培训前两组之间没有差异,而培训后培训组的表现优于控制组;第二,培训前控制组的表现更好,而培训后两组之间差异减小甚至培训组的表现反超控制组;第三,培训前培训组的表现更好,而培训后培训组优于控制组的程度进一步扩大。由于员工的行为和绩效会受到除培训外的其他因素的影响,因此这种引入控制组的前后对比评估方式对行为层和个体绩效层的效果评估尤其适合。

六个层面培训评估法的基本逻辑是,有效的培训不仅让受训员工感到满意,更能通过其知识水平的提升带动技能的改进并反映在具体的工作方式和工作行为上,而行为层面新技能的应用又能带动个体绩效的提升,进而由点及面地提升部门、组织的绩效,最终为组织创造更多的价值,实现高投资回报,并贡献于组织的战略目标。因此,六个层面的结果评估能对整个培训流程形成反馈机制。按照这个顺序和逻辑,更容易发现妨碍培训效果的问题是什么,并将其反馈到培训的各个步骤以及其他的人力资源管理职能,如工作设计、人力资源战略规划等。具体而言,如果受训员工感到满意,但是知识获取并不理想,这应该与培训内容和方法有关;如果认知效果理想,但行为上没有相应的改变,可能的因素有培训内容重理论而轻实践或者培训转化的设计不到位等;如果行为上已经改进,但仍然无法改善绩效,主要原因可能是培训需求分析时没有把绩效不足的原因挖掘清楚,以至于培训方案无法通过提升技能而提升绩效;如果员工个人绩效提升了,部门与组织的绩效却没有相应的改善,则说明组织的工作体系设计不够完善,没能形成工作间环环相扣的下层目标服务于上层目标的途径目标链;如果组织绩效的提升不能充分反馈到组织战略目标上,则是组织战略目标在分解为具体组织绩效标准时存在问题,或者说组织的各项绩效标准并没有围绕组织战略来设计。

通过这一套反馈机制,培训项目的成功经验和失败原因都能够条分缕析地反馈到后续培训的设计实施中,构成有效的培训管理闭环,从而实现培训的战略性目标。

三、员工培训与开发的方法

员工培训与开发的方法多种多样,按照是否在岗可以分为在岗培训和离岗培训;按照培训的媒介可以分为传统的线下培训和以网络为媒介的线上培训;按照员工能否在培训中实践操作可以分为授课型培训和实操型培训;按照培训侧重于个体能力还是在团队中的能力可以分为个体型培训和团队型培训。下面主要介绍按照在岗培训和离岗培训划分的培训类型。

(一) 在岗培训

在岗培训是指员工在自己的工作岗位上一边工作一边接受培训。由于培训的场地就是实际工作的场所,受训员工能够实时地将习得的技能在工作岗位上加以应用和检验,因此起效快、效果好。同时,这种培训一般不涉及额外的费用,因此也是一种经济的培训方法。但是,受训员工需要有能力平衡好工作和培训的关系,既不让培训影响正常的工作,也不让工作干扰必要的培训。在岗培训又分为学徒式培训、辅导培训、实践体验、实习培训等。

学徒式培训一般适用于新入职的员工,让有经验的老员工与新员工结成比较固定的"师徒关系",并在工作过程中由"师傅"向"徒弟"传授正确有效的工作方法,让新员工在干中学,掌握必要的技能,尽快地胜任工作任务。这种"师傅带徒弟"的方法很常用,培训结合实际工作场景展开,效果也不错。但是培训效果在很大程度上受"师傅"指导水平的影响,也容易对"师傅"的正常工作造成影响。

辅导培训与学徒式培训有相似之处,都是由有经验的员工以一对一的方式向受训员工提供辅导和支持,不同之处在于辅导者不是以师傅的身份而是以顾问等身份为受训员工提供帮助,而且所提供的辅导也不仅仅是技术层面的,还包括思想指引、心理辅导、人际关系支持、生活与工作问题咨询等。辅导者与受训员工的关系通常具有非正式的特点,但这种亦师亦友的关系可以持续很长时间,其影响力也比较深远。

实践体验是让受训员工在不同的工作岗位上体验可能遇到的任务、需求、人际关系等,并通过帮助其学习如何解决问题开展培训。不同岗位的经验能够提高员工的技能,丰富员工分析和解决问题的视角和方法,从而使员工能够在组织需要的时候灵活地承担不同岗位的工作。工作轮岗就是实践体验的一种方式,即让员工在特定时间内变换不同的工作岗位,以获得不同岗位的工作经验。轮岗制能使员工拥有多样化的技能,胜任多元的工作任务。不仅如此,在轮岗过程中,员工还能对组织的架构、组织部门间的协调机制、组织整体的运作流程等形成全局性的认知,因此对于培训管理人员特别有效。临时派遣是另一种常用的实践体验方法,也就是让员工到其他组织全职工作一段时间,以获得组织之外的视角和方法。

实习培训一般是在校学生获得在组织中实习的机会,并利用这一机会将学校所学与实际工作结合起来,在实践中提高自己的实操技能。实习中,学员会有自己的辅导者帮助其理解实习工作的具体要求、流程和方法,并帮助其解决实习中遇到的问题,提升其对工作的胜任度。如果学员在实习中表现良好,组织认定其符合自己的招聘条件,一般会在实习结束后为他们提供全职的工作机会。

在岗培训一般都是实操性的线下培训,侧重于个人技能在实际工作环境中的不断提升。

(二)离岗培训

相对于在岗培训而言,离岗培训更加正式,需要组织的经费投入,要求更加周全的规划和设计。离岗培训的方法更加多样,可以单独使用,可以作为在岗培训的补充,也可以与在岗培训互相结合着使用。

授课法是一种普遍的培训方法,培训师通过讲授或演讲的方式来实施培训。授课法能同时为大批的受训员工提供培训,效率高而成本低。但是授课法无法做到因材施教,无法根据受训员工不同的知识基础与缺陷来调整授课内容和方式。而且授课法缺乏互动性和实时反馈性,无法针对受训员工的接受程度作出回应。另外,授课法不能提供受训者练习操作的机会,因此只能用于一般性的知识培训,不适于传授实务性的知识,更不适于以技能为主的培训。

案例讨论法是让受训员工围绕真实的案例展开讨论,分别提出各自对案例问题的看法以及解决方案,再通过讨论发现自己思考分析中的不足,在集思广益中获得更多新鲜的思考问题、解决问题的方法。培训师发挥的作用是关注受训员工讨论的过程,必要时给出方向性的指点和启发式的引导,帮助员工从多元的观点中受益,同时把握分析问题与解决问题的基本逻辑和路径。培训师的工作貌似轻松,其实要求很高,需要他们对实践方法、案例特点、学员情况等都有深刻的洞察,才能最大化发挥培训的价值。

模拟法是为受训员工提供与真实工作环境相似的模拟环境,受训员工通过使用真实或模拟的设备掌握应对真实工作环境的技能和方法。这种方法造价高,但培训效果好。模拟的真实性越强,培训转化的效果就越好。另外,有些工作岗位的技能要求复杂,直接在真实环境下培训的风险系数高,比如飞行员、宇航员的培训等,而模拟法提供了较好的替代方案。管理者的培训也适合模拟法。作为管理者选聘工具的管理评价中心可以作为对管理者进行培训的工具,其中的公文筐、无领导讨论小组、演讲等都是对管理工作的模拟,其实质就是一种模拟法。

行为示范法是由一位示范者结合特定情境向受训员工演示一种关键行为,受训员工一方面模拟示范者的行为,另一方面理解关键行为的发生机制。在这个过程中培训师会对员工动作模仿的效果予以反馈,并帮助员工分析这些关键行为如何应用到工作中去。行为示范法特别适合各种人际互动场景中的有效行为的培训。

角色扮演法是让受训员工根据自己对角色的理解扮演不同的角色,以其认为符合角色设定的方式行动,并由培训师对其行为进行指导,矫正其对原来角色认知的偏差,帮助其换位思考,以便在未来工作中建立更加良性的工作关系和人际关系。角色交换后的学员讨论也可以使受训员工更多地获取工作伙伴的视角和彼此合作过程中的心理感受。

团队训练旨在协调团队成员的活动，以便达成共同的团队目标。团队训练包括交叉训练和协作训练。前者指团队成员相互了解并尝试其他成员的工作任务，培养相应的技能，以便在某个团队成员离开团队时能迅速接替其工作，保证团队活动的连贯性。协作训练旨在让团队成员学习如何分享信息、如何作出集体决策并共担决策的责任，从而使整个团队的绩效最大化。协作训练对于团队任务必须建立在信息共享和角色互补上的团队尤为重要。

拓展训练是利用户外活动开发团队成员的协作能力的一种培训方法。通常训练中会设置具有挑战性的团队任务，让受训员工分成不同的小组，相互之间展开竞争，并在活动结束后一起讨论总结，比如在团队合作完成高难度任务的过程中学习到了什么、哪些合作方式促成了任务的达成、每个团队成员发挥的作用是什么、合作中还存在哪些问题或者合作中突出的难题是什么、每个团队成员未来如何能够更有效地投入团队合作中。拓展训练对于强化员工的团队意识，提高沟通能力、领导能力、解决问题的能力、冲突管理能力等都能起到积极的作用。

行动学习法是指让团队共同解决一个在实际工作中会真实遇到的问题，制订相应的行动计划并予以实施。团队成员来源于多元化的专业领域，他们从自己的专业视角出发提出对问题的看法和建议，再从多元观点的互补、碰撞和磨合中提炼整合出能够解决问题的最终方案。行动学习法对于开发管理技能特别有效，由于问题本身来自实际工作，所以培训转化率高，有利于管理者在工作中应用多元的解决问题的方法更有效地开展管理活动。

除了授课法之外，上述各种培训方法均需要受训员工的参与、练习和实践，因而属于实操型培训。从个体或团体的角度来看，团队训练、拓展训练和行动学习法属于团队型培训。从媒介角度来看，上述方法都属于传统的线下培训，但是大部分都有在线上的对应形式，具体的线上培训的方法将在下一节中介绍。不同培训方法的适用对象和适用工作不同，有各自的优势和劣势，组织需要结合培训需求、培训资源与预算、受训员工特点等因素，选择不同的方法，包括综合某些方法，为员工提供最能满足其发展需求、最能贡献于组织战略的培训方法。

第二节 数字化背景下的战略性员工培训

一、数字化背景下的员工培训与开发的新要求

员工培训与开发是企业人力资源管理实践中的重要环节,其中培训关注于员工的短期成长,而开发则侧重于员工的长期发展。由此为员工提供的成长与发展也反映了组织对员工能力、态度乃至于价值观的要求。数字化工作情境下,组织对员工的要求又得到了新的扩充,因此员工培训与开发也发生了新的变化。

数字化情境下,组织对员工的培训与开发应在数字化观念之上进行,具体而言,围绕员工的培训与开发应融入敏捷、持续学习、数据敏感性等。首先,数字化虽然为组织带来了很多新的变革机会,但同时也使组织持续地面对快速变化的内部业务变化与行业情景,因此这就需要员工具备"敏捷"的特征,即员工对新变化的适应速度以及快速作出动态调整的能力。其次,组织中员工应对变化的基准能力就是持续学习能力,传统工作情景虽然也需要员工的学习能力,但是数字化情景下的学习具有难度大、碎片信息多以及业务变化更快等特征,这些对于员工持续学习能力会具有更高的要求。最后,数字化本质上还是数字技术以及数字观念在组织中的应用,因此数据敏感性也将成为员工们所面对的新的重要工作要求。一方面,内外部数据已经渗透进员工工作流程的各个环节;另一方面,在数字化工作情境中,大量的工作机会与风险都蕴含于这些数据之中,因此数据敏感性也应是培训与开发的重要指导观念。

数字化也使员工培训与开发的内容发生了变化。大部分传统的手工记录与分析等知识或技能要求被淘汰,取而代之的是对数字化办公软件的操作、对数据输出结果的解读与分析、对在线办公的适应性等新的工作要求。

二、基于数字化技术的战略性员工培训

数字化技术在员工培训中的应用主要体现在数字化的员工培训方法以

及基于大数据技术的培训流程管理。基于数字化技术,组织在定义员工培训需求、优化员工培训方法、提升员工培训流程管理等方面将更加科学精准,从而更有效地服务于组织的战略目标。

(一)基于数字化技术的员工培训方法

1. 线上培训

线上培训是以互联网或组织的局域网为媒介进行培训的一种方式,其更加灵活。传统的线下培训受到地域的限制,即培训师与受训员工必须同处一个空间,培训才能开展。线上培训打破了这一空间限制。不仅如此,以网络为媒介,线上培训还能更便捷地整合多种形式的培训材料,包括文字材料、音频资料、视频资料等,多元化材料的结合使用能更好地强化培训内容。线上培训能模拟各种工作场景,让受训员工更真切地体验培训内容,更主动地参与互动。

线上培训可以与传统的培训方式相结合,形成线上、线下混合的培训模式,这既能保持线上培训的优势,又能在必要的情况下实现培训师与受训员工的面对面互动,可以手把手地传授技艺,发挥现场培训的优势,提升员工的实操水平。

2. 慕课学习

慕课是指大型开放式网络课程。慕课与一般线上培训的主要区别在于其面向更广泛的受众群体,突破了传统培训对人数的限制。因此,慕课不可能是为组织或组织中特定员工量身定做的培训项目,但是组织可以根据自身的培训需求,重新编排课程的教学内容或者选取其中的部分内容与组织自己的培训系统相整合。同时,由于慕课的讲师水平高,其中一些通用性的知识或者与组织业务息息相关的前沿性话题都值得引入组织的培训体系。当然,慕课也可以作为员工自主学习、自我培训的有效工具。

3. 程序性学习

程序性学习是将培训流程进行程序化设计,不仅提供培训内容的讲解,还给出配套的线上练习,在学员给出答案后予以实时的反馈,并根据学员作答情况智能地推出下一个问题,帮助员工不断强化对学习内容的理解,程序甚至可以根据学员整体的表现智能地调整讲授内容的顺序,使培训方案更符合员工的个性化学习特征,帮助其系统地搭建起预期的知识架构。这种培训方法不仅打破了空间的限制,也打破了时间的限制,使受训员工得以在网络终端前按照自己的工作、生活安排选择合适的培训时间。同时,由于程序中设计了问答互动环节,学员能够按照自己的学习节奏和掌握情况自主地决定培训推进的速度,直到最终完成整个培训流程,抵达预期的培训出口。

4. 管理游戏

管理游戏是指接受培训的管理者以小组的形式在电脑上模拟公司运营,根据系统给出组织和市场等条件进行分析,作出真实的商业决策,并以此和其他的模拟公司展开竞争的一种培训方法。它要求受训者具备公司整体规划的能力,同时对竞争者的战略作出反应。这种方法有利于培养和开发受训者的领导能力、决策能力和团队合作能力。

5. 虚拟现实

虚拟现实通过特殊的设备为受训员工创造一个三维的培训环境,逼真地模拟工作场景,让受训者与工作场景进行互动,身临其境地体验实际工作中的技能应用。在虚拟现实中,受训者的五官都能得到仿真的刺激,以便其作出准确的反馈,设备再将受训者的反馈传输给系统,由此形成一个个刺激-反馈的回路。设备还能同时为受训者提供各种提示和指导,帮助其有效地应对虚拟现实中的各项工作任务。

(二)基于大数据的培训流程管理

1. 基于大数据的培训需求分析

数字化技术能够帮助组织更加精准地定义培训需求。对于不同的培训类型,数字化技术的应用方式不同。

新员工入职培训重在提升员工的组织认同。大量研究表明,离职率会随入职培训的重视度和投入度而显著降低。而入职培训时介绍什么内容最有利于实现组织认同、降低员工离职率,需要从历史数据中寻找答案。通过挖掘整理员工入职信息、离职信息、入职培训表现、任职期间绩效追踪等信息,组织可以基于各类数据间的相关分析来探究入职培训对于员工满意度和离职率的影响机制。

数字化技术也将助于更好地执行对技能培训的需求分析。对于新员工的入职培训而言,结合新员工的背景信息与培训期间表现等,可以针对具有不同特征的新员工,提炼出更有效率的培训文案。对于在职员工的任期内培训而言,个人绩效与技能测评之间的数据关系能揭示出员工对于培训及培训内容的需求。对于员工的长期技能开发而言,数据收集就需要覆盖更广的数据维度与更长的数据周期,根据对关键技能指标与员工绩效间的分析,可以明确培训中KSAO不同方面的侧重对员工未来绩效的影响,并且能更好地指导如何做好关于员工技能开发的培训。

2. 基于大数据的培训方案设计

培训方案设计是基于培训目标对培训项目作整体的规划,其中培训内容是对培训目标涉及方向的细化。对于某特定的培训方向具体应设计哪些内容、怎样设计能达到最优的培训效果,可以根据培训内容设计及培训效果的数据集来获得答案。培训设计还涉及培训双方、培训时间和地点、培训流程方法等,这些要素连同培训内容共同作用于培训效果,因此也可以利用大数据建模,梳理出培训方案各要素与培训效果之间的关系,作为未来培训设计的依据。具体而言,通过对组织内部信息的即时收集,人力资源部门可以在早期收集的员工学历、性格等信息的基础上,持续更新后续的个人相关信息,包括个人层面的追踪性格测试、基础业务数据、自我报告的成长需求以及团队层面的员工交际网络、员工的团队定位等。这些信息可以帮助人力资源部门更好、更快速地建构员工的人才画像,从而实现"量体裁衣"式的培训方案设计。

3. 基于大数据的培训评估与反馈

在当前的组织管理实践中,工作场所广泛应用的实时监控、定点打卡系统、沟通记录追踪等工具,使得组织可以实时收集与员工相关的多类型数据信息,这些真实且实时的数据显然可以大幅度提高对培训有效性的评估水平。首先,六个层面培训评估本身就需要收集六个层面的数据,从反应层、知识层、行为层、员工绩效层、投资回报层直到战略层的这些数据互相补充、互相验证,可以更精确地解释培训项目如何起效、是否有效等关键问题。其次,当组织将六个层面的历史数据进行汇总比较分析时,更能发掘彼此之间的相关度和深层次的影响机理。最后,这些数据还可以与培训前端流程的数据打通,以便进一步分析单一层面培训评估及多层面培训评估间组合关系如何支持不同层面的培训效果,最终如何见效于组织战略层次。

三、人力资源三支柱与数字化员工培训与开发

（一）人力资源专家中心

人力资源专家中心根据掌握的培训大数据为组织设计培训制度框架，包括员工培训与开发的整体原则标准、培训投入在组织各项开支的占比、与组织形成战略合作的培训机构选择与培训资源配置等。人力资源专家中心还能为人力资源业务合作伙伴在具体的培训需求分析和培训方案制定中提供专业性的指导，对于培训中出现的资源投入与效果产出不匹配的状况提供专业性的意见。另外，人力资源专家中心应搭建起组织的一体化数字培训平台（或称学习管理系统），将培训的行政管理、内容开发、资料库、培训实施与互动等在平台上进行汇总、展示和跟踪。人力资源专家中心负责组织层面学习内容的推送，通过综合调配既往数据，制定出不同学习内容推送的数据判定标准，使学习推送更具针对性。例如，当员工出现的A类错误被系统记录时，学习系统就自动会根据这一数据记录定向推送与A相关的学习内容。人力资源专家中心还进行跨部门的数据比对，帮助各部门不断优化数据模型，提高其预测的准确性，持续地反馈于后续的培训制度设计与实施。

（二）人力资源业务合作伙伴

人力资源业务合作伙伴可以更灵活地嵌入各业务部门的培训方案设计之中。人力资源业务合作伙伴在支持各部门展开培训活动过程中，往往需要更加全面的考量及信息收集，才能制定出更为合理的培训方案。在数字化企业情境下，员工个人信息、在人力资源管理职能活动中产生的工作数据、部门层面的绩效数据等，都变得更加容易获取，而对这些信息的分析建模，也能帮助人力资源业务合作伙伴更清楚地回答带有什么数据标签的员工更应该进行何种培训等。同时人力资源业务合作伙伴对学习管理系统提供的培训数据进行综合挖掘与分析，从而构建更加精准的培训效果影响机制模型。针对部门中不同的工作岗位，因其工作特点和培训特点的差异，可以构建不同的数据模型，有针对性地指导培训方案的设计和实施。

（三）共享服务中心

共享服务中心既可以全程记录受训员工登录系统、注册培训项目、参与

培训项目、培训结业状况等的数据，为培训数据与其他数据的链接提供技术支持；又可以提供培训资料下载、用户生成内容上传、培训过程的线上互动、受训员工的自助互助学习等服务，提高培训的效果。此外，共享服务中心负责学习管理系统的全程维护，并将这一平台的数据与其他渠道采集的数据联通，包括员工入职前的个人信息、个人资历以及入职后的绩效产出、升职状况、满意度、敬业度水平等。

本章小结

战略性员工培训与开发通过战略导向的培训目标设定，将具体工作岗位上的培训与组织战略链接起来，并通过有效的培训方案设计提升员工积极参与培训的内在动机，实现员工成长与组织战略达成的双赢结果。

战略性员工培训与开发包含培训需求分析及目标设定、培训方案设计、环境支持及员工动员、培训实施及转化、培训评估及反馈等五个步骤，由此形成一个培训管理闭环，以实现培训的战略性目标。培训方法可以分为在岗培训和离岗培训两大类，在岗培训又分为学徒式培训、辅导培训、实践体验、实习培训等，而离岗培训包括授课法、案例讨论法、模拟法、行为示范法、角色扮演法、团队训练、拓展训练、行动学习法等。

数字化转型对员工培训与开发提出了新的要求，而数字化技术能应用到员工培训中。组织一方面可以启用数字化的员工培训方法以开拓线上培训场景；另一方面可以利用大数据进行培训流程管理，让数据支持全面融入员工培训的五个步骤，使培训需求的分析、培训方案的设计和培训效果的反馈更加科学精准，从而更有效地服务于组织战略的要求。组织可以通过创建数字化学习管理系统，协同人力资源三支柱在培训与开发中的作用，优化组织的战略化培训与开发。

核心概念

员工培训与开发培训需求分析；知识、技能、能力及其他方面；培训方案设计；培训实施及转化；培训评估及反馈；在岗培训；离岗培训；学习管理系统

复习题

1. 什么是战略性员工培训与开发？为什么说战略性员工培训与开发具有必要性？
2. 员工培训与开发的实施过程包含哪些步骤？
3. 如何进行培训需求分析？如何设定培训目标？
4. 培训评估应该从哪些层面展开？为什么？如何通过培训组与控制组的比较进行培训项目有效性评估？
5. 离岗培训的方法有哪些？请介绍五种离岗培训的方法。
6. 如何将数字化技术应用于战略性员工培训？

讨论题

1. 为什么很多组织认为培训经费只构成成本，而有些组织则成功地实现了培训的投资价值？
2. 如何结合培训需求更有效地开发培训方案？
3. 基于大数据的员工培训与开发过程如何更有效地作用于组织的战略目标？
4. 试分析基于数字化技术的员工培训与开发的难点及其未来发展的趋势。

模拟案例题

1. 请选取 A 公司设计部门的某一工作岗位，模拟如何利用数字化技术来设计该岗位上不同员工的培训方案。
2. 请选取 A 公司施工部门的某一工作岗位，模拟如何利用数字化技术设计该岗位上不同员工的培训方案。
3. 请从上述培训方案中选取某一种培训方法加以模拟，并从不同层面评估其实施效果。
4. 请为 A 公司设计一个学习管理系统，并谈谈人力资源三支柱如何借助这一系统形成更加协同一致的合作。

第七章

绩 效 管 理

第一节 战略性绩效管理概述

一、绩效考核与绩效管理的定义

绩效考核是指根据绩效标准对实际绩效水平进行评价的过程。按照绩效考核发生的层级,其可以分为员工绩效考核、部门绩效考核、组织绩效考核等。也就是说针对组织的不同层级都需要设定绩效标准,并据此进行实际绩效的评估,其中员工绩效是部门绩效和组织绩效的基础。

绩效管理是通过绩效考核来提升员工、部门、组织绩效的过程。绩效管理包括绩效计划、绩效监控、绩效考核和绩效反馈四个步骤。

二、绩效考核与绩效管理的联系与区别

绩效管理与绩效考核是相互联系的,但两者之间又存在着显著的区别,体现为不同的管理思维。

(一)绩效考核与绩效管理的联系

绩效考核是绩效管理的必要环节,只有通过绩效考核掌握实际的工作情况,才能进一步分析清楚背后的原因,明确员工与组织未来提升绩效的路径和方法。从实施步骤看,绩效管理和绩效考核都包含绩效标准设定、绩效评估和绩效反馈的步骤。

(二)绩效管理与绩效考核的区别

两者的目标不同,绩效考核只有评价性目标或行政性目标,而绩效管理

则更注重发展性目标和战略性目标。绩效考核有时以评价绩效作为最终目的,为了考核而考核或是为了在做某些人事行政决定时有据所依,比如加薪、降薪、升职、裁员等决定都需要建立在考核结果上。不管哪种情况,绩效考核都带有强烈的裁断性,而这一特征容易将组织和员工放置在对立的立场上,可能激起员工的对立情绪。

战略性绩效管理更倾向于凸显企业的发展性目标和战略性目标。发展性目标就是要具体研究员工绩效结果背后的成因,掌握员工的实际知识和能力水平,根据实际情况对员工进行培训和开发,服务于员工当前工作和未来发展的需要。战略性目标是指将组织战略目标有效地分解到部门和员工,通过战略性工作设计和工作分析等方法明确绩效标准,构建起员工绩效、部门绩效和组织绩效之间的手段目标链,确保各层级绩效目标的协同,通过员工绩效来推动部门绩效,进而促进组织战略目标的达成。在绩效管理中考核评估只是手段,目的是帮助员工与组织不断提升绩效,产生评估结果的原因比结果本身更重要,这时组织和员工都将重点放置在分析原因以寻求更好的绩效发展上。

目标不同是绩效考核与绩效管理间本质的不同,它使绩效管理成为一种不同于绩效考核的思维方式,必然导致两者在实施时间、评估内容、绩效反馈等诸多方面存在差异。

从时间上看,绩效考核是在某时间点上发生的,通常发生在工作年度结束时。而绩效管理是一个持续的过程,从绩效标准的制定,到整个工作年度的绩效监控和实时反馈、绩效指导,再到年度绩效考核及后续的绩效反馈,形成了一个完整的绩效管理闭环。

从评估内容上看,绩效考核只对绩效结果进行考核,完全是评判性的;而绩效管理则对结果和过程进行综合评价,除了绩效本身外,还会评价员工的态度、能力、价值观、工作行为等导致其绩效的维度,从而对绩效的形成机制构建起较全面的认知,更有利于在后续的职业活动中指导员工的绩效提升,以实现其成长和发展的目标。

从评估标准上看,绩效考核的标准设定缺乏系统性,不同岗位不同层级之间的绩效标准比较割裂,组织协同性在其中难以体现;而绩效管理以组织战略目标为根本点,通过目标分解有理有据地制定出各个层级的绩效标准,使下一个层级的绩效标准成为上一个层级达成其绩效标准的手段。因此，绩效管理体系下，不同层级的绩效标准之间具备更高的协同性。

从绩效反馈来看，虽然绩效考核与绩效管理都包含绩效反馈的步骤，但两者的内涵是不同的。首先，反馈的重点不同。基于绩效考核思维的反馈是将对过去绩效的考核结果告知员工。而在绩效管理的思维下，结果不是反馈的重点，结果产生的原因和基于结果与原因的未来绩效提升的路径才是反馈的重点。如果说绩效考核是过去导向的，绩效管理则是未来导向的。其次，员工在反馈中的作用不同。绩效考核的反馈是组织向员工单向提供的，而绩效管理的反馈则需要组织与员工通过彼此间的沟通达成共识，形成双方均认同的绩效评估结果、发生原因及未来绩效提升方案。最后，绩效反馈发生的时间也不同。绩效考核的反馈仅发生在考核之后，而绩效管理为员工提供持续性的绩效反馈，这个持续的过程又以评价的时间点为界，分为之前的反馈和之后的反馈。之前的反馈是时间轴上对于过程的反馈，即在员工工作过程中不断关注其绩效情况并在绩效发生偏差的时候给予反馈，建设性地帮助员工及时发现问题，提供指导，帮助员工尽快改善绩效，以使在最后考核发生时交上满意的答卷。之后的反馈则是帮助员工分析绩效背后的原因，并就未来的发展与改进提出建议，达成共识，具体的原因包括知识能力、动机、员工与工作匹配度、绩效标准等方面。基于综合分析，哪些属于员工自身的原因？哪些属于组织的原因？从员工自身的原因入手，组织应该从哪些方面对其支持，以便员工获取短期工作上的成功以及长期职业生涯的发展？从组织的原因入手，绩效体系是否完善？所呈现出来的绩效状况对人力资源管理的不同职能是否提供借鉴？从哪些方面改进绩效管理体系，进而使人力资源管理体系最有利于组织战略的达成？对于这些问题的分析都是战略性绩效管理提供的反馈，对组织战略的达成具有重要价值。

综上可知，绩效管理较之绩效考核具有更强的战略性。

三、战略性绩效管理的必要性

各个组织都有绩效考核制度，然而实施的效果却不尽如人意。特别是从员工激励的角度看，很多组织为了考核而考核，将员工放在组织的对立面，不仅无法帮助其实现绩效的提升，反而会挫伤其工作积极性，导致其持续性的绩效下滑。而有些组织虽然具有完善的考核体系,但是由于过分强调绩效考核结果的行政性作用,直接将考核与员工升职、加薪等个人利益挂钩,反而使管理者或人力资源部门在进行绩效评价时为了避免引发利益冲突、被员工抵制而不能实事求是。因此,很多组织的绩效考核都流于形式。因此,从绩效考核思维转向绩效管理思维,实施战略性绩效管理势在必行。

首先,战略性绩效管理有利于员工内在动机的激发。基于绩效管理的发展性目标,员工不再是被评判的对象,也不仅仅是出于升职、加薪等外在动机而提升自己的绩效。绩效管理体系也让员工能获得更多系统性的支持,不断提升知识和技能,进而提升自身的绩效,并从中获得胜任感和成就感,实现更深层次的工作激励。同时,在绩效管理体系中,员工不再是被动的一方,而是积极参与绩效标准设定、绩效评估结果讨论和未来发展方案制定等过程中,从而对整体体系更加认同,成为组织绩效系统的合作者与推动者。

其次,战略性绩效管理有助于组织绩效的提升。在战略性绩效管理体系下,员工绩效、部门绩效和组织绩效都是基于组织战略而设定的,各个层级的绩效标准形成了具有协同性的绩效标准体系,同时相互之间构建起手段目标链,其大方向都是服务于组织战略目标。员工的绩效提升也意味着部门和组织绩效的提升。

再次,战略性绩效管理能将组织和员工联结为利益共同体。绩效管理使员工个人目标与组织目标本质上趋于一致。员工的绩效一头联结着自身的知识和技能,另一头联结着组织的绩效和战略目标。员工通过绩效管理提升自身绩效的过程,既作用于自身成长和发展的目标,又贡献于组织的整体战略目标。可见,战略性绩效管理兼顾促进员工成长和服务组织战略的双重目标,实现了员工与组织的双赢。

最后,战略性绩效管理能充分发挥人力资源管理体系的战略作用。这是因为绩效管理是人力资源管理的核心职能,通过对各层面绩效成因的分析,能有效地追溯并反馈于人力资源管理的其他职能,推动各个职能战略性作用的释放。一是工作设计与分析。绩效分析能提供工作设计是否恰当、是否具有激励性,工作横向与纵向之间的关联性是否合理,能否形成完整的手段目标链等方面的答案。二是人员规划分析。人员规划对人员数量和质量需求的分析会通过招聘转变为组织实际的人力资源存量,组织绩效的保证是以人员规划分析的准确性为前提的。也就是说，实际的绩效水平可以追溯到人员规划的需求分析是否准确。三是员工招聘分析。在人员规划合理的前提下，如果招进来的员工不能实现预期的绩效，要分析招聘环节是否出现问题，比如选聘标准的设定是否充分体现了特定工作岗位的人员要求、选聘工具的选择是否具有足够的信度和效度。四是员工培训分析。员工培训的需求来自绩效考核的结果。如果招聘环节没有问题，那么要分析培训时是否没有根据员工绩效与绩效标准的差异来分析培训需求，培训流程的组织是否到位，培训的整体设计、培训工具的选择等是否能满足培训目标。五是薪酬管理分析。薪酬水平应体现绩效的高低。员工不仅关注薪酬的绝对值，还关心薪酬分配是否公平，当薪酬与绩效水平挂钩时，就意味着给贡献大的员工更多的金钱奖励，这是薪酬公平性的重要体现。

综上所述，绩效管理能反馈到人力资源管理的不同职能，确保各职能本身的完善以及各职能之间的相互协同，从而共同作用于战略性人力资源管理体系的构建，并最终服务于组织的战略目标。

第二节　战略性绩效管理的过程

绩效管理是由绩效计划、绩效监控、绩效考核与绩效反馈四个步骤组成的管理闭环。战略性绩效管理是在这四个步骤中渗透组织战略的目标，并通过这四个步骤的有机整合发挥绩效管理的战略性作用。员工绩效是部门绩效和组织绩效的基础。这里讨论的绩效管理过程主要从员工层面展开。

一、绩效计划

绩效计划是绩效管理的开端，是指员工和管理者共同讨论确定出员工的绩效考核目标、考核周期、达成考核目标的具体安排等。战略性绩效管理强调员工和管理者共同制订绩效计划，这一方面有利于提升员工的参与感及后续对绩效目标的承诺和投入，另一方面也能让员工在与管理者的沟通中清楚地认识到个人绩效与组织战略之间的内在关联，提升对个人工作价值与组织目标的认同。

绩效计划最核心的是制定绩效目标,可以通过以下三步来实现。一是确定与组织战略密切相关的绩效指标。这其实就是要解决考核什么的问题。组织层面的绩效指标就是对组织战略目标的具体落实。这些指标再层层分解到部门和员工层面,形成部门绩效指标和员工绩效指标。在员工层面,绩效指标即考核内容的设定对员工的努力方向具有显著的导向作用,因此,通过自上而下的目标分解为每个工作岗位设定能支持组织战略的绩效指标,就能引导员工通过认真完成本职工作来为组织战略效力。例如,关键绩效指标(KPI)考核就是在每个层级设定对组织战略起关键作用的绩效指标,形成组织 KPI、部门 KPI、岗位 KPI 等一套 KPI 体系。比如对制造业企业而言,利润可以作为组织绩效指标,特定产品的产量和合格率可以作为生产部门的部门绩效指标,而对某个生产线的员工来说,个人工作量与良品率也可以作为员工绩效指标。二是为绩效指标设定明确的绩效标准。绩效标准是指相对于不同的绩效指标,预期达到的水平和要求。比如对于车间工人,将每日产量达 100 件、良品率达到 95% 以上作为绩效考核合格的标准。三是设定合适的绩效考核周期。一般常用的考核周期是 1 年,但是也会根据绩效标准、工作性质等因素有所不同。对于绩效标准来说,只有有了明确的时间周期才有意义,例如,产量提高 5% 是 1 年的还是 1 个季度的考核标准,就有很大的差别。另外,考核周期也需要根据工作岗位的性质来确定。有些岗位产出比较稳定,可以按通常的 1 年来算,而有些岗位产出所需要的周期长或时间不确定,就需要适度延长考核周期,比如科研岗位的考核可以以 3 年为一个周期。

绩效目标应遵循 SMART 原则,即具体性(specific)、可衡量性(measurable)、可达成性(attainable)、相关性(relevant)、时间性(time-based)五原则。也就是说员工与组织共同讨论制定的绩效目标必须是明确的绩效要求,其具有明确的衡量指标,能够将实际绩效与绩效目标进行比较;应该具有挑战性,但必须是通过努力可以实现的;必须能通过部门任务、岗位职责等设计与组织战略相关联;必须有确定的时间要求。由此可见,绩效目标五原则与战略性绩效管理的要求是一脉相承的。

绩效目标确定后,员工、部门、组织还应制订如何达成绩效标准的具体行动计划。在计划环节,首先要考虑达成目标所需的资源,确保资源的可获取性,其次需要结合员工、部门和组织的能力,制定出如何利用各种资源一步步完成目标的行动方案。不同组织在行动计划环节的要求可能各有差异,有些组织会制定严格的工作流程,其正式化程度较高,并且更倾向于过程导向;而有些组织则授权员工或部门按照自己的方式实施组织计划,过程不重要,只要达成绩效目标即可,体现为较高的结果导向。但不管哪种方式,员工和组织之间都应该就绩效实施中的责权利达成共识。员工要达成何种绩效目标,这是责;员工需要组织提供何种资源、权限等,这是权;员工达成绩效目标后能获得何种奖励或报偿,这是利。一经确认后,组织和员工可以签订书面的绩效合同,形成彼此承诺的契约。

二、绩效监控

绩效监控指在整个绩效周期内,通过组织与员工的持续沟通来提升员工在各个工作环节中的绩效,帮助员工解决绩效目标达成过程中可能遇到的问题。这个步骤的监控不以评判为目的,重点是持续关注员工的工作进展,并就一系列问题与员工进行持续沟通,包括工作进展是否顺利、哪些工作符合计划的进度、哪些工作遇到困难和问题、是否需要配置更多的资源、绩效计划是否需要调整等等。组织需要将过程中发生的情况记录下来,将其作为绩效考核的依据。更重要的是,当组织发现工作进展与计划有出入时,需要及时反馈并介入,帮助员工分析问题、及时纠偏,使其尽早地将工作转入正轨,以按时保质保量地完成绩效任务。沟通可以通过书面报告或会议、面谈等正式的方式展开,但更多的是通过各种非正式的沟通渠道进行,如非正式会议、走动式管理等,可以在相对轻松的氛围下与员工交流,获得最真实的绩效状况。当发现绩效进展不顺利时,管理者应适时提供有针对性的辅导和咨询服务,包括技术支持、技能辅导、态度改变等。这个过程也需要双向的交流,即要从员工的视角了解他们所感受到的问题与症结,鼓励他们说出自己的看法,如果有效就予以支持,如果员工找不到解决办法,管理者则应提供充分的支持,并与员工共同制定改进绩效的具体方案。

三、绩效考核

经过一个考核周期的绩效监控,绩效计划中的绩效目标是否得以实现,这需要通过绩效考核来回答。员工绩效考核需要解决三个方面的问题：考核内容、考核主体、考核方式。

（一）考核内容

考核内容一般包括员工的工作能力、工作态度和工作绩效这三个维度。每个组织对这三个维度的侧重不同，甚至很多组织以绩效结果为唯一考核内容，但是越来越多的组织也将另外两个维度纳入考核中。不难看出，工作能力和工作绩效与员工能力直接相关，工作态度与员工动机相关。这三个方面的综合考核也有利于从能力与动机共进的角度更全面地评价员工对组织的投入程度。但考核内容应充分体现科学公平这一大的前提，相比较而言，工作绩效具有更明确与可衡量的绩效标准，因此一般可以从数量、质量和效率几个方面来评价，而工作能力与工作态度则可以通过阶段测评与打卡数据等适当的考核方式来进行评估与衡量。

（二）考核主体

考核主体是对员工绩效进行考核的人。传统绩效考核中的考核主体通常只有上级管理者或人力资源部门人员，但是相对单一的视角很难对员工作出客观公正和全面的评价，让熟悉员工工作实际情况的人员侧面提供对该员工的考核评价，更有利于提升考核的信度和效度。因此，除上级管理者和人力资源部门外，考核主体还可以包括下级、其他同事、客户和员工本人。

1. 上级管理者

上级管理者始终是最重要的考核主体，因为上级管理者对员工负有直接的管理责任，对员工的工作状况和工作成效最了解。同时，上级作为考核主体也能够从组织或部门的需求出发来更精准地审视个体员工对部门绩效的贡献度。

2. 下级

下级一般对他们的直属上司进行考核，因为下级是在其管理下展开工作的，其工作效果在很大程度上受到上司管理方式的影响，所以下级对上司的管理能力、管理效果等最具发言权。但是，下级作为考核主体的公正性也会受到与上司关系的影响。

3. 其他同事

其他同事也是与员工肩并肩共同工作的人，因此他们对员工的工作情况也非常了解。将同事加入考核主体,丰富了考核的视角,也有利于在互相关注彼此工作的过程中更好地促进组织内部的成员合作。但是同事之间的人际关系问题、利益关系等因素可能会影响考核的客观与公正。

4. 客户

客户包括组织内部的和外部的客户。员工是为客户提供直接服务的人,对于其服务质量的好坏,客户有直接的体验,因而客户体验作为评判员工工作效果特别是工作质量的标准具有合理性。而且客户作为第三方,立场中立,评价也比较客观。员工也能从客户的评价中更好地得到工作反馈,激励自己不断提高工作质量。

5. 员工自己

员工基于对自身动机、行为和成效的认知进行自我评价,这也是一个总结得失、自我激励的过程。缺点是员工自我评价时会出于自身利益的考虑而夸大自己的优点和成绩,回避缺点和问题,使客观公正性受到影响。

将上述的各类考核主体一起纳入考核体系,由各个主体分别从各自的角度对员工进行考核评价的方式为360度考核,其主要用于对管理者的考核。其最大优点是能中和各个考核主体在考核中的偏颇。

(三)考核方式

考核方式多种多样,包括量表法、比较法、描述法等,不同的考核方式适用于不同的考核内容,服务于不同的绩效考核目标。

1. 量表法

量表法中最常用的是评级量表法,这是在量表中列出各个待考核的绩效指标并给出每个指标的不同等级,由考核主体根据员工的实际情况选择每个绩效指标对应的等级,最终汇总得出考核结果的一种考核方式。这种方法适用于较难直接量化的工作能力和工作态度的考核,可以下设多个绩效指标以备评价,汇总后能相对全面并且简明地体现员工的绩效等级。同时,它还能直观地显示员工的优势和劣势,有利于员工认清自己,也有助于帮助员工改进不足进而提升绩效。如对态度的绩效评估,可以让考核主体从责任心、工作耐心等能反映员工工作态度的细分绩效指标进行评价打分,从而综合给出员工的态度得分,据此员工也能更清晰地判断自己在哪个子指标上得分较低,从而有针对性地改进,以促进绩效结果提升。

行为锚定评价法也是量表法的倚重。它在评级量表法的基础上,利用各种关键事件来对应每个绩效等级,以便考核主体根据关键事件的描述对照被考核员工的行为,衡量如何针对每个绩效标准确定该员工的等级。与评级量表法相比,关键事件提升了考核的精度,使不同的考核主体对同一考核对象的评价更加一致,因此这种方法比评级量表法具有更高的信度。同时,管理者可以基于关键事件更加有理有据地向员工进行绩效反馈,并提供行为指导。但行为锚定评价法开发难度较大,一般需要经过四个步骤:第一,有一支了解工作内容的团队根据员工的工作内容确定关键事件。第二,将关键事件合并为几个绩效指标,每个绩效指标下有一些关键事件。第三,让另一支熟悉工作内容的团队对关键事件进行重组,将关键事件归入不同的绩效指标,如果与第一支团队的归类一致,则将其确定为特定绩效指标的关键事件。第四,确定各关键事件的绩效等级,生成行为锚定评价表。这个过程中最大的难题是某一类绩效指标下的关键事件可能不够多,不足以代表不同的绩效等级。

总的来说,量表法有助于管理者结合员工在不同绩效指标上的表现给予反馈及指导建议,能够有效地服务于发展性目标。如果绩效指标能紧紧围绕战略,按照员工-部门-组织的手段目标链来设计,则能较好地服务于战略性目标。同时,这种方法最终形成的等级结果可以用于员工之间的比较,因而其也能服务于行政性目标。

2. 比较法

比较法是通过员工间的相互比较来得出相对的考核结果。比较法包括交替排序法、配对比较法、强制分布法等具体的方法。

交替排序法的目的是将员工按绩效结果从好到坏的顺序进行排列,但在实际操作中这样的排列并不容易,因此,可以从名单中选择最好的和最差的员工,将其分别排在第一位和最后一位,然后再从剩下的员工中选择结果最好的和最差的,直到完成所有员工的排序。

配对比较法是将每个员工与其他员工一一进行比较,每一次比较结果较好的员工记一次"+",较弱的员工记一次"-",当完成所有员工的一一比较后,按照"+"的数量对员工进行排序,"+"最多的就是绩效最好的员工。

强制分布法是组织事先确定好绩效考核结果的等级,一般分为三个或五个等级,然后大致按照正态分布法规定每个等级所占的比例,考核时就按员工的绩效表现将其划分到不同的等级中。

可见,比较法以将员工进行绩效排序为目的,其好处是简单易操作,而且能有效地将员工分出不同的等级,因此便于根据绩效结果对员工进行相应的奖惩,非常适用于绩效考核的行政性目标。但是,这种方法没有明确的绩效指标,无法对员工特定的能力、态度、绩效等作出有针对性的评价,也无法发现员工的优势和劣势,无法为员工提供改进的建议和指导,因此无法有效地服务于发展性目标。总体而言,比较法更多地体现为绩效考核思维,以评判为主要目的,因而并不适用于绩效管理的思维。

3. 描述法

描述法是一种定性的绩效考核方式,由考核主体用描述性的文字来反映员工的工作能力、工作态度和工作绩效,并作出孰优孰劣的评价。由于不能给出量化的考核结果,一般用作其他考核方法的辅助,重在为员工考核及其后续的绩效反馈提供事实依据。基于考核内容的不同,描述法可以偏重能力、态度或绩效,也可以对员工的各个方面进行综合描述,如关键事件法就是典型的综合描述法。

关键事件法是由考核主体通过观察,记录下员工在考核周内特别有效和特别无效的工作行为,以此对员工进行评价的一种方法。由于行为的好与坏没有绝对的标准,需要结合特定的情境进行判断,所以在记录关键事件的时候,需要将事件的背景和情境以及事件产生的结果等连同事件本身一起加以描述。

描述法能够灵活地对员工能力、态度和绩效等各个维度进行评价。由于不涉及等级评价,不会引发员工对个人利益的顾虑,描述法更容易通过客观的事件描述来塑造员工的有效行为和态度,并通过行为、态度与绩效之间的关系帮助员工理解提升绩效的路径,因此描述法能有效地贡献于发展性目标。而公正的定性评价,特别是将行为与战略目标相关联的评价,则能够更好地贡献于战略性目标。

(四)考核的误区

绩效考核本质上是考核主体对被考核员工的绩效作出的带有主观性的

判断，因此很容易受到考核主体主观认知的影响，甚至会作出背离实际绩效的评价结果。了解考核中的认知误区，有助于考核主体有意识地规避这些问题，得出更加客观公正的考核结论。这些考核中的认知误区主要有晕轮效应、首因效应、近因效应、对比效应、类我效应、趋同效应等。

1. 晕轮效应

这是指考核主体根据员工某一方面的优点或缺点，以偏概全地将其延伸到其他方面的评价。这种误区在评级量表法中尤其突出，当员工某一个绩效指标的表现比较好时，考核主体就想当然地认为其他的绩效指标也同样好，因而给出一致性的等级评价。

2. 首因效应

这是指考核主体对员工在考核周期开始时的表现印象深刻，因此就根据这一表现对员工作出整体评价，即便其在考核周期其他时间内的表现并不一致。

3. 近因效应

这和首因效应正好相反，考核主体对员工在考核周期接近尾声时的表现印象深刻，而对之前的表现记忆模糊，因此就根据近期的表现对员工进行整体的评价。

4. 对比效应

这是指对员工的绩效评价受到其他员工绩效的影响，尤其是当考核主体刚结束对一个表现特别突出的员工的评价时，在对比反差之下，考核主体就容易对该员工给出比其实际绩效更差的评价。

5. 类我效应

这是指考核主体不自觉地将员工的绩效或行为特征等与自己的进行比较，相似的就给出较高的评价，不同的就给出较低的评价。

6. 趋同效应

这是指不同员工的考核结果无法体现在不同等级之间的分布，要么都趋向中心化，员工的等级都集中在中段；要么标准过严，员工的等级评价普遍偏低；要么标准过松，员工的等级评价普遍偏高。考核结果无法有效区别员工真实绩效的差异性，因此也无法服务于人事决策的需要。

虽然认知中的偏见很难完全避免，但是构建完善的绩效管理体系，设定

SMART绩效目标,选择合适的考核方式并对考核主体进行考核技能的培训,都有助于减少这些考核误区,实现考核过程和结果的公正、有效。

四、绩效反馈

这里的绩效反馈不是绩效监控过程中的反馈,而是绩效考核完成后的反馈,一般通过绩效面谈的方式进行。管理者将考核结果告知员工,并通过面对面的讨论,就绩效发生的原因、后续的改进计划或发展方向等达成一致。

（一）绩效反馈的类型

员工的绩效结果不同,绩效面谈的内容侧重点也不同。对绩效结果满意的员工又可分为两类：能马上升职的和尚不能升职的。对于前者,面谈需要聚焦于其升职的路径及未来职业发展的规划,管理者应基于员工的绩效水平及背后支撑其绩效水平的员工特征,包括技能、兴趣、个性特征、动机等,同时结合组织的战略需要,帮助员工分析最有利于其在组织中成长、个人目标与组织目标相协同的职业发展路径。对于后者,面谈更应聚焦于其绩效虽好但无法升职的原因,管理者帮助员工梳理当前岗位和升职后的岗位对员工各方面要求的异同,分析员工在哪些方面尚有欠缺,应当如何尽快弥补不足,不断提升自己的胜任力,以满足升职的要求。绩效结果不理想的员工也可以分为两类：能改进绩效的和无法改进绩效的。对于前者,面谈需要聚焦于其绩效不足的原因分析,让员工明白造成绩效不足的原因究竟是技能不足还是激励不足、员工应当做哪些努力、组织可以提供哪些支持,从而使绩效提升上去,满足组织的要求。后者则意味着员工无法胜任这份工作,面谈的内容应该围绕员工何去何从展开。基于管理者对员工及组织内工作岗位的了解,面谈时可以向员工提出转岗的建议,帮助其找到自己能胜任或更适合自己的工作岗位,并帮助其完成心理建设。如果组织中没有适合的岗位,员工或将面临被解聘的局面。这时的面谈更要体现人文关怀,让员工认识到当自己在组织中没有发展前途时,最好的办法就是离开并寻找适合自己的工作,解聘也意味着新的职业发展机遇,这从长远看对自己是有利的。同时,管理者还要充分解释说明解聘的流程、解聘后的补偿政策、对其未来发展的建议等。

（二）绩效反馈的组织

战略性绩效管理的目标必须通过绩效反馈予以落实，因此通过绩效面谈有效地组织绩效反馈在绩效管理中至关重要。

首先，上级在组织绩效面谈前需要做好充分准备，包括了解被考核员工的绩效结果及结果形成缘由、了解该员工的个性特征与沟通风格、根据员工的绩效结果对其未来目标给出建议等。其次，上级还需要选择合适的时间和地点并及时通知员工。时间选择应以减少对正常工作的干扰为原则，地点应当是相对独立的空间，便于展开深入的交流。最后，面谈地点最好能避开上司办公室等容易造成压力的地方，这样员工不会觉得处于弱势地位，更轻松的沟通环境能让其在面谈中畅所欲言地表达自己的想法。

在绩效面谈中，上级和员工应就绩效考核结果达成一致，这意味着上级不能仅仅简单地把绩效结果告知员工，还需要听取员工对这一结果的看法，如果员工不认同绩效结果，则需要给员工一个申诉的机会，让其充分说明原因，也让上级获得一个考核中缺失的视角，并综合各方面的情况判断是否应对考核结果予以修改。如果决定不予修改，也需要就相关的考虑和员工充分沟通，获得员工的认同或理解，最终双方就考核结果达成一致。

在此基础上，上级和员工应就未来达成何种目标达成一致。在战略性绩效管理中，绩效反馈本质上是未来导向的。绩效反馈不仅是对过去绩效的总结，更是对未来如何优化绩效的展望。过去的绩效是未来发展的基础和起点，而面谈的最终目的就是为未来明确方向，指点方法。如前所述，对于能马上升职的、尚不能升职的、能改进绩效的和不能改进绩效的这四类员工，未来的发展目标是不同的。上级要因人而异地给出其未来的前进方向，并在面谈中充分听取员工的个人意愿、个人目标，互相探讨，谋求员工与组织目标协同、双方共赢的未来发展之路。

在绩效面谈时，特别要注意帮助员工克服防御机制。所谓防御机制是员工感受到自身利益可能受到威胁时的一种无意识的反应机制，员工会选择逃避或者隐藏真实的想法而避免与上级进行实质性的沟通。在绩效面谈中，上级将绩效结果过多地与升职、加薪等与员工利益直接相关的决策挂钩时，员工就会不自觉地启动防御机制，这时关于未来目标的讨论就很难取得成效，因而无法实现绩效管理的发展性目标。所以说克服防御机制是有效绩效面谈的重要保障。上级自身对绩效反馈目的的认知(包括面谈过程中上级所体现出的导向性)也很重要。越是关注行政性目标的上级,越容易引发员工的防御机制;而将关注和沟通的重点放在未来的发展上,确保员工和组织的互利共赢,则是抵御防御机制的法宝。

第三节 数字化背景下的战略性绩效管理

一、数字化背景下的绩效管理联动机制

(一)数字化技术对绩效管理联动的作用

绩效管理在人力资源管理各职能中处于核心位置,绩效管理的战略性功能需要通过与人力资源管理各职能的有效联动来实现。一方面,绩效管理承接着上游的各个人力资源管理职能,包括工作设计、人员规划、员工招聘、员工培训等,是各种职能实施有效性的综合检验;另一方面,绩效管理的结果又能被应用到薪酬决策、职业生涯发展决策、解聘决策等,从而担负着管理员工绩效、推进组织战略的使命。绩效管理将人力资源管理的各个环节串联起来,形成一个管理闭环。同时,绩效管理也是一个动态的过程,人力资源部门要能够根据实时的状态,持续性地发现异常员工绩效,分析其产生的原因,并且向上游人力资源管理职能进行反馈。当绩效考核的结果向下游人力资源管理职能传递时,各种事关员工短期利益和长期发展的人力资源管理决策也会折射到员工的满意度和对其激励性中,呈现为员工-组织关系的动态图谱。数字化背景下,所有一切的发生都伴随着相应的数据生成,数字化绩效管理平台能实时汇总,充分关联来自人力资源部门、各层级各部门经理、员工等的相关数据,使绩效管理的联动机制更加精准、便捷与高效。

(二)人力资源三支柱与数字化绩效管理联动

1. 共享服务中心

共享服务中心负责绩效联动数据的汇总、整理、权限管理、按需共享等。相关绩效数据包括:当前与历史的个人绩效、部门绩效、组织绩效;作为绩

效前因的上游人力资源管理的相关数据;其他影响绩效数据的业务数据、环境数据等;作为绩效结果的下游人力资源管理数据,如绩效薪酬数据等;基于绩效数据对后一期人力资源管理的反馈而形成的新一期的人力资源管理数据和业务数据等。共享服务中心应根据人力资源业务合作伙伴和人力资源专家中心的决策需要,对数据进行加工清洗等,以便更方便地取用。

2. 人力资源业务合作伙伴

人力资源业务合作伙伴帮助部门员工提高获取绩效数据,解读绩效数据,并在各类数据的关联中获取自身绩效提升、能力成长、素质发展的方案。人力资源业务合作伙伴应特别关注绩效数据与其他人力资源管理数据的关系,结合部门业务要求,评估各类人力资源管理职能在绩效目标达成中所起到的作用。同时将分析过程中需要的补充数据反馈给共享服务中心和人力资源专家中心,以进一步优化绩效联动机制。人力资源业务合作伙伴还应确保绩效结果数据在后续的人力资源管理中得到充分的运用,不仅包括升职加薪或降职处罚等行政决策方面的运用,还应更多地反馈于员工满意度、员工敬业度等方面,用于激励员工,留住优秀人才。

3. 人力资源专家中心

人力资源专家中心向共享服务中心了解数据的共享使用情况,向人力资源业务合作伙伴了解数据的应用情况及效果,绩效管理数据联动可以显著提升人力资源管理体系整体效率,保障组织整体绩效的作用机制等,能进一步推动关联性更强的数据平台的建立,也有助于组织搭建以绩效管理为核心的系统化人力资源管理体系。基于个人、团队、组织等多层面绩效数据的指导,更好地开展各类人力资源职能管理工作,进而推进组织整体战略目标的达成。

二、基于数字化技术的战略性绩效管理

战略性绩效管理需要通过绩效计划、绩效监控、绩效考核与绩效反馈,将组织战略与员工绩效标准相链接,将日常绩效监督与期末绩效考核相结合,将绩效结果的反馈与绩效辅导的反馈相整合,将组织的战略目标与员工的发展目标相协同。数字化能够更好地将各个利益方链接起来,在各方信息共享的基础上实现实时持续的绩效沟通与反馈,不断在过程中修正绩效,

并通过数字化技术尤其是大数据技术，在绩效管理的闭环中制定一系列科学有效的决策。

（一）数字化绩效计划

1. 数字化技术在绩效计划中的应用

绩效计划包含绩效目标设定和实施方案制定这两个环环相扣的步骤，大数据在两者中应发挥重要的作用。

绩效目标设定的核心是明确与组织战略密切相关的绩效指标，并为每个指标设定符合 SMART 原则的绩效标准。这需要包括行为数据、心理数据、结果数据、过程数据等在内的各类历史数据的加持，才能筛选和提炼出与组织战略最相关的指标，进而确定最符合战略要求的标准。这些数据不仅来源于绩效管理流程，还来源于人力资源管理的其他职能板块、各部门业务板块以及组织外部的相关领域。由于绩效实施方案必然服务于组织绩效目标，因此在基于大数据评估不同实施方案效率的同时，也应考虑其对于组织战略的贡献。

2. 人力资源三支柱与数字化绩效计划

共享服务中心负责数据的收集更新、数据清洗、数据维护、权限维护等，这些数据主要包含员工行为数据、心理数据及结果数据三个层面。员工的行为数据主要表现为其在工作过程中产生的一系列数据，如技能投入度、招聘环节表现、培训环节效果及在组织内外的表现差异等；心理数据主要来源于在敬业度及职业满意度等调查中的自我汇报；结果数据主要表现为员工的绩效信息，包含个人绩效、部门绩效与组织绩效等。同时，共享服务中心还可以收集同行业其余企业的员工数据，以备组织内部进行对比分析等。在对这些数据进行整理后，共享服务中心向不同的人员开放不同的权限，如人力资源专家中心拥有全部权限，人力资源业务合作伙伴拥有特定部门的各类数据的使用权和其他部门数据的浏览权等，员工则以信息共享为主，涉及个人信息的变更时，如完成了特定的培训项目，员工可以自主变更相应数据，并供平台监督和使用。

人力资源业务合作伙伴在共享服务中心获取本部门的各项行为、心理、结果数据，并紧密结合本部门的业务数据，双向服务于部门管理者与部门员工。针对管理者，员工绩效目标必然依据部门的绩效目标，而部门的绩效目标又紧紧围绕组织的战略，即从目标必要性的角度梳理出员工的绩效指标及其绩效标准的可接受范围。针对员工，人力资源业务合作伙伴需要在个体的层面深入了解部门员工的技能、心理、行为偏好等特质，个体的历史绩效及其背后的成因，部门为员工提供的职权与奖励等，条分缕析地挖掘这些要素与不同绩效指标的关系，从而从目标可行性的角度确认个体绩效标准的上限与下限。人力资源业务合作伙伴再与管理者合作确定出两者之间的交集，形成员工的绩效目标。人力资源业务合作伙伴也可以参照其他部门或其他类似部门的员工绩效目标等数据，根据本部门的战略定位，对目标作相应的调整。

人力资源专家中心具有各类数据的使用权限，可以从横向上汇总比较不同部门的员工绩效目标及其生成机制，并从纵向上比较不同年份员工绩效标准变化的路径和依据。在把握整体数据的基础上，通过更加专业化的数据挖掘与分析（包括智能化的大数据分析，如机器学习和数据建模等）获取跨部门的绩效目标设定影响因素，特别是挖掘出靠人力无法觉察的影响因素，从而反馈于组织绩效目标设定的制度与流程，指导未来的工作。人力资源专家中心的另一项重要任务是整合各部门的员工绩效目标，论证其对组织战略的贡献机制，从组织战略的高度统领个体层面的绩效目标，分析个人目标整合为组织目标的逻辑，挖掘并消除各个有利于员工绩效却不利于组织绩效的因素，完善员工绩效目标构建模型。

在实施方案制定这一环节，历年员工的绩效实施过程数据有助于提示员工达成绩效所需的资源、职权、组织支持等信息，同时结合新一轮各类资源投入的变化及新的绩效目标，制定新一轮计划方案。这个过程同样需要人力资源三支柱的协同作用。共享服务中心记录、维护和共享历史数据，人力资源业务合作伙伴深入分析业务部门的供与需，"供"是指部门能提供给员工的软硬件支持，"需"是指当前绩效考核周期的业务需要。除此之外，人力资源业务合作伙伴也需要结合部门业务数据，分析员工面对的责权利平衡意味着什么，以判断员工的实际绩效实施过程应遵循何种逻辑和要求。此外，人力资源业务合作伙伴还应延伸到其他人力资源管理板块，考察其对绩效实施的影响，如部门员工的招聘与培训等职能对绩效实施的贡献与阻碍，从而根据当前在职员工的招聘与培训状况设计合理的绩效实施方案。

人力资源专家中心可以从各部门的计划方案中提炼出各部门对组织的资源要求、各部门对特定技能的诉求等，进行智能化的数据分析，从而对未来如何在组织层面更有前瞻性地配置绩效实施所需的资源以及如何在部门之间进行分配、如何未雨绸缪地完善员工的技能储备等方面提供预判和指引。

（二）数字化绩效监控

1. 数字化技术在绩效监控中的应用

持续性的绩效监控是战略性绩效管理的应有之义，大数据技术有助于绩效信息的实时共享与历史追溯。相关的数据包括结果数据、行为数据与心理数据。不同时间点的绩效结果数据，既可以由人力资源业务合作伙伴或管理者通过绩效监控获取并上传至数据终端，也可以由员工通过手持终端等设备自行上传更新。行为数据是指员工工作行为的一系列数据，包括员工的工作方法、工作内容、工作进度、在工作过程中遇到的问题及应对方式等，这些数据可以作为绩效结果分析的直接原因。数据同样来自人力资源业务合作伙伴或管理者的日常监督、员工的日常工作记录或工作设备的运行数据等。关于心理数据，除了传统的关于员工敬业度、满意度等的调研外，当前商用红外设备也可以通过在固定时间点扫描员工面部表情等信息，持续性地分析员工的心理状态。这些心理数据可以从员工激励的角度帮助分析员工绩效的成因。行为数据、心理数据与结果数据相关联，就能获得员工绩效发生的机制并形成有理有据的干预方案。干预后的员工行为与心理又生成新的数据，用于后续的绩效监控。

2. 人力资源三支柱与数字化绩效监控

共享服务中心负责绩效数据平台的维护，负责将来自不同终端的数据链接至数据平台，并进行实时共享。同时，共享服务中心根据组织的需求，为员工、人力资源业务合作伙伴和人力资源专家中心设置不同的权限。比如，有些组织或部门主张数据全公开，包括个人的绩效数据也可以与其他的员工（当然也包括管理层）进行共享，员工可以随时获取来自多渠道的反馈和绩效改进建议等，以帮助员工更快捷地解决工作过程中的绩效问题，这也有助于组织形成一种互帮互助的风尚。也有些组织或部门会对数据进行分类管理，对某些类型的数据设置相应的权限，通常人力资源业务合作伙伴和人力资源专家中心拥有较多的权限，员工则根据工作的相关性而被赋予不同的权限。

人力资源业务合作伙伴结合部门业务绩效要求及其跟踪机制来开发桌面应用软件或移动端 APP,用于各种终端的实时响应,包括绩效的呈现、绩效问题的表达、绩效背后的行为与心理、应对策略的征集、绩效的改变路径等。同时,应用软件与 APP 需要通过特定的界面与共享服务中心的数据平台对接,使数据在服务于员工和管理者的同时供人力资源专家中心等数据使用者调取。

人力资源专家中心的作用主要体现在三个方面。第一,当部门的员工和管理者遇到难以解决的绩效问题时,人力资源专家中心需要凭借自身技能的专业性与权威性,提供解决问题的思路和方案。第二,多变的商业环境可能要求组织对绩效目标进行适时的调整,尤其当这一调整涉及跨部门绩效目标的协同时,人力资源专家中心应当发挥全局性的指导作用,帮助组织迅速响应并形成可行的绩效目标体系。第三,人力资源专家中心通过跟踪比较各部门绩效监控的过程,梳理出成功经验,汇总并优化组织绩效监控的流程。

（三）数字化绩效考核

1. 数字化技术在绩效考核中的应用

绩效考核是绩效管理的重要环节,绩效考核的准确性、公正性直接影响着绩效管理的有效性。首先,数字化绩效考核可以将考核内容数字化,将个人、部门、组织的绩效标准在线上予以展示,提高绩效目标的透明度和协同性。其次,数字化绩效考核将考核流程数字化。以量表法为例,系统可以将考核的维度展示出来,每个维度下可以用下拉菜单等方式列出具体的评估内容和相应的指标等,评估者可以通过点击等方式完成对特定人员的绩效评估。数字化绩效考核有助于使更多的人成为评估者,也能高效地整合不同评估者的评估结果。最后,数字化绩效考核还能通过大数据分析优化绩效考核的信度和效度。在数字化绩效管理平台上积累的历史数据,可以用来进行数据分析与挖掘,评判绩效指标和绩效标准的战略有效性,评判与各种工作类型相适应的考核主体等,以不断提升绩效考核的科学性与公正性。

2. 人力资源三支柱与数字化绩效考核

共享服务中心负责各类历史数据的维护(包括绩效结果数据、员工绩效结果与组织战略达成关联数据、使用绩效指标与绩效标准的数据、绩效考核中参与的考核主体数据)以及各种数据之间关联性的可视化呈现。

人力资源业务合作伙伴负责结合历史数据和外部数据优化实施方案,包括考核内容、考核方式、考核主体等。从考核内容看,人力资源业务合作伙伴可以筛选出不同的绩效指标和绩效标准的组合,进行横向比较,特别是对比不同组合下员工绩效考核结果与部门绩效的匹配度。员工层面的数据和部门绩效的相关度越高,则越能说明相应的绩效指标和绩效标准选择的有效性。从考核方式看,也要分析判断哪些组合方式最有利于提升员工绩效数据与部门绩效数据的匹配度。人力资源业务合作伙伴还应对考核中容易出现的认知误区进行数据分析,包括各种误区出现的频次、涉及的考核主体的特征、造成的偏差程度等,并结合数据分析的结果对各类考核主体进行培训,提升其考核的准确性。从考核主体的选择来看,重点在于平衡效率和效果之间的关系。在同等效率的前提下,考察哪一种考核主体的组合效果更好。而在同等效果的前提下,效率越高越好,即参与的考核主体不是越多越好,而是越少越好。

人力资源专家中心的作用在于汇总各部门的数据,比较各部门的绩效考核方法及流程,考察各部门绩效对组织战略达成的贡献度。对照各部门的实际贡献,比较部门绩效考核结果与组织战略目标达成之间的相关性,由此研判不同部门绩效考核体系的有效性。同时,总结各部门的经验,梳理各部门在实施绩效考核中的问题,汇总为对组织绩效考核的指导意见,用于后续绩效考核方案的完善。人力资源专家中心也可以从组织外部的数据中,参照同行业优秀组织在绩效考核中的标杆做法,形成本组织未来绩效考核的优化方案。

(四) 数字化绩效反馈

1. 数字化技术在绩效反馈中的应用

绩效考核结果必须得到战略性的运用才能实现绩效管理的真正目标,即通过管理员工绩效实现组织绩效的提升以及战略目标的达成。数字化绩效反馈能够帮助管理者更好地定位绩效反馈的内容与方式,从而确保战略性目标的实现。管理者不仅能从系统中调取出考核结果,还能获取与绩效相关的各种员工数据,有利于其从专业的角度对员工个体的绩效形成机制进行分析判断，并整合成具有普遍意义的绩效生成规律，由此提出相应的员工绩效管理策略。同时，管理者应重点分析员工绩效与部门绩效、部门绩效与组织战略之间的联动性，从而为组织绩效管理策略提供支持。数字化绩效反馈也能使员工第一时间了解到自己的评估结果，自主地进行历史数据的比较，回顾和反思自己的绩效变化轨迹，寻求绩效背后的原因，指导个人的成长。如果对评估结果不认可，员工可以通过数字化的手段进行申诉，其申诉便捷度与效率都显著优于以往的员工申诉。

2. 人力资源三支柱与数字化绩效反馈

共享服务中心仍然以数据维护为主要任务。绩效反馈的数据包括两大部分：一是绩效反馈的内容、主体、时间、地点、方式等，这部分数据通常由管理者或人力资源业务合作伙伴录入。二是员工对绩效反馈的响应，这又包括员工对绩效结果的认可度和员工对绩效反馈的感受及其收获。前者如员工对基于绩效结果的薪酬决策、任职决策等的接受程度，如有异议可通过系统申诉。后者如员工从绩效反馈中是否获得了后续绩效提升的有效建议、对管理者的反馈内容与形式是否满意等。这部分数据由员工通过系统提供的申诉表与评价表等进行录入。共享服务中心对不同来源的数据进行收集整理和可视化处理。

人力资源业务合作伙伴将上述两部分数据进行关联和分析，挖掘出哪些绩效反馈要素的组合能提升绩效反馈的实际效果，得到员工的认可。同时，人力资源业务合作伙伴可以将历史上相应的数据提取出来，分析出员工认可度与绩效反馈实际效果之间的关系，以及基于员工反馈的改进方案与所产生的改进效果之间的关系，并综合上述分析形成优化绩效反馈内容、主体、时间、地点、方式等的整合建议。

人力资源专家中心应在绩效反馈阶段发挥更大的作用。对人力资源专家中心而言，绩效反馈不仅是对员工的反馈，更要关注整个绩效管理体系对人力资源管理系统的反馈。首先，人力资源专家中心对各部门员工就绩效反馈的响应进行汇总和比较，对绩效反馈的效果生成机制进行总体的建模。其次，人力资源专家中心基于员工反馈及部门和组织绩效，对绩效管理的整个过程加以梳理，进行绩效管理流程优化。最后，人力资源专家中心将绩效管理的整体效果回溯到工作设计、人员规划、员工招聘、员工培训等各个人力资源管理职能,站在战略的高度审视各职能之间的协同性。

本章小结

战略性绩效管理要求改变传统绩效考核的思维方式,以促进员工成长、达成组织战略为目标。与此相适应的战略性绩效管理是一个持续的过程,不仅提供评判性反馈,还对过程进行追踪并随时给出建设性的绩效改进建议;不仅对绩效结果进行考核,还对态度、能力、价值观等进行评估;不仅对组织不同层级的绩效进行评价,还强调不同层级间绩效标准的战略协同性。因此,战略性绩效管理既有利于员工的内在激励,又有助于组织绩效的提升,能够帮助组织与员工结成利益共同体,进而提高人力资源管理体系的战略作用。

战略性绩效管理应贯彻绩效计划、绩效监控、绩效考核与绩效反馈等四个步骤,以形成螺旋向上的管理闭环。其中绩效考核需要明确考核内容、考核方式与考核主体,结合不同的考核内容选择量表法、比较法、描述法等不同的绩效考核方式,并克服晕轮效应、首因效应、近因效应、对比效应、类我效应、趋同效应等各种认知误区,以提升绩效考核的客观公正性。

数字化技术能提高绩效管理与其他人力资源管理职能的联动性,强化彼此的协同效应,也能在绩效管理四个步骤的闭环中发挥作用,既促进不同步骤间数据的传递与共享,也使目标设定、实施方案、考核内容与方式、考核结果反馈等决策能获得实质性的数据支持。人力资源三支柱的协同合作能够充分利用数字化技术,贯彻落实战略性绩效管理的目标。

核心概念

绩效考核;绩效管理;绩效计划;KPI考核;SMART原则;绩效监控;评级量表法;行为锚定评价法;交替排序法;配对比较法;强制分布法;关键事件法;绩效反馈

复习题

1. 什么是绩效考核?什么是绩效管理?两者有什么联系与区别?
2. 战略性绩效管理的必要性体现在哪些方面?

3. 战略性绩效管理包含哪四个步骤？
4. 怎样制定绩效目标？绩效目标应遵循什么原则？
5. 绩效监控的目的是什么？如何有效地进行绩效监控？
6. 绩效考核的内容包括哪些方面？有哪些考核主体？
7. 绩效考核的方法有哪些？绩效考核中存在哪些误区？
8. 绩效反馈有哪些类型？如何有效地进行绩效反馈？
9. 人力资源三支柱应如何促进组织的战略性绩效管理？

讨论题

1. 绩效考核思维与绩效管理思维的差异体现在哪些方面？为什么绩效管理思维更具有战略性？
2. 如何理解绩效管理四步骤之间的协同性？
3. 基于数字化技术的绩效管理如何提升四步骤之间的协同性？
4. 选取某一行业，谈谈数字化绩效管理在该行业的实施现状并评价其效果。
5. 谈谈数字化绩效管理的难点及其未来发展的趋势。

模拟案例题

1. 根据你所选取的A公司设计部门的某一工作岗位，请模拟如何利用数字化技术来设计和实施绩效管理四步骤。
2. 根据你所选取的A公司施工部门的某一工作岗位，请模拟如何利用数字化技术来设计和实施绩效管理四步骤。
3. 根据员工的特定绩效考核结果模拟一场绩效面谈，并反思这一过程中存在哪些不足、应当如何改进。
4. 请结合第1题或第2题绩效管理的实施，讨论如何将其反馈于人力资源管理上游的相关职能。

第八章

薪 酬 管 理

第一节 战略性薪酬管理的概念

薪酬是事关员工切身利益的问题。员工不仅关心薪酬的绝对量,也关注薪酬的公平性。因此,组织需要通过有效的薪酬管理,在数量和公平性上满足员工对薪酬的要求。

一、薪酬的概念与构成

薪酬是指组织为员工各种形式的工作投入而支付给员工的各种形式的酬劳。可见,员工的薪酬水平主要取决于其工作投入的数量和质量。薪酬包含三个部分:基本薪酬、绩效薪酬和福利。

基本薪酬是指组织根据员工所从事的工作或所拥有的技能而支付的相对稳定和固定的那部分酬劳。某些工作岗位覆盖的工作内容多,工作责任重,能力要求高,对应的经济收入就高,反之则低,这是以工作为基础的基本薪酬。另一种是以技能为基础的基本薪酬,根据员工个体所拥有的能力因人而异地确定基本薪酬。基本薪酬在一定的时间范围内基本固定,只有当工作岗位发生变化或个人能力重新认定后才发生变化。

绩效薪酬是指组织根据员工、部门或组织的绩效水平即对组织的贡献确定支付给员工的酬劳。虽然员工所从事的工作及其所拥有的技能具有稳定性,但在工作岗位上的实际产出或者基于技能所作出的贡献是多变的,会受到各种因素的影响。将员工的实际贡献体现在经济报偿中,这是绩效薪酬的目的所在。绩效分为员工绩效、部门绩效、组织绩效等不同层面,因此,绩效薪酬可以根据员工绩效直接确定个人的绩效薪酬,也可以根据部门或组织绩效先确定部门或组织的绩效薪酬总额度,再根据各种方法分配到个体员工。

福利是组织以各种形式提供给员工的额外的报偿,包括货币和非货币的形式。我国通行的五险一金即基本养老保险、基本医疗保险、失业保险、工伤保险、生育保险、住房公积金,就属于国家法定的组织应提供的福利。组织还可以自主地提供其他的福利,包括有利于员工更好地平衡工作与生活的家庭友好计划等。福利具有普遍性,不以员工所从事的工作、所拥有的技能或所达到的绩效不同而不同。

二、战略性薪酬的概念与意义

战略性薪酬是指组织的薪酬制度既能够满足员工的物质需求又能够满足其公平需求,由此激励员工努力工作,同时薪酬能发挥导向作用,根据组织的战略要求来确定所要激励的态度、能力、绩效等。

根据马斯洛需求层次理论,人类具有从低到高五个层次的需求,分别是生理需求、安全需求、社交需求、尊严需求和自我实现需求。薪酬既可以满足衣食温饱、身心安全等较低层次的需求,又可以满足社会尊严、自我尊重等较高层次的需求。因此,薪酬对处于不同需求层次的员工都具有激励作用。

根据双因子理论,将员工从对工作不满意的状态激励到没有不满意的状态,需要借助薪酬、工作环境、同事领导关系等保健因子,而将员工从没有满意的状态激励到对工作满意的状态,则需要工作内容、工作提供的成就感、工作自主性等激励因子。薪酬首先是保健因子,但是当薪酬作为工作成就、工作认可的一种外化指标时,又具有激励因子的内在激励性。也就是说,如果没有薪酬的基本保障,员工会感到不满意,从而影响组织的工作士气;如果薪酬符合员工的预期,则不仅能解决工作不满意的问题,更能使员工将薪酬视作个体对组织的贡献、为组织创造价值的风向标,使其感受到组织对其工作的认可,感受到工作本身的价值和意义,从而提升内在动机。

薪酬的公平性至关重要。根据公平理论,个体会将自己的产出与投入之比与他人的产出与投入之比进行比较,只有当两者相等时,员工才会感到公平。所谓的产出就是指员工获得的作为报偿的经济收入,而投入是指员工为工作中所付出的时间、努力、技能、经验、绩效等。根据员工参照对象的不同,薪酬公平性可分为内部公平性和外部公平性。前者是以组织中的其他员工作为参照。如果个体的产出与投入之比低于他人的比率,个体就会感觉不公平,并负面影响工作积极性。反之,当个人的产出与投入比高于他人时,个体会感到一时的满意,但是从长远看,也说明组织的薪酬体系是不完善的,也会影响个体对薪酬公平性的信心。外部公平性是指员工选择组织之外的从事相似工作的从业者作为参照,其假设前提是彼此的工作投入是相似的,这样就可以根据同类人力资源的市场价格作出是否公平的判断。当员工感觉不公平时,可能作出离职等决定。所以组织有必要兼顾薪酬的内部公平性与外部公平性,努力搭建一个科学合理的薪酬体系,使尽可能多的员工感到公平,从而激发其为组织努力工作的动机。

根据期望理论,当员工感知到只要努力就能达成更好的绩效,只要绩效好了组织就会提供相应的奖赏,而组织的奖赏又符合自己的需求时,工作的激励效果是最优的。这三组关联性缺一不可。薪酬作为奖赏是符合员工需求的,而努力、绩效都属于公平理论中的投入。从组织的视角来看,员工的绩效增长必须符合组织战略发展目标,此时才予以奖赏。组织的薪酬体系必须有明确的导向性,将员工的投入引导到契合组织战略要求的轨道上来。

综上所述,战略性薪酬管理旨在建立公平合理、具有战略导向性的薪酬体系,以满足员工的不同需求。战略性薪酬管理能通过物质与安全等基本需求的满足为员工提供必要的保障,使其安心工作;能通过工作内在价值的实现为员工提供较高层次的内在需求的满足,强化其工作投入与组织认同;能通过公平性、导向性的薪酬使员工确立起只有付出才有回报、只要付出就有回报的信念,即通过自己的努力贡献于组织绩效,并享有相应的经济收入,从而更加自发地将个人努力方向与组织战略目标整合起来。

三、影响薪酬水平的因素

员工总体的薪酬水平受到一系列因素的影响,包括从事的工作、工作资历、绩效水平、行业属性、组织盈利状况、管理理念、所在地域、组织战略等。

员工所从事的工作一般反映在基本薪酬上。具体到各个工作岗位,对员工的能力水平、努力程度、教育状况、以往经验等的要求都不同,只有通过薪酬体现这些差异性才能实现程序公平。工作资历是指员工在组织中从事工作的年限,一般时间越长,薪酬也会越高。但是资历在薪酬中的重要性程度有所下降。绩效水平也应该纳入薪酬决策中,因为即使从事同样的工作,不同员工的绩效不同、贡献也不同,通过薪酬的差异来体现员工创造的价值,才能更好地激励员工努力工作。行业属性千差万别,大致可以分为劳动密集型行业、资金密集型行业与技术密集型行业。劳动密集型行业需要大量劳动力投入,而单位劳动力投入所创造的价值比较低,因此薪酬水平较低。相比较而言,资金或技术密集型行业的总体薪酬高于前者。组织盈利状况在很大程度上是员工努力程度的结果,并且盈利越高,能够用于薪酬分配的资金也越丰厚,因此组织通常会根据盈利状况向员工发放绩效薪酬。管理理念是指组织的管理者关于如何根据市场薪酬水平确定本组织薪酬水平的理念。有些组织的管理者倾向于以高于市场水平的薪酬来吸引高水平的人才,而有些则希望通过相对较低的薪酬控制劳动力成本,从而获得盈利空间。也有组织会根据工作岗位来确定哪些应该高于市场水平、哪些对于市场水平。所在地域的经济发展程度不同,整体的薪酬水平也不同。一般经济发达地区物价更高,生活成本更高,对应的薪酬也更高。

组织战略是一个重要的影响因素。首先,组织战略直接影响薪酬政策。实施低成本战略的组织,将劳动力成本作为成本结构中的重要组成,会实行控制薪酬水平,而差异化战略则意味着组织需要充分调动员工的自主性、灵活性和创新性,因此更倾向于通过高水平的薪酬进行激励。其次,组织战略决定了哪些是组织期望的行为、哪些工作岗位更具有战略重要性、哪些技能更能够帮助组织实现竞争优势,因此,薪酬决策就应紧紧围绕这些问题,通过薪酬方案的设计彰显这些要素的重要性,发挥薪酬对于组织战略的导向作用。最后,组织战略还可以折射到上述的影响要素中,从而影响薪酬。例如,对于工作岗位的价值分析,可以给予战略性强的要素更高的权重和赋值;绩效薪酬根据绩效水平而浮动,绩效水平则通过战略目标所决定的关键业绩指标来衡量;组织盈利中多大比例用于对员工的奖励、多大比例用于组织其他资源的再投入,需要组织在人力资源和其他资源中进行战略性的权衡与选择等。

各种影响因素会通过基本薪酬、绩效薪酬、福利等方式整合为员工总的薪酬水平,最终决定员工的经济收入。

第二节 基本薪酬体系

基本薪酬体系可以分为两大类:岗位薪酬体系和能力薪酬体系。岗位薪酬体系是以岗位为基础确定特定岗位的基本薪酬水平;能力薪酬体系是以能力为基础确定每位员工的基本薪酬水平。

一、岗位薪酬体系

岗位薪酬体系是根据工作岗位的内在价值来确定相应岗位的薪酬,而岗位的内在价值则是通过工作评估和市场薪酬调查来实现的。工作评估是为了保证内部公平性,而市场薪酬调查是为了保证外部公平性。

(一)工作评估

工作评估是指基于岗位的价值对组织中的不同工作岗位进行系统的比较,形成不同的薪酬等级。工作评估与绩效评估不同,工作评估只对工作岗位本身进行评价,通常根据岗位对员工的综合要求来赋予价值,不涉及对具体从事该岗位工作的员工的评价。而工作评估首要的任务就是确定报酬要素,即工作中某些受到组织重视并值得组织为其支付薪酬的要素,比如岗位所需的技能、努力程度、岗位职责、工作环境等。其中有些是奖赏性的,比如前面三种,技能、职责等要求越高,则应支付的薪酬越高;而有些是补偿性的,比如工作环境,工作环境越差,应予补偿的薪酬越高。组织可以根据战略需求选择适合本组织的最关键的报酬要素。比如医院,基于传染性的考虑以及在传染性环境中工作对医院达成战略的必要性,理应将工作环境列入报酬要素。大多数组织的工作环境没有特殊性或即使特殊也不对战略构成重要影响,就不必将其列为报酬要素。同时,为了保证组织内不同工作岗位价值的可比性,组织应采用一套统一的报酬要素,以便形成薪酬等级,体现岗位薪酬的高低。

工作评估方法有分类法、排序法和点数法。分类法是根据报酬要素将价值比较接近的工作岗位归为一类，不同类别对应不同的薪酬等级。这是一种相对粗略的工作评估方法。排序法是根据报酬要素将工作岗位按其价值进行排序的方法。通常会选择具有典型性的工作岗位，然后确定报酬要素，继而让多个管理者或人力资源部门结合工作分析的结果对各个典型工作岗位的报酬要素进行分析并进行价值高低的排序，最终将所有员工的排序结果汇总形成最终的排序。工作岗位的排序就对应着薪酬的高低。点数法是在工作分析的基础上，对工作岗位中包含的报酬要素用点数表示，报酬要素得分越高，点数越高。比如按1—10的点数对三个报酬要素进行评估，某工作的技能要求点数为9，表示技能要求很高；职责点数为10，表示这份工作责任重大，具有突出的战略重要性；工作环境点数为3，表示工作环境比较舒适，不具有安全或健康方面的隐患。采用点数法还需要考虑不同报酬要素的权重，假设技能、职责、工作环境的权重分别为50%、40%和10%，则将所有报酬要素点数乘以权重再相加就是该工作的总点数。用同样的方法对组织中其他工作岗位进行评估，就能得到各个工作岗位的点数，其价值高低也一目了然。

（二）基于内部公平性的薪酬结构

薪酬结构是由薪酬等级和每个薪酬等级的薪酬幅度构成的。

1. 薪酬等级

工作评估已经为薪酬等级的划分奠定了基础。不同的工作评估方法对应不同的薪酬等级确定标准。分类法的类别本身就可以对应薪酬等级。排序法可以按排序结果分成不同的等级。分级的过程不应是根据序号进行平均化的分割，比如30个工作，每3个划分为一个等级，而是要结合经验判断，将难度、性质等相似性高的工作岗位归为一个等级，每一个等级中的工作岗位数量并不一定要一致，比如序号1—5的为等级1，6—8的为等级2，9—15的为等级3，等等。而点数法的薪酬等级划分有更清晰的数据依据，可以用点数代替经验判断，更直观地将点数比较集中的各个工作岗位归为一个等级。

2. 薪酬幅度

薪酬幅度是指每个薪酬等级对应的最高薪酬和最低薪酬之间的区间。

分类法和排序法主要通过管理者的主观定性分析来确定。点数法有更加精确的计算方法。一是在每个薪酬等级中选取居中的工作岗位,其点数作为计算薪酬的基准,对应的薪酬则是该等级的薪酬区间中值。例如,根据上面的例子,薪酬等级3中序号12的为居中岗位,如果它的点数是11.6,这就作为等级3的基准点数。二是将点数乘以特定的系数,计算出每个等级的薪酬区间中值。如系数是1 000,可以得出这个等级的薪酬中值是11 600元。三是确定各个薪酬等级的最高薪酬与最低薪酬,即比中位薪酬分别高多少、低多少。例如,等级3中,最高薪酬比中位薪酬高3 000元,最低薪酬比中位薪酬低2 500元,则这个等级的最高与最低薪酬分别为14 600元和9 100元,薪酬幅度是5 500元。薪酬幅度与该薪酬等级中最低值之间的比率称为薪酬变动比率。上例中的薪酬变动比率是60.4%。其他的薪酬等级也按照同样的方法,每个薪酬等级的薪酬幅度可以大致相同,也可以不同,比如薪酬等级越高,薪酬幅度越大。

3. 薪酬区间中值极差与薪酬等级重叠度

薪酬区间中值极差和薪酬等级重叠度可以反映组织不同薪酬等级之间的关系,并由此界定组织的薪酬结构。薪酬区间中值级差是指不同薪酬等级的区间中值之间的等级差异。在最高薪酬等级的中值和最低薪酬等级的中值一定的情况下,各薪酬等级间的中值极差越大,薪酬结构中的等级数就越少;中值极差越小,则薪酬结构中的等级数就越多。薪酬等级重叠度是指在两个相邻的薪酬等级之间,薪酬额度之间的交叉或重叠程度。一般来说,各个薪酬等级薪酬浮动的幅度越大,等级重叠度越高,薪酬体系的弹性就越高。

一旦确定了组织的薪酬等级、每个薪酬等级的薪酬幅度以及由薪酬区间中值极差与薪酬等级重叠度所定义的薪酬等级之间的关系,组织的薪酬结构就确定下来。因为该结构是通过工作岗位价值评估一步步生成的结构,体现了不同岗位之间报酬要素的差异,具有统一的评估标准,因此能保证内部公平性。

(三) 兼顾外部公平性的薪酬结构

组织对薪酬结构进行调整主要以市场薪酬为参照,并结合组织的战略展开。市场薪酬调查的目的是体现外部公平性。组织可以通过各种方式获得最新的市场薪酬水平的资讯,比如国务院国有资产监督管理委员会(简称国资委)发布的相关数据。一些咨询公司也会发布薪酬水平相关的调查报告,分别基于岗位、地区、行业等给出年度薪酬报告。组织还可以自己调查、搜集相关的薪酬状况,可以通过行业论坛、人才网站等搜集相关信息,可以对招聘广告中的薪酬信息进行整理,也可以从求职者那里获取其对薪酬的要求,间接地获取市场薪酬的数据。接下来,组织再结合战略进行薪酬的调整。组织可以采取不同的调整方案即不同的薪酬策略。

1. 领先型策略

领先型策略一般是组织实施差异化竞争战略时的薪酬策略,此时组织的整体薪酬水平高于市场平均薪酬,组织以此来吸引和挽留优秀的人才。

2. 拖后型策略

拖后型策略是组织实施低成本战略时常用的薪酬策略,通过将组织的薪酬水平压低到市场平均薪酬之下,组织可以节省人力成本,贡献于低成本战略的目标。

3. 匹配策略

匹配策略将组织的薪酬水平与市场水平保持一致。此时组织吸纳到的人力资源素质比较平均,组织的竞争性和成本都相对平均。

4. 混合型策略

混合型策略即组织因工作岗位的不同而制定不同的薪酬水平,有些岗位的薪酬高于市场水平,有些则低于市场水平。具体如何决策则根据组织的战略来决定。对于战略重要性高的关键岗位,组织会选择领先型策略;而对于辅助性工作岗位,组织则通过拖后型策略来冲抵人力成本的压力。

当组织采取前三种薪酬策略时,组织能使不同薪酬等级的薪酬整体上移、下移或不变,因而能兼顾好内部公平性与外部公平性。而在混合型策略中,内部公平性与外部公平性会形成冲突。那么如何在矛盾中进行选择?答案仍然是根据组织战略的需要。越是具有战略重要性的岗位,越应该遵从外部公平性的原则,以争取到对组织至关重要的人才,否则会导致吸引不到优质人力资源,甚至使组织人才流失,组织会因缺乏人才支撑而失去战略竞争力。另外,工作岗位的供求关系也是一个影响因素。当工作岗位的人才供不应求时,组织应提供高于市场的薪酬;供过于求时,则可以适度降低薪酬。

综上所述,组织根据战略进行工作评估并参照市场薪酬标准选择符合战略的薪酬策略,由此形成兼顾内部公平与外部公平的战略性薪酬结构。每个工作岗位的薪酬区间确定下来,管理者和人力资源部门在区间范围内结合工作岗位的特点和要求等决定每个工作岗位的基本薪酬,也就是发放给该工作岗位员工的基本薪酬。

二、能力薪酬体系

能力薪酬体系不再是按岗定薪,而是根据个体员工所拥有的技能、胜任力等因人而异地确定其基本薪酬。能力薪酬体系适用于技能要求比较明确而工作内容随环境变化要求高的工作,它与"去工作化"的逻辑是一脉相承的。在复杂多变的商业环境中,组织必须保有充分的灵活性。岗位薪酬体系更多的是根据工作内容、工作职责等报酬要素来确定基本薪酬,不容易机动地将市场环境变化及其对员工要求的变化体现在薪酬中,对于变革性要求高的企业尤其不适用。能力薪酬体系则基于个体的能力特征来定薪,其目的是鼓励员工尽可能地发挥自己的潜能,能动性地、自主性地根据环境的要求调整自己的工作,以最有利于组织战略的方式为组织服务。一方面,基于能力薪酬体系,员工的工作职责、工作内容是可变的,这也杜绝了因岗位设定而带来的"这是我的工作,那不是我的工作"的态度局限性,转变为"只要组织需要且在我的能力范围之内,我就努力去做"的大局观和自主性。因此,能力薪酬体系能更大程度地激发员工的工作主动性,提升员工根据组织应对环境变化的需要而随时调整工作内容、工作方法的调适性。另一方面,由于薪酬随能力的积累而增长,这就能有效激励员工不断学习,不断提升自己的能力,成长为通才基础上的专才,这也为员工后续的职业生涯发展开辟了更为广阔的路径。员工既可以选择纵深的发展,也可以选择横向的拓展,从而更好地结合自己的职业兴趣和组织战略的需求,灵活地设计自己的职业生涯发展路径。这比岗位薪酬体系提供了更多的可能性和灵活性。

能力薪酬体系也可以根据能力等级形成薪酬等级,同时兼顾内部公平与外部公平的原则确定不同等级的薪酬幅度,进而生成组织的薪酬结构。

第三节　绩效薪酬方案

绩效薪酬是指组织根据员工、部门或组织的绩效不同而支付给员工个人的可变薪酬，旨在激励员工提升绩效，为组织作出更大的贡献。

一、绩效薪酬的战略意义

（一）绩效薪酬是员工激励的必然要求

作为基本薪酬，岗位薪酬体系与能力薪酬体系提供的是特定周期内相对稳定的薪酬。但是工作内容、技能运用等都不是员工投入的全部，员工在工作岗位上的绩效产出以及在工作中应用自己的技能所创造的价值理应计入薪酬。不同的是，在特定时间范围内员工的绩效产出和价值创造不是恒定的，或者说，从事相同工作及拥有相似技能的员工的绩效会有较大的差别，因此需要浮动的薪酬来体现，这部分薪酬就成为绩效薪酬。可见，绩效薪酬是实现薪酬公平的必然选择，有利于真正实现基于薪酬公平的员工激励。

（二）绩效薪酬具有战略导向作用

绩效薪酬与绩效挂钩，是根据绩效考核结果来确定的。而在战略性绩效管理中，绩效考核的指标和标准都是根据组织战略来选择和确认的。为了获得更高的薪酬，员工会按照绩效考核的要求来指导自己的努力方向，从而将个人目标自发地与组织战略目标锁定在一起，实现个人经济利益与组织战略诉求的双赢。

（三）绩效薪酬可以减少不必要的人力成本

绩效薪酬是建立在员工绩效有利于组织战略的基础上的，也就是说没有为组织创造价值的工作投入是不产生绩效薪酬的。基于此，组织可以调整员工基本薪酬和绩效薪酬的比例，适度降低基本薪酬占比，确保员工有更强烈的动机去提升绩效。而对于没有足够动机或者没有足够能力而导致绩效不足的员工，组织可以减少绩效薪酬支出，从而降低整体的人力成本。

可见绩效薪酬在整体上有利于组织的战略达成，但绩效薪酬也有其潜在的问题。首先，它对绩效考核提出了很高的要求，绩效考核的标准、方法和效果都会影响员工对考核公平性进而对薪酬公平性的判断。其次,绩效薪酬有可能造成组织内部员工之间的"内卷",使组织的合作性受到抑制。因此,建立科学、公平、合理的绩效与薪酬联动机制至关重要。

二、绩效薪酬的类型

(一)个体绩效薪酬

个体绩效薪酬是基于员工个体绩效而确定的薪酬。计件制、工时制、佣金制、绩效调薪、绩效奖金等都属于个体绩效薪酬。

计件制是根据员工个体的产出水平与每份产出对应的薪酬水平确定员工薪酬额度的方法。员工的产出水平与薪酬额度呈线性关系。这种方法简单易行,以生产率作为工作投入的唯一指标,能直接作用于员工的工作效率。但这种方法应用领域有限,只适合于生产产品单一的工种。同时,员工有可能为了提高效率而降低质量。计件制可以分为直接计件制与差额计件制。前者是为所有的产出设定统一的薪酬水平,而后者则根据产出水平设定不同的工资率。例如,对于完成的工作中低于绩效标准的部分按低工资率支付薪酬,而高于绩效标准的部分按高工资率支付。

工时制是按照员工完成工作的时间来支付相应薪酬的方法。组织根据完成某项工作的标准时间来支付薪酬,如果员工少于标准时间完成任务,仍然可以获得标准的薪酬,那么员工单位时间的薪酬就提高了。本质上看,工时制与计件制相同,都是将工作效率与薪酬挂钩,因此也有相似的优缺点。

佣金制适用于销售、证券经纪人等职业,是一种将员工个人销售额或成交额的一定百分比作为提成发放给员工的方法。有些组织除佣金外还为员工提供底薪,通常底薪与佣金之间设定一定的比例。有些组织则实施直接佣金制,即员工所有的薪酬都来自交易提成。佣金制能激励员工在关键绩效指标上尽最大努力,但是容易忽略其他方面的职责。

绩效调薪是指根据员工的绩效考核结果对其未来的基本薪酬进行调整,并使其成为基本薪酬的固定组成部分。绩效调薪的周期一般是1年。一般绩效水平越高,调薪的幅度也越高。而如果绩效水平低,调薪的幅度就低,甚至有可能向下调薪即减薪。调薪的幅度也会受薪酬幅度和薪资均衡指标的影响。调薪一般不会改变员工所处的薪酬等级,调薪的幅度最多不会超过所处薪酬等级的上限或下限。而薪酬均衡指标是表示薪酬数值与薪酬幅度中位值的相对关系,员工的薪酬越高于中位值,向上调薪的幅度越弱;如果员工原来的薪酬水平低于中位值,则能享受更大幅度的薪酬上调。绩效调薪适用于不同工作岗位的员工激励。

绩效奖金是指根据员工的绩效考核结果提供的一次性奖励。与绩效调薪比较,绩效奖金不会成为基本薪酬的一部分;绩效奖金的周期比较多样化,不仅有年度绩效奖金,还有月度、季度、半年度等绩效奖金,可以更加灵活地对员工绩效产出进行反馈,对员工形成不定期的薪酬激励。当然绩效奖金也可以超过1年的周期,对覆盖更长周期的员工重大贡献予以认定和奖赏。与绩效调薪一样,绩效奖金的应用范围也非常广泛,只要有绩效考核,就可以通过绩效奖金来体现奖惩。

综上所述,个体绩效薪酬能有效提升员工的特定绩效,但其隐含的问题是员工可能为了个体利益而过度地进行内部竞争,不利于相互合作以达成特定的任务目标。

(二)群体绩效薪酬

群体绩效薪酬是指依据群体、部门或组织的绩效水平来给员工支付薪酬的方式,包括利润分享计划、收益分享计划、员工持股计划等。

利润分享计划是指根据组织的利润向员工分配绩效薪酬。通常组织先根据年度利润确定用于绩效薪酬的总额度,再根据员工个体绩效水平确定具体的分配方案。分配到个体的额度既可以在年底用现金的方式直接支付给员工,也可以将之存入员工账户,待未来合适的时间进行发放。利润分配计划将员工的薪酬与组织的经济绩效挂钩,有利于员工将组织利益内化为自己的工作目标,将组织战略更深刻地分解到自身的工作任务中,因而能够有效提升员工的主人翁意识和工作责任感。同时,组织利润的高低直接影响员工的薪酬,利润高时组织和员工分享收益,利润低时组织可以相应降低绩效薪酬的开支,从而更好地应对组织的经济压力。

收益分享计划是组织与员工分享因生产效率提高、成本节约、质量调高而产生的收益的一种绩效薪酬分配方法。除了利润之外,组织或部门的收益还可以用其他的指标来体现,收益分享计划旨在更好地认可员工努力带来的各方面的收益,并用薪酬的方式予以反馈,激励员工在后续的工作中创造更多的收益。斯坎伦计划是一种常见的收益分享计划,其将节约的成本作为一种收益,并按一定的比例给员工分配绩效薪酬。具体的分配方式包括以下几个步骤:首先,将生产效率的提高表示为劳动成本的节约,次品率的下降表示为材料成本的节约等,然后将节约的额度加总获得收益增加总额。其次,确定多少比例的收益用于员工分享,并计算出员工可以分配的收益总额。最后,计算收益总额占基本工资总额的比重,并用这个比重乘以员工的基本工资,得到每位员工分配到的收益。

员工持股计划是让员工部分地拥有组织的股票或股权,以便将员工利益与组织长期的绩效联系在一起的绩效薪酬方式。与利润分享计划和收益分享计划不同,员工持股计划致力于长期性的员工激励,员工的努力将在较远的未来通过提升的股价来兑现。员工持股方案有三种实施方式:现股计划、期股计划和期权计划。现股计划是组织向员工直接赠予组织的股票,或者参考股票的市场价格向员工出售股票,使员工获得股权。期股计划是组织与员工约定在未来某个时期员工以当前与组织约定的价格购买一定数量的公司股票,这样如果公司股价上涨,员工就可以凭借价格差获得收益;而如果股价下跌,员工也将承担损失。同样,员工会在这一机制作用下努力工作并致力于组织股价的上涨。期权计划也是允许员工在未来某个时间用当前与组织约定好的价格购买公司股票。与期股计划不同的是,员工在未来可以选择行使这一权利,也可以放弃这一权利,因此即使公司股价下跌,员工只要不行使权利就不会遭受损失,而公司股价上涨时,则能通过购买股票获得收益。

上述各种群体绩效薪酬能较好地解决员工之间过度竞争的问题,使员工更多地关注部门及组织的目标和要求,为了整体绩效的提升而加强合作。但是这种方法可能导致"搭便车"的问题,即有些员工会不劳而获,坐享其他员工努力的成果。因此,群体绩效薪酬通常要与个体绩效薪酬结合使用。

第四节 福 利

福利是组织提供给员工的各种间接性的报酬形式,它不以员工的工作情况为依据,具有平均性和普遍性。福利的形式多样,不仅有货币的形式,还有实物发放和服务提供等方式,目的是构建更加和谐的员工-组织关系,提升员工的归属感和满意度。

一、福利的战略意义

福利的战略意义主要通过提升员工满意度和营造关爱型组织文化来实现。首先,福利实质上增加了员工的收益,而且福利不因工作岗位和绩效水平的不同而不同,能够满足广大员工的平等和尊重的需要。福利的形式多种多样,能够满足员工多元化的需求。可见,福利能够有效提升员工的满意度,从而吸引并留住员工,特别是追求收益稳定性的员工。其次,组织结合员工的需求提供形式多样的福利,让员工充分感受到组织的关怀和尊重,能够营造和谐温暖的组织氛围和关爱型的组织文化,强化员工的归属感,牢固员工与组织的心理契约,提高组织的凝聚力。

二、福利的类型

福利可以分为国家法定福利与组织自主福利。

(一)国家法定福利

国家法定福利对组织具有强制性,组织必须依法向员工提供相应的福利。我国的法定福利主要包括五险一金和法定休假。其中五险一金即养老保险、医疗保险、失业保险、工伤保险、生育保险及住房公积金,目的是在员工遭遇特殊困难时予以支持,提高其防范风险的能力。法定休假是法律法规中规定的保证员工带薪享有的假期,包括公休假日、法定年节假日、带薪年休假、妇女产假等。

(二)组织自主福利

组织自主福利是除法定福利之外,组织自愿向员工提供的其他福利,其形式更加灵活多样,可以作为法定福利的补充,也可以结合组织的性质和员工的需求提供特色的福利。常见的组织自主福利包括企业补充养老金、人寿保险计划、健康医疗保险计划;为员工及其家属提供的各种服务项目,如儿童养护中心等工作-家庭平衡计划、心理援助计划;还有各种补充休假,如给新爸爸的育儿假等。

(三)弹性福利

弹性福利是由员工根据自己的实际需求自主选择的福利项目。弹性福利并不意味着员工拥有完全的选择自由,一般是组织提供不同的福利组合包供员工选择,或者是在固定福利的基础上增加若干福利项目供员工选择。根据期望理论,只有组织提供的报偿和奖励符合员工的真实需求时,其才能真正发挥激励的作用。弹性福利正是在这一点上提高了福利的激励作用,但由此带来的问题是组织在购买福利物资时会缺乏规模效应,因而增加了福利的成本。同时,员工自由选择也带来了管理成本的上升。

第五节 数字化背景下的战略性薪酬管理

战略性薪酬管理需要兼顾薪酬的绝对值与相对值。绝对值关乎对人力资源的吸引力,相对值关乎员工对薪酬公平性的认知,两者都会直接影响员工激励,并转化为员工提高自身绩效和技能的动机,间接影响员工的能力。因此,通过数字化技术形成合理的薪酬绝对值与相对值,构建有效的薪酬体系,是战略性人力资源管理的必然要求。

数字化技术将用于确定一系列与薪酬相关的数据值,从而构建起符合组织战略的薪酬结构。在这个过程中,平衡好内部公平与外部公平的关系、配置好个体与群体绩效薪酬的比重、权衡好基本薪酬与绩效薪酬的比例,具有重要的战略意义。

一、数字化背景下的基本薪酬设计

(一)数字化技术对基本薪酬设计的作用

基本薪酬的核心在于平衡好内部公平与外部公平的关系。首先,数字化技术能够提升基本薪酬决策的科学性。一方面,包括薪酬幅度、薪酬变动比率、薪酬区间中值级差、薪酬等级重叠度在内的大数据有助于形成基于岗位或技能的内部薪资等级结构;另一方面,市场薪酬分位值等大数据有利于形成内外部薪酬的比较和参照,再通过统计组织薪酬的内部偏离度和外部偏离度,组织可以权衡利弊,进行战略性的取舍并形成符合战略需求的薪酬决策。其次,薪酬平台的建设有利于增加员工对薪酬的公平感。组织可以确定适合自身的薪酬透明度,在薪酬平台上发布和共享相应的薪酬信息,从基本薪酬的设计原则、基本薪酬的具体制度、年度各部门基本薪酬的预算,到薪酬幅度、薪酬中值极差等数据披露以及员工基本薪酬全公开等。薪酬透明的程度因不同的行业特点、组织文化、工作性质等而异,但重点是数字化薪酬平台为员工提供了了解基本薪资、建立公平感的渠道。

(二)人力资源三支柱与数字化基本薪酬设计

1. 共享服务中心

共享服务中心负责从人力资源专家中心那里获取薪酬幅度、薪酬变化比率、薪酬中值级差、薪酬重叠度等数据,保持原始历史数据,并进行定期的维护,同时形成可视化的数据呈现与数据比较。这些数据既可供员工了解组织的薪酬体系与薪酬政策,也可供人力资源业务合作伙伴和人力资源专家中心调取使用。同时,共享服务中心通过各种渠道获取市场薪酬的数据,相关的信息渠道包括国资委、市场调研机构、人力资源网站等。共享服务中心也可以通过人力资源业务合作伙伴了解在招聘过程中获得的求职者的薪酬诉求等。共享服务中心可以整合上述渠道,动态地提供各类岗位或各类人才的市场薪酬水平数据。共享服务中心还可以根据组织薪酬保密制度的相关规定决定市场薪酬数据开放的权限,例如员工是否有权实时了解市场动态、人力资源业务合作伙伴是否有权全程追踪市场薪酬动态等。

2. 人力资源业务合作伙伴

人力资源业务合作伙伴随时掌握本部门相关岗位与人才的分布及薪酬状况,包括在组织中相应的薪酬等级、对应的薪酬幅度与相邻薪酬等级的薪酬级差等。一般情况下,所需技能水平较低的职位薪酬幅度较窄,所需技能水平较高的职位薪酬幅度较宽。人力资源业务合作伙伴还需要关注其他部门中与本部门相同或相近的薪酬等级中的岗位、不同岗位的职责设计及其对组织战略的价值等,根据对部门中业务的变化及其趋势的把握,结合战略需求对不同岗位进行再设计,并由此对部门中岗位薪酬的制定提出建议,包括是否需要调整特定岗位的薪酬等级或者在同一薪酬等级中的位置、是否需要结合岗位或人才需求调整特定薪酬等级的薪酬幅度、调整薪酬的上限还是下限还是两者都调整、是否需要调整特定薪酬等级与其他等级之间的关系、如何根据市场薪酬对部门的特定岗位进行薪酬调整等。人力资源业务合作伙伴将这些建议呈报人力资源专家中心。

3. 人力资源专家中心

人力资源专家中心一方面从共享服务中心实时获取各类薪酬数据,另一方面听取人力资源业务合作伙伴的薪酬调整建议,以便站在组织战略的高度,从组织层面协调不同的薪酬等级,构建组织的薪酬体系。人力资源专家中心特别需要在内部公平性与外部公平性发生冲突的情况下作出最有利于组织战略的决策。对于具有战略重要性的岗位和人才,应优先考虑外部公平性或者说外部竞争性,适度调高相应的薪酬等级或薪酬额度,以便在人力资源市场争取到组织亟需的核心人才。即便该岗位的薪酬额度存在一定的内部偏差,无法与组织内的其他岗位形成合理的薪酬梯度,也应基于战略的考虑而予以特别认定。当然,人力资源专家中心在作出此类决策时需要有理有据,以数据为支撑,向组织和员工提供合理的解释,化解员工的不公平感,同时将内部偏离度控制在合理的区间内。

二、数字化背景下的绩效薪酬管理

(一)数字化技术对绩效薪酬管理的作用

绩效薪酬直接与员工绩效挂钩,数字化技术能够打通绩效管理与薪酬管理的平台,从而在组织绩效薪酬设计方案的基础上,根据绩效评估的结果和绩效薪酬预算情况,自动生成绩效薪酬分配的结果。平台能提供绩效信息和绩效薪酬信息的共享,有利于员工基于对事实的充分认知来进行薪酬公平性的判断,建立公平感。

数字化技术的运用能提高绩效薪酬的设计效果。首先,绩效薪酬的设计要解决的问题是将哪些维度的绩效结果与薪酬挂钩,组织内部大数据的调用则可以对该问题进行更有依据的回应,对组织数据的把握能更好地洞悉不同业务及相应绩效结果对于组织的贡献程度,进而可以适时选用相应的绩效结果,并且在薪酬制定中分配不同的比例。其次,绩效薪酬的设计要考虑针对不同的绩效维度选择什么样的绩效薪酬形式,如选择奖金还是加薪、短期激励还是长期激励、绩效薪酬发放的周期等等。绩效维度和绩效薪酬形式的选择都可以通过历史数据的分析、比较、建模来不断优化。除此之外,绩效薪酬需要设定合适的个体与群体绩效薪酬的配比。员工的绩效薪酬除了来自个体绩效的部分,还有根据部门或组织的绩效水平分配给个人的奖励。合适的个体与群体绩效薪酬配比既有利于员工不断提升个体的绩效水平,又不会因此影响组织中员工间的合作性。配比的方案一方面取决于组织选择将哪些个体或群体绩效纳入绩效薪酬的计算之中,另一方面取决于基于群体或组织绩效的薪酬额度按照何种方法分配到员工手中。大数据能够对这些数据关系进行分析挖掘,帮助实现两种绩效薪酬间的有效配比。

(二)人力资源三支柱与数字化绩效薪酬管理

1. 共享服务中心

共享服务中心负责打通各种数据,建立起数据库之间的关联,实现数据的无缝链接,包括绩效数据与薪酬数据、个体与群体绩效薪酬占比的数据、基本薪酬与绩效薪酬占比的数据,等等。绩效数据与薪酬数据的链接能使员工的绩效数据生成相应的绩效薪酬数据。不同组织对于系统生成的绩效薪酬数据有不同的用法,有些直接作为绩效薪酬的最终方案,有些则交由人力资源业务合作伙伴对生成的数据进行判断和必要的调整。个体与群体绩效薪酬占比、基本薪酬与绩效薪酬占比的数据,可以与员工薪酬满意度,员工离职原因等的调查数据,个体、部门与组织的绩效产出等数据相链接,考察薪酬分配方案对员工合作性与竞争性的影响、对组织战略的作用机制等,从而形成对个体-群体绩效薪酬、基本-绩效薪酬的系统数据,供人力资源业务合作伙伴和人力资源专家中心等进行深入解读。

共享服务中心负责将组织的绩效薪酬制度公布在平台上,随时供查阅。同时,共享服务中心根据组织对薪酬透明度的规定,为员工、部门管理者和人力资源部门等设置不同的权限,以获取相应的薪酬数据。员工可以随时了解薪酬的配比情况,也可以通过自助操作平台上的个人数据,在薪酬平台掌握随之发生的薪酬变化。共享服务中心还可以纳入同行业其他组织的相关数据,以便进行外部横向比较。同时,根据薪酬的比例对工作岗位进行分类,形成内部比较。对于这些数据及比较结果都可以进行可视化分析,使其呈现在人力资源仪表盘上,供员工更加直观地了解,使人力资源业务合作伙伴和人力资源专家中心深刻洞察。

2. 人力资源业务合作伙伴

人力资源业务合作伙伴首先负责确定部门员工的绩效薪酬,在绩效薪酬发放的周期内,根据组织整体绩效薪酬制度、部门的工作特点和员工特点、特定阶段组织战略对特定绩效的倚重程度等,对系统生成的部门中员工的绩效薪酬作出最终的调整和确认。

人力资源业务合作伙伴应对部门绩效薪酬方案持续改进,不断优化绩效薪酬的数据模型,根据影响绩效薪酬实施效果的各种要素的变化,预测出绩效薪酬的效果,并与时俱进地提出绩效薪酬调整的建议。人力资源业务合作伙伴应结合部门的业务需要和岗位性质,分析不同岗位的个体-群体绩效薪酬、基本-绩效薪酬的实施比例,结合员工薪酬满意度和员工在不同岗位上的实际绩效产出等现实及历史数据,分析两类比例与相关因素的影响互动机制,形成相应的数据模型,指导各部门未来的比例设定。当组织战略变化带来特定岗位要求的变化时,人力资源业务合作伙伴应调整相应岗位与员工薪酬的比例。在完成上述一系列任务时,人力资源业务合作伙伴还需确保将薪酬预算控制在合理的范围内,大数据技术可以快速呈现每一步调整带来的总体薪酬额度的变化,为其决策提供依据。

3. 人力资源专家中心

人力资源专家中心基于共享服务中心提供的数据以及人力资源业务合作伙伴提供的各部门的绩效薪酬方案,整合各部门经验,形成组织层面的指导意见,确定绩效薪酬制度调整的总体方向,尤其是基本薪酬与绩效薪酬的比例。基本薪酬能够为员工提供基本的经济保障,绩效薪酬能够激励员工努力工作提升绩效,两者共同作用于员工的满意度。基本薪酬与绩效薪酬的整合体现了稳定性与灵活性相结合、组织目标与员工利益相协调的原则。人力资源专家中心应在组织层面给出基本薪酬与绩效薪酬平衡的总体方针和方法,以便践行上述原则,同时将人力成本控制在预算范围之内。两者的比例在很大程度上体现了组织绩效导向的程度,而这必须与组织战略相协同。例如创新导向的战略,应提升绩效薪酬的比例,而成本优先战略则应确保基本薪酬的比例。大数据能够帮助人力资源专家中心根据战略要求、在总体预算下按需调整相互之间的比例关系,在基于员工安全保障的激励与基于员工工作效果的激励之间,动态地寻求最优平衡点。

人力资源专家中心应在薪酬满意度调查中设计有关薪酬比例的问题,以便掌握绩效薪酬在总薪酬中的占比,绩效薪酬在个体、群体间的比例在多大程度上和通过何种方式对员工形成怎样的激励,是否存在反激励的情况,发生的机制与原因如何,等等。人力资源专家中心也可以参照行业标杆的做法,发掘本组织在设定服务薪酬配比中的不足。上述数据发现应及时应用于组织层面的薪酬政策中,同时反馈给人力资源业务合作伙伴,以指导未来的薪酬方案制定。

三、数字化背景下薪酬比例的设计

(一)数字化技术对于薪酬比例配置的作用

组织不仅要分别对基本薪酬与绩效薪酬进行设计,还要处理好两者之间的比例关系。基本薪酬能够为员工提供安全感和基本的经济保障,绩效薪酬能够激励员工努力工作提升绩效,两者都将作用于员工的满意度。基本薪酬与绩效薪酬的比例在很大程度上体现了组织实施绩效导向战略的程度。同时,不同岗位性质对两者比例的要求也不同,一般绩效可量化的工作岗位,绩效薪酬的比例会更高。大数据能够帮助组织根据战略要求,适时调整组织总体的基本薪酬与绩效薪酬比例及不同岗位的基本薪酬与绩效薪酬比例,在基于员工安全保障的激励与基于员工工作效果的激励之间,动态地寻求最优平衡点,使员工对薪酬总体水平的绝对值和公平性都满意,同时使薪酬总体额度控制在人力成本预算范围之内。

(二)人力资源三支柱与数字化薪酬比例配置

1. 共享服务中心

共享服务中心能在薪酬基础数据的基础上自动生成基本薪酬与绩效薪酬占比的数据。同时,共享服务中心需要建立起薪酬数据平台与员工基础信息、员工绩效数据平台等的链接,以便将员工的相关进展与变化实时地反映到薪酬数据的变化中来。另一类需要链接的数据则是员工薪酬满意度、员工离职原因等定性或定量的数据,这样就能形成基本-绩效薪酬的前因与后效的系统数据。共享服务中心将这一系列数据提供给员工、人力资源业务合作伙伴和人力资源专家中心。员工可以随时了解薪酬的配比情况,也可以通过自主操作前因平台上的个人数据,在薪酬平台掌握随之发生的薪酬变化。共享服务中心还可以链接同行业其他组织的相关数据,以便进行外部横向比较。同时,根据薪酬的比例对工作岗位进行分类,形成内部比较。这些数据及其比较结果都可以进行可视化分析,呈现在人力资源仪表盘上,供员工更加直观地了解,供人力资源业务合作伙伴和人力资源专家中心更加深刻地洞察。

2. 人力资源业务合作伙伴

人力资源业务合作伙伴结合业务需要和岗位性质,分析不同岗位基本-绩效薪酬的实施比例,结合员工薪酬满意度和员工在不同岗位上的实际绩效产出等现况及历史数据,分析两者比例与相关因素的影响互动机制,形成相应的数据模型,指导本部门未来的比例设定。尤其是根据部门中各岗位对部门目标的贡献方式来推荐合适的基本薪酬-绩效薪酬的比例。当组织战略变化带来特定岗位要求的变化时,人力资源业务合作伙伴应调整相应岗位与员工的薪酬比例。在完成上述一系列任务时,人力资源业务合作伙伴还需确保将薪酬预算控制在合理的范围内,大数据技术可以快速呈现每一步调整带来的总体薪酬额度的变化,为其决策提供可行性的判断。

3. 人力资源专家中心

人力资源专家中心基于共享服务中心提供的数据及人力资源业务合作伙伴提供的各部门的薪酬比例,分析不同部门在设定基本薪酬-绩效薪酬比例时的规律,整合各部门经验,形成组织层面的指导意见。人力资源专家中心应在薪酬满意度调查中设计有关薪酬比例的问题,以便掌握绩效薪酬在总薪酬中的占比,绩效薪酬在个体、群体间的比例在多大程度上以及通过何种方式对员工形成怎样的激励,是否存在反激励的情况,发生的机制与原因如何,等等。人力资源专家中心也可以参照行业标杆的做法,发掘本组织在薪酬配比中的不足。上述基于数据的洞见应及时反馈至人力资源业务合作伙伴,并应及时反映于组织层面的薪酬政策中,共同指导未来的薪酬方案制定。

本章小结

薪酬是组织为员工各种形式的工作投入支付给员工的经济收入。战略性薪酬既要满足员工的物质需求又能够满足其公平需求,由此能充分发挥薪酬的导向作用,激励员工在态度、能力、绩效等方面持续地作用于组织战略目标。员工总体的薪酬水平受到一系列因素的影响,包括从事的工作、工作资历、绩效水平、行业属性、组织盈利状况、管理理念、所在地域、组织战略等,并通过基本薪酬、绩效薪酬、福利等方式整合与呈现。

基本薪酬分为岗位薪酬与能力薪酬两类。岗位薪酬应基于报酬要素进行工作评估,以保证内部公平性,同时参照市场薪酬确定相应的薪酬策略,以体现外部公平性,最终形成薪酬等级、薪酬幅度及相应的薪酬结构。工作评估的方法有分类法、排序法和点数法等。能力薪酬则根据能力等级形成薪酬等级,这有助于员工突破岗位职责的限制,更主动地结合组织需求发挥自己的技能,因而更具灵活性与自主性。能力薪酬也须兼顾内部公平与外部公平,内部公平与外部公平的协同是基本薪酬具有战略性的基本条件。

绩效薪酬根据员工绩效、部门绩效、组织绩效等考核结果而浮动的薪酬,可分为个体绩效薪酬与群体绩效薪酬。绩效薪酬能够激励员工,发挥战略导向作用,并减少不必要的人力成本,因而具有战略意义。福利具有平均性和普遍性,并且形式多样。福利能提升员工满意度和营造关爱型组织文化,同样具有战略意义。

基于数字化技术的战略性薪酬管理能够借助海量的内外部数据及数据的实时性等特点,更好地实现基本薪酬的内部公平与外部公平,合理地将个体绩效与群体绩效落实于绩效薪酬,并协调设置基本薪酬与绩效薪酬之间的比例,从而在有效提高员工对薪酬绝对值与相对值满意度的同时,确保对薪酬预算的控制。人力资源三支柱的协同分工有助于数字化战略性薪酬管理目标的实现。

核心概念

薪酬;基本薪酬;绩效薪酬;福利;战略性薪酬;岗位薪酬;能力薪酬;薪酬等级;报酬要素;薪酬结构;薪酬幅度;个体绩效薪酬;群体绩效薪酬

复习题

1. 什么是薪酬?薪酬由哪几部分组成?影响薪酬水平的因素有哪些?

2. 什么是战略性薪酬？战略性薪酬应当发挥哪些作用？

3. 什么是工作评估？如何开展工作评估？

4. 如何应用点数法来设计组织的薪酬结构？如何体现内部公平与外部公平？

5. 能力薪酬体系与岗位薪酬体系有哪些区别？

6. 个体绩效薪酬与群体绩效薪酬分别有哪些具体的类型？

7. 国家法定福利与组织自主福利分别有哪些具体的类型？

8. 数字化技术如何在薪酬管理中发挥作用？

讨论题

1. 你认为基本薪酬、绩效薪酬、福利三种薪酬方式是缺一不可的吗？为什么？

2. 薪酬的内部公平与外部公平哪一个更重要？为什么？

3. 试讨论在劳动密集型、资本密集型和知识密集型的组织中，薪酬制度的设计应该有怎样的区别？制定薪酬制度的核心原则是什么？

4. 基于数字化技术的薪酬管理应如何平衡内部公平性与外部公平性的关系？

模拟案例题

1. 请为 A 公司设定报酬要素，并选取设计部门与施工部门的典型工作岗位，设计岗位薪酬结构。

2. 分析上述的薪酬结构是否体现了内部公平与外部公平？如果是，是如何实现的？如果不是，应当如何改进？

3. 结合第七章选取的工作岗位及其绩效管理方案，设计相应的绩效薪酬方案。

4. A 公司设计部门与施工部门的工作是否适用能力薪酬体系？为什么？

5. 如何利用人力资源三支柱的协同效应在 A 公司推行数字化薪酬管理？

第九章

员工关系管理

第一节 战略性员工关系管理

一、员工关系的概念

员工关系是指以组织利益为代表的管理者及组织所有者和以自身利益为主要诉求的员工群体之间的权利与义务关系。员工关系起源于20世纪中叶的劳资关系,雇主(资方)为了缓和与雇员(劳方)的矛盾而努力营造相对和谐的劳资关系,以此保障组织的利益。劳资关系是以劳资双方固有的矛盾为出发点的。发展到今天,雇主与雇员的关系已不再以劳资冲突为主要特点,但是在彼此的权利与义务方面仍不可避免地存在着形式各样的矛盾,需要借助人力资源管理的力量理顺彼此的关系,在保障组织利益的同时维护好员工的个人权益。员工权益包含诸多内容,如享有合理的工作与休息时间、职业健康与安全保障、工作与劳动环境,享有平等的就业机会、公平的劳动纪律与奖惩机制、劳动报酬与福利、职业技能培训,享有提请劳动争议处理的权利,等等。组织在保护员工权益的同时促使其遵守职业道德,完成工作任务,构建良好的员工-组织关系。

二、员工关系管理概述

(一)员工关系管理的定义

员工关系管理是指组织借助人力资源管理的各项职能为员工营造安全和支持性的工作条件,满足员工物质和精神的需求,协调员工与组织的关系，使员工具有更强的动机为组织工作，从而实现员工与组织双赢的目标。

员工关系管理贯穿于整个人力资源管理体系。传统员工关系管理主要体现为组织管理者与员工之间的权力与利益博弈，但战略性人力资源管理下则更多地体现为组织利益和员工利益的协同，组织通过责权利的有效配置，体现对员工需求的关注、对员工利益的保护，从而激励员工而非强迫员工为组织目标工作。

（二）员工关系管理的内容

员工关系管理主要包括三个方面的内容：一是员工的劳动保护，即通过合理安排员工工作的内容与时间、提供职业健康与安全保障、实施心理支持与压力管理等举措，保障员工的身心健康。二是在"选用育考留退"等各方面维护员工的公平待遇。员工关系管理是贯穿整个人力资源管理流程的工作，其核心是平等与公正。因此，保证员工享有平等的就业机会和职业技能培训机会，获得公平的按劳分配的权利，依法享有劳动报酬、组织奖励、社会保险及各项福利，在面临劳动纪律惩罚、离职等情况时拥有申诉的权利以及在申诉过程中被公正地对待，是员工关系管理的应有之义。三是培育互利双赢的组织文化，这有利于打造和谐进取的组织软环境，构建良性互动的员工-组织关系。而互利双赢的组织文化需要通过一系列人力资源管理的职能与制度来体现与承载。

（三）战略性员工关系管理的意义

战略性员工关系管理能够从不同层级满足员工的需求。员工的劳动保护能满足员工身心安全的需求。组织在员工职业安全与健康等方面提供的保障、适时增减的压力管理及员工心理支持等，能够满足组织员工基本的身心健康层面的需求。平等的就业、培训和升职机会，公正的绩效评估与薪酬决策，公平的奖惩机制和人事安排等，共同作用于员工所感受到的组织公平。首先，这种公平感知有利于营造和谐信任的组织氛围，帮助员工更好地实现社交需求和尊严需求。其次，员工与管理者之间的信任、善意与尊重，进一步促进员工社交需求及尊严需求的满足，也为互利双赢的组织文化提供必要的土壤。互利双赢的组织文化意味着在协同员工个人需求与组织目标的基础上，经由人力资源管理职能实现真正的员工-组织关系重塑。具体而言，员工将组织视为获得成就、得到认可进而实现自我价值的场域，自发地将自我追求与组织的战略目标相结合,与组织形成利益共同体。当组织帮助员工满足多层次需求时,员工将以更高的工作满意感、工作敬业度和组织认同感反馈于组织。这种建立在信任与互利基础上的员工与组织心理契约必将提高组织绩效,并且促使员工更高效地完成组织战略目标。

第二节　员工劳动保护

员工劳动保护是员工关系管理的基本要求,旨在保护员工的身心健康与安全,满足员工基本的安全需求。员工劳动保护涉及员工身体与心理两个维度,并通过劳动时间规定、工作方式设计、职业健康与安全保障、员工压力管理等措施来实现。

一、劳动时间规定

劳动时间是劳动者履行劳动义务的时间。劳动时间一般由劳动合同予以约定,并应符合法律制度的规定。

劳动时间大致可划分为以下种类:标准工作日、缩短工作日、不定时工作制、综合计算工作制、计件工作制等。其中,标准工作日是指法律规定的按正常作息安排的工作时间,具有普遍适用性。我国的标准工作日一般是每日工作 8 小时,每周工作 5 天,共计 40 小时。缩短工作日是指在特殊情况下按法律规定劳动者每天的工作时间少于 8 小时或每周的工作时间少于 40 小时。这些特殊情况包括在有毒有害的工作环境中劳作或者工作特别繁重、紧张的劳动者,上夜班的劳动者,哺乳期的女性劳动者等。不定时工作制是指没有固定工作时长规定的工时制度。这种方法适用于因工作性质而无法确定固定工作时间的劳动者,如教师、外勤人员、销售人员等。综合计算工作制是指以一定时间为周期,集中安排工作时间的工时制度,可以用周、月、季度、年度等为周期来进行计算。同样,综合计算工作日是基于不同工作岗位工作性质的要求,如航空铁路上的工作人员、旅游业的从业者、具有明显淡季旺季之分的工作类型等。计件工作制是指劳动者按照合理的劳动生产率完成一定劳动量的工时制度,劳动者超过合理劳动量的部分应作为延长工作时间得到相应的工作时间报酬。

标准工作日应当作为其他种类劳动时间的标杆。例如,不定时工作制和综合计算工作制在劳动及薪酬总量上应参照标准工作日在特定时间内对应的劳动及薪酬总量。计件工作制应结合合理的劳动生产率及每周40小时的标准工作时间来确定额定的劳动量标准。缩短工作日也应根据标准工作日的标准,结合特殊工作环境及状态应消抵的工作量来设定缩短的时间。

除了基本的劳动时间类型外,我国还规定了加班加点和休息休假制度。加班加点即在法定工作时间之外延长劳动时间。对于标准工作日、缩短工作日、综合计算工作制等具有特定工作时间要求的劳动时间而言,都存在超过特定时间的加班加点。根据《劳动法》的规定,加班加点不能无限制地延长工作时间,而应该"在保障劳动者身体健康的条件下延长工作时间每日不得超过三小时","每月不得超过三十六小时"。除此之外,加班加点应给予劳动者高于正常工作时间的工资报酬,这包含两层意思,一是要额外支付报酬,二是对于额外工作时间的单位报酬要高于正常报酬。《劳动法》规定工作日安排劳动者加班加点,"支付不低于工资的百分之一百五十的工资报酬";休息日"支付不低于工资的百分之二百的工资报酬",法定休假日则"支付不低于工资的百分之三百的工资报酬"。值得注意的是,对于标准工作日、缩短工作日、综合计算工作制等具有特定工作时间要求的劳动时间而言,存在着超过特定时间的加班加点。而对于不定时工作制,因没有相应的工作时间规定,也就不存在加班加点。休息是指劳动者在工作时间之外自行支配的时间,包括每天休息时间和每周休息的天数以及工作时间内的间隙休息时间等。休假是指在国家法定的工作日之外的节假日、年假及婚假、产假等其他休假。《劳动法》规定劳动者依法具有享受休息、休假的权利。

二、工作方式设计

工作方式设计对员工的身心健康具有直接的影响。工作设计方法主要可以分为两大类。一类称为机械式设计方法,其体现了泰勒的科学管理理念,具体指通过高度的专业化分工,让员工从事宽度窄、重复性强的工作任务,并且基于设定的所谓"最优"的工作流程和方法,要求员工按部就班地开展工作活动。可见,机械式工作设计具有分工细、标准化程度高、重复性等特点,相应地,员工的自主性比较低,容易因工作任务单一枯燥而产生心理压力、工作倦怠等负面心理影响。另一类称为激励性设计方法,即在工作设计中充分考虑人性化需求,通过提升工作宽度以实现工作扩大化、提高工作深度以实现工作丰富化来赋予员工更大的工作自由度和自主性,让员工从事更加完整、更具识别度的工作,并对自己的工作结果承担责任,从中获得成就感。这些也是第三章所述及的工作特征模型的核心所在,即技能多样化、任务完整性、任务重要性、任务自主性、任务反馈性这五个维度越高,则工作对员工的内在激励性也越强,越能满足员工在工作中的心理需求,这对员工的身心健康具有积极的作用。

除此之外,知觉运动型工作设计法是针对工作中信息处理要求对员工心理健康的影响而进行的工作设计,重点是通过降低工作对信息加工的要求来降低工作的认知要求,从而确保工作不会超出员工的心理承受能力,减少工作的不确定性,提高安全性和可靠性。工作分析时可以通过对工作的信息输入要求、信息输出要求、对记忆的要求、多任务处理的要求、使用不同设备的要求、工作的压力、对工作产生厌烦的程度等进行分析,并选择能力最差的员工所能完成工作任务的情况来确定工作要求。

三、职业健康与安全保障

职业健康与安全保障是指在组织中为不同工作环境和工作条件中的员工规定明确的健康与安全标准,并确保标准的达成。为了有效达成职业健康与安全的目标,需要明确有损职业健康与安全的因素有哪些。这些因素可以分为两大类,一类是不符合健康安全要求的工作环境与工作条件,另一类是员工不规范、不安全的操作行为等。针对这两大类因素,人力资源部门需要有相应的举措。

符合健康安全要求的工作环境与工作条件主要体现在硬件方面给员工提供健康与安全的工作环境,特别在机械普遍应用的今天,良好的工作环境也应含括科学合理的人机交互设计。除此之外,从广义上来讲,通过工作设计来提升员工身心健康的举措也是服务于良好工作环境和条件的建设。

首先，工作环境要保证员工身体健康。比如，确保员工在工作中能有效避免接触有毒有害物质，工作场所的照明、噪声、通风等在员工身体所能接受的舒适范围之内，并能有效规避特殊情境之下的不良后果；在一些特殊的具有潜在风险的工作场所，组织要有常态化的保障措施，切实保障员工的人身安全，并且即使发生事故，组织也能快速实施有效的应急预案，尽可能避免外在风险对员工身心造成的侵害。其次，人机界面的设计主要考虑员工操作机器或在机器上进行特定要求的动作时可能对员工身体造成的潜在负面影响及实质损伤，因此需要根据人体工程学对人机界面进行科学的设计，或对相关操作的合理步骤和特定流程加以明确规定。一旦发现人机界面存在问题，需要对机器设备的构造或者使用方法等进行重新设计。其次，人机界面设计还要考虑到对员工健康的长期影响。因为有些损伤是隐形的，短时间内不会很快体现出来，甚至员工自己也察觉不到。然而，组织应把这些潜在风险因素也纳入人机界面设计过程之中，体现对员工利益的真切保障，真正履行组织在员工关怀方面的责任感。最后，组织也应考虑一些特殊工作环境对员工心理健康可能带来的潜在危害，如密闭狭小的空间会使员工感受到压抑等。

针对员工不规范不安全的操作行为，组织可以通过合理的人力资源职能活动的设计降低这些风险行为发生的可能性。组织要营造健康第一、安全至上的组织文化，建立完善的职业健康与安全政策，并对此进行充分的宣传，让健康与安全的追求深入人心。组织还可以让员工参与健康与安全的规则制定，提升其认同与重视程度。其次，组织要实施员工安全培训，培训既包括安全理念的传达，也包括具体的安全行为的塑造与落实。最后，组织可以将员工工作中的健康与安全方面的行为纳入绩效评估体系，并对员工安全或不安全行为、对部门负责人在监管方面的投入与效果等进行尺度清晰的奖罚，甚至可以将安全保障工作追溯到员工选聘阶段，将责任感、诚信等作为选聘的标准，在面试中提出与安全意识、安全操作等有关的问题等，由此选拔出事故倾向性小的员工。

四、员工压力管理

工作中的压力主要来自与工作相关的各类结果的重要性和不确定性，

具体原因则纷繁复杂,包括工作本身的挑战性、与领导同事的关系、组织中的变革要求、人事方面的调整、工作与生活之间的平衡等。压力具有累加性,多元压力来源的叠加会增加压力的强度和随之而来的影响。一般来说,当压力强度控制在一定的范围之内时,员工可以从中获取动力,因而具有正效应。然而,当压力超过了适当的阈值,员工就会反受其害。压力在时间上也具有叠加性。短期的压力更容易被员工有效管理,而当压力持续时间过长时,就会变得难以承受。

压力管理一方面需要员工自己的努力,另一方面需要组织进行有针对性的压力管理。对于员工个人而言,可以通过有效的时间管理来缓解压力。同时,寻求必要的社会支持,如向亲友倾诉或向专业人士咨询等,都是有效的办法。员工可以不断探索到适合自己的缓解压力的方法,例如通过一些补偿机制来消抵压力带来的不良情绪等。

而组织则需要建立起完善的压力管理体系,对员工提供充分的关怀与支持。首先,从招聘开始,组织需要选拔到既适合工作岗位又适应组织文化的员工,这是防范工作压力的根本所在。同时,组织还可以根据工作岗位对压力承受能力的要求,酌情将压力测试纳入选聘流程。其次,组织应在岗前培训中就给予员工充分的心理辅导和训练,让其对工作中可能出现的压力及应对办法有足够的心理预期,而贯穿就职期间的心理培训、人际关系培训、工作技能培训等也能帮助员工更好地应对工作中的各类压力。最后,对于压力强度过大的员工,组织应提供援助计划,即由组织出资帮助员工及其家属解决心理和行为问题的员工支持方案。员工援助计划特别重视因劳动关系与人际问题所带来的压力以及组织变革带来的心理冲击。员工援助计划的主要方式有与员工充分沟通、为员工提供心理辅导、构建和谐的组织氛围等。

第三节　员工公平待遇

员工公平待遇不仅体现在人力资源管理实践的各个方面,还体现在面对员工劳动争议时保障员工的正当权益。

一、人力资源管理职能中的公平待遇

人力资源管理的众多职能都涉及员工公平待遇的问题，组织需要按照特定的制度与流程等来作出一系列公平的人力资源管理决策，确保劳动者获得公平的劳动权利及相关的各项权利。员工特别需要在就业与招聘、劳动报酬与福利、职业培训与发展、员工晋升与裁员、职业健康与安全等方面建立起公平感。

平等就业机会要求组织在招聘员工时免于任何形式的歧视，不以性别、年龄、宗教、地域等与工作胜任力无关的因素为由剥夺求职者的正当就业权利，确保最符合选聘标准的求职者获得就业机会。同样，员工也不因性别、年龄、宗教、地域等因素的差别在劳动报酬与福利上被区别对待，组织应提供有理有据的薪酬核算和发放制度，员工根据组织的薪酬福利流程享有公平的薪酬福利决策的权利。在职业培训与发展方面，员工享有平等的受培训权利，并能在公平的组织环境中享有追求职业发展的权利。在职业健康与安全方面，员工同样享有平等的权利，组织应将相关的政策和措施落实到位，确保每位员工的健康与安全得到切实的保障。组织应制定科学的绩效考核政策，从而公平地评估员工的工作成效及为此付出的努力等，并在此基础上制定公平公正的人事决策，包括加薪、奖金、升职等奖励性的决策，也包括处罚、减薪、降职甚至裁员等惩罚性的决策，但是惩罚性决策对组织在确保程序公平方面有更高的要求。组织应将相关决策建立在确凿的事实依据和明确的规章制度上，杜绝基于个人喜好的决策。

当员工出现不当行为时，组织通常会以各种方式予以惩戒。组织应明确以下几点原则。首先，惩戒的目的不是惩罚员工，而是修正员工的不当行为，因此必须遵循对事不对人的原则。其次，在实施惩戒措施之前，必须确保员工了解相关的规章制度以及违反规章制度应承担的后果，并且所有的惩戒措施应当按章进行。最后，惩戒的力度应当循序渐进，比如第一次发生时以口头警告为主，之后再发生则逐次升级惩戒措施。在这个过程中，允许员工随时认清自己的不当行为及对组织的不利影响，随时纠正自己的行为。一旦员工意识到问题并改正了自己的行为，惩戒的目的也就达到了。

当实施降职、裁员等决策时，组织应理解员工承受的心理冲击，因而在坚决执行决策的同时,也要给予员工充分的人文关怀。一方面,组织应与员工一对一地沟通,其间允许员工合理地释放负面情绪。另一方面,组织也应向员工提供绩效评估结果、不当行为记录等书面证据以及相关的制度规定,向员工说明相关决策不是一时兴起,而是有"规"可依、依"规"办理的,具备客观公正性。同时,组织也要依"规"承担相应的责任。例如,对于降职的员工,要帮助其更快地适应新的工作环境和工作要求,帮助其顺利地启动相关工作并得到周围同事的支持。对于被裁掉的员工,需要支付相应的遣散费用等。除此之外,组织应当站在员工的立场上为其谋划未来的出路,包括帮助其消除消极心理、积极面对暂时的困境、主动出击寻求新的职业发展路径。组织应以专业的视角为员工提供咨询,从员工能力、性格、兴趣、家庭状况等多方面帮助员工分析未来职业发展的可行方案,让员工意识到结束也意味着新的开始,甚至是更好的开始,从而以积极的心态投入未来的发展和成长中。

二、员工劳动争议处理

组织中不可避免地存在着劳动争议。引起劳动争议的原因很多,有些情况是因为组织没有充分贯彻员工公平待遇甚至存在某些歧视性的做法或其他不当行为,有些情况是因为员工没有履行自己的义务或从事一些不道德的活动而给组织带来了不良的影响等。无论何种原因,当组织和员工无法就问题产生的原因、造成的后果或后续应该采取的对策等达成一致时,劳动争议就会发生。

根据我国《劳动争议调解仲裁法》,劳动争议具体包括:因确认劳动关系发生的争议;因订立、履行、变更、解除和终止劳动合同发生的争议;因除名、辞退和辞职、离职发生的争议;因工作时间、休息休假、社会保险、福利、培训以及劳动保护发生的争议;因劳动报酬、工伤医疗费、经济补偿或者赔偿金等发生的争议;法律、法规规定的其他劳动争议。

员工有权利提请劳动争议处理,这也是对员工公平待遇的重要保障。而劳动争议的处理一般遵循协商、调解、仲裁、诉讼的流程。劳动争议协商是指劳动争议发生后,双方当事人以自愿为原则,通过协商寻求合理的解决方案。争议双方各自拿出自己的判断和依据,并互相沟通,澄清事实,在彼此谅解的基础上就如何达成和解形成最终的意见并签订协议。当协商无法达成一致时,可以进入劳动争议调解阶段。这仍然是在组织内部发生的,但与协商不同,调解会借助组织内部的第三方力量,一般是调解委员会等其他相对中立的个体。通过中立第三方的居中调停,可以使争议更快速地得到解决。如果调解无果,则进入劳动争议仲裁阶段。仲裁是由组织外部的中立第三方居中调解,并给出相应的裁断。与调解不同,仲裁由组织外部仲裁委员会作出,并具有法律强制力。如果双方当事人对仲裁结果不满意,可以在收到仲裁书15天内向法院起诉,否则仲裁生效。最后一步是劳动争议诉讼,即由当事人向法院起诉,由法院依法裁决。法院判决书是劳动争议的最终解决方案。公平的员工待遇首先意味着员工依法享有提请劳动争议处理的权利,其次意味着员工享有按照劳动争议协商、调解、仲裁、诉讼的程序处理劳动争议的权利。

第四节 组织文化建设

一、组织文化的内容

(一)组织文化的概念

组织文化是组织与组织成员共同拥有的综合性行为方式、共同的信仰和价值观,它是组织长期经营与培育而形成的一种有别于其他组织、能反映本组织特有管理风格、被组织成员所共同认可和自觉遵守的价值观念与群体行为规范。

组织文化是员工-组织关系的润滑剂,当员工与组织共享愿景、目标、价值观、企业精神时,员工与组织之间的认知差异和利益冲突等都能更加容易地得以解决,员工-组织关系也能呈现为更加和谐、更加协同的关系,从而进一步助推员工个人追求与组织战略目标的实现。组织文化建设包括组织的使命、愿景、目标、价值观、企业精神的构建与确立。

(二)和谐共赢的组织文化

首先,和谐共赢的组织文化取决于组织的使命、愿景和目标。组织是为什么而存在的?在盈利的目标之上,组织意在承担哪些有利于社会、造福于不同利益相关者的责任?为了达成这些使命,组织希望在未来成长为什么样子?这个远景目标落实到实践中,意味着组织将达成哪些短期、中期和长期的战略目标?组织将这些明确之后,要通过各种途径,利用各种场合与员工进行沟通,确保员工在理解的基础上认同组织的定位与选择,如此才能激发员工自主地思考自己在组织中的定位,并且基于自身的能力、兴趣与追求,探索适当的、既服务于组织目标同时也成就自己目标的职业发展方向与路径。

其次,和谐共赢的组织文化应当构建在共同的价值观与精神追求的基础上。组织有自创立以来形成并稳固下来的价值观、企业精神等,员工也有长期学习、工作、生活中积淀下来的价值观。只有当两者契合时,员工才会觉得在组织中能自如地施展和释放自己的才能;组织也才会在使用人力资源时得心应手,按照价值导向与精神追求将人力资源的作用发挥得更充分。

二、组织文化的层面

组织文化包括理念层面、制度层面与物质层面。

(一)理念层面

组织的使命、愿景、目标、价值观、企业精神等就是组织文化的理念层面,这是组织文化的基础与核心,是组织与广大员工共享的潜在意识形态,是组织深层次的文化,一般来源于创始人的哲学思想和管理理念,并通过员工选拔将志同道合者纳入组织,一起为组织的使命和价值努力。组织不仅要在语言文字上充分表述和沟通一系列的理念,更要从宏观的组织运行到微观的管理决策上实实在在地践行这些理念。高层管理者的榜样作用非常关键,每一个特殊情境下的决策,特别是面临困境时的取舍,都能最真实地向员工传递一个信息——组织的理念不是纸上谈兵,而是组织实践的真实指南。只有这样,组织理念才能上行下效地贯彻到组织的各项活动中。只有当员工与组织在理念层面上不断趋同,两者之间的协同力才能更好地发挥。

(二)制度层面

组织文化的制度层面包含组织的规章制度、组织风俗、行为规范、道德准则、组织结构等。组织制度是落实组织运营理念的重要载体和基本保障,是组织中间层的文化。对于组织所制定的制度和规范,员工的遵守程度也应适当纳入绩效考核和奖惩体系中,这能积极地重塑员工的工作行为。组织风俗、行为规范与道德准则具有软性的约束力,能帮助员工在组织中持续社会化,不断融入组织的环境与氛围。组织结构定义了分工与协作机制、组织决策权的分布、员工在工作中的自主性、员工与上司之间的关系等,当组织结构的设计与员工-组织共赢的组织文化相协同时,就能在潜移默化中优化员工-组织关系。同时员工可以更多地参与各类制度的发展建设,组织与员工在互动中不断完善制度建设,保障制度实施,从而使理念层面的文化要素落到实处。

(三)物质层面

组织文化的物质层面是指凝聚着组织文化抽象内容的外在显现,包括组织实体性的工作环境、设备、设施,组织的产品,组织标志、标准色、象征图案、宣传标语、组织吉祥物等组织视觉识别系统等构成的器物文化。这些以物质形态加以呈现的是企业的表层文化。工作环境本身能够传递很多文化信息,比如上司和下属之间办公环境、设施条件等的相似性与差异性能在很大程度上折射出组织的权力距离,工作环境是开放性的还是封闭性的能反映出组织是否鼓励员工之间、员工与领导之间、员工与客户之间的沟通。总体而言,越强的相似性与开放性越有利于和谐共赢的员工-组织关系。组织产品与视觉识别系统的设计应在气质上符合组织的深层价值理念,并通过巧妙的构思赢得组织上下的认可与喜爱,这些也能强化员工对组织的认同,优化员工-组织关系。

三、基于人力资源管理的组织文化建设

一方面,组织文化有利于构建良性的员工-组织关系,从而服务于人力资源管理;另一方面,组织文化建设也需要借助人力资源管理各职能的合力,将其打造为组织核心竞争力的重要组成部分。

(一)员工招募

招募过程重在吸引既有能力又与组织志同道合的求职者。因此,招募过程中要有意识地向受众宣传组织文化,塑造组织形象,不仅宣传组织的业务与实力,更要宣传组织的愿景、使命、价值观、企业精神等,让求职者在充

分了解组织的基础上作出判断自己是否认同组织的文化、是否值得将自己宝贵的职业生涯托付给这样的组织。招募广告是很好的宣传载体,除此之外,组织还应利用各种场合,通过各种方式宣传推介自己,确立起富有感召力的组织形象,这其实也是招募工作的有机组成部分。

（二）员工选聘

如果说招募是让求职者自我判断与组织文化的契合度,选聘则由人力资源部门进行甄选,将与组织的远景目标、价值理念等格格不入的求职者剔除在外。因此,应将价值观纳入选聘标准中,并通过合适的选聘工具进行筛选。可以在选拔测试中加入有关价值观的问题,在面试中设置情境题来考察求职者也是比较合适的方法。例如,设定一个伦理困境,让求职者说明在这种情境下会作出何种选择,有经验的面试官能够借此洞察求职者的道德水准、价值取向、诚信程度、风险意识等。

（三）员工培训

在员工入职培训时,组织就应将组织文化作为开启新员工组织生涯的第一扇大门。除了进一步阐释组织的愿景、使命、价值观、企业精神等之外,还应以组织的历史、组织业务的沿革及其背后的故事、组织发展中的关键人物及其事迹、普通员工中的闪光点及其折射的企业精神等作为背书,让新员工深入理解抽象的组织价值理念。其中,员工与组织彼此成就共赢的故事应该作为重中之重,以促使员工自发地将个人的成长与组织的愿景目标结合起来。在后续的培训中,组织也应不断引入组织文化的内容,不断强化员工与组织的黏性,不断提升组织的凝聚力,使组织文化成为有效链接员工与组织、优化员工-组织关系的法宝。

（四）绩效与薪酬

越来越多的组织将员工价值观、精神风貌等也纳入绩效考核中,由此进一步明确"好员工"的标准,并引领员工的全面发展。绩效考核可以从认知、认同、投入等层面展开。认知层面是最基本的层面,即员工对组织文化、组织价值观、企业精神等的了解程度。认同层面是指在了解的基础上,员工是否真正认可组织文化,是否愿意融入其中。投入层面则是员工在行动上落实对组织文化的认同,对组织目标的承诺,在工作的具体实践中践行组织文化。这部分绩效考核的结果也应纳入薪酬奖惩体系,以发挥指向性的作用,让员工明确组织对其思想与行为的期待,并主动调整自己以成就更加良性的员工-组织关系。

第五节　数字化背景下的战略性员工关系管理

员工关系管理渗透在整个人力资源管理过程中,深刻影响着组织-员工关系。现如今,组织和员工的关系已不再是被动调和组织与员工之间的矛盾,而是基于组织战略规划,在达成组织绩效的基础上,有针对性地满足员工成长需求,实现组织与员工的双赢。数字化员工关系管理正是充分聚焦于这一要求,通过对组织内外部数据的建模分析,探究影响员工满意度以及促进组织绩效的影响机制,从而实现前瞻性的事前员工关系管理、动态化的事中员工关系干预以及有的放矢的事后员工关系处理,推动组织战略达成新型的员工-组织关系。

一、数字化背景下的员工劳动保护

(一)数字化技术对员工劳动保护的作用

在员工劳动保护中,数字化技术使得员工能更容易地从企业内外部信息渠道获取到劳动时间管理、职业健康与安全等方面的规章制度,充分了解自己在工作中享有的权利,为保护自身利益创造了前提条件。数字化技术能全面提供员工个人信息,并基于个体差异提供个性化、有针对性的员工援助计划,帮助员工实现有效的压力管理等,从而积极地引导和重塑员工-组织关系。

(二)人力资源三支柱与数字化员工劳动保护

1. 共享服务中心

共享服务中心的首要责任是将这些规章制度进行共享并进行有针对性的推送,以确保每位员工清晰地知晓自己的权利。借助数字化平台,共享服务中心可将劳动合同、劳动奖惩等数据进行统一管理,将组织与员工的责权利进行更加透明的呈现。此外,共享服务中心应对劳动时间及职业健康与安全在实际工作中的落实情况进行信息收集,更新与共享员工满意度、敬业度、离职倾向等调查数据,形成员工权益保障及其效果的数据集,这些数据既可以提供给员工,让员工实时了解个人劳动时间及职业健康与安全方面的权益,也可以随时供人力资源业务合作伙伴和人力资源专家中心调用进行数据分析。对于信息收集过程中出现的特异值,共享服务中心可以进行初步判断,对可能存在的问题及时报送人力资源业务合作伙伴或人力资源专家中心。对于自己无法判断的特异情况同样报送人力资源业务合作伙伴或人力资源专家中心,以期获得更加专业的分析和前瞻性的问题解决方案。对于劳动保护中的工作设计,共享中心应收集工作特征、工作设计对员工身心的影响、员工对工作的满意程度等相关数据,这些数据构成了可用于分析工作设计与劳动保护的数据库。

2. 人力资源业务合作伙伴

人力资源业务合作伙伴结合部门的业务要求和工作性质以及员工对额外劳动时间的接受程度,进行合理的劳动时间管理,既帮助部门实现业务目标,又充分体现员工关怀,协调好员工-组织的利益。人力资源业务合作伙伴可实时查看共享服务中心提供的相关数据,对于有可能违反《劳动法》对劳动时间规定的工作安排进行预警,对实际发生的违规行为及时叫停并予以补偿。人力资源业务合作伙伴可以结合员工满意度调查等数据,把握员工对加班的心理阈值,据此进行人性化的工作安排。职业健康与安全保障方面,人力资源业务合作伙伴应结合各部门的工作性质,深度诠释各部门职业健康与安全的含义,利用人力资源管理的各项职能,如对员工进行有针对性的职业健康与安全教育培训,将员工工作中和职业健康与安全相关的行为纳入绩效考核并给予相应的奖惩等。所有相关数据可以用来分析不同人力资源管理举措对于部门整体职业健康与安全的影响。人力资源业务合作伙伴还应结合业务部门的特点及要求,提供有针对性的员工援助计划,帮助员工实现有效的压力管理等。工作设计是人力资源业务合作伙伴的重要工作内容,重点在于协同业务部门,既可以根据组织战略和组织结构设计出有效嵌入组织整体运行的工作岗位及工作职责,又可以从人性化的角度设计出激发员工职业热情的工作内容和方式。不断优化的工作设计需要大数据支持,包括工作属性的数据(如基于工作特征模型的五个维度在各个工作岗位中体现出的数据）、员工从工作中获得激励的数据、员工工作产出的效率与效果的数据等。人力资源业务合作伙伴可以向共享服务中心提出数据需求，待其收集整理后进行数据分析，为工作设计提供数据洞察。总之，人力资源业务合作伙伴致力于构建和谐的组织-员工关系，使员工不断提升自己为组织创造价值的动机与能力，在保护员工利益的同时达成业务目标。

3. 人力资源专家中心

人力资源专家中心应基于系统思维搭建符合组织战略的组织-员工关系平台，对双方责权利进行更加公平公正的设定，形成责权利相统一的政策框架。这不仅包括法律规定的对员工权益的维护，如劳动合同、劳动纪律与奖惩、职业健康与安全、工作时间与劳动环境等，还包括组织从战略出发所定义的组织和员工的新型关系建构，包括员工压力管理、员工敬业度管理、员工离职管理、员工援助计划等。一方面，人力资源专家中心应从共享服务中心提供的数据中提炼出存在于组织整体的共性管理问题，并优化劳动时间管理和职业健康与安全等方面的组织规章与流程；另一方面，人力资源专家中心负责接管人力资源业务合作伙伴在业务部门中碰到的难题，结合专业技能提出解决方案，同时注意汇总各业务部门的问题，进行归类整理，特别是以组织中不同类别的工作岗位为分类标准，寻求适应各类工作性质的劳动时间管理方案及职业健康与安全保障措施。在工作设计方面，人力资源专家中心可以引入外部数据，包括学术研究的数据、行业内外不同组织在工作设计方面的特点与成效等，解析组织内不同类别工作岗位的设计要领等，提出指导性意见或建议，供人力资源业务合作伙伴进行部门具体工作岗位的再设计。

二、数字化背景下的员工公平管理

（一）数字化技术对员工公平管理的作用

在员工公平管理中，组织能整合各类数据如现成的人力资源各项职能作用于个体员工的数据，通过调研获取的员工满意度、敬业度、离职倾向及其成因的数据等，从纷繁复杂的现象中剥离出有价值的信息，发掘其中的规律，对员工公平待遇的各个维度进行全面分析，确保组织与员工各自的责权利相统一，主动构建和谐共赢的组织-员工关系。数字化技术也为员工申诉与仲裁提供了便捷渠道。员工就自己在工作中遭遇到的不公平待遇通过数字平台提出申诉，组织有义务在第一时间给予回复，并在充分调查的基础上作出仲裁决定。平台积累的各类信息也必然在调查中提供重要的数据支持。

（二）人力资源三支柱与数字化员工公平管理

1. 共享服务中心

共享服务中心可以将是否符合公平待遇的要求作为数据筛选的工具，将人力资源职能中有悖于公平待遇的数据及所涉及的员工自动筛选出来，待后续特别处理。对于员工劳动争议及处理争议的数据，共享服务中心需另行收集归档，收集的数据应包含争议发生的时间、争议的缘起、争议各方及各自立场、争议的解决过程及涉及主体、争议的解决方案、争议各方对争议处理的满意度等。根据不同的使用目的，共享服务中心应为员工、人力资源业务合作伙伴、人力资源专家中心等不同的用户设定不同的数据权限。员工只能浏览与自己相关的数据，同时可以跟进输入自己对处理结果的态度反馈，而这又可以作为新的数据被收集入库。人力资源业务合作伙伴一般情况下拥有所负责的业务部门的数据权限，在特定情况下可以获得其他部门的数据。人力资源专家中心拥有组织所有数据的最高权限。

2. 人力资源业务合作伙伴

人力资源业务合作伙伴对涉及不同人力资源管理职能的数据进行综合分析，以确定业务部门在员工公平待遇上的具体状况。相关数据分析可从三个方面展开：第一，每一个人力资源职能下的操作是否做到公平公正。通过将求职者在选聘过程中的个人数据及其求职结果进行比较，可以判断选聘流程的公平性；对员工绩效表现、培训需求分析数据、接受培训状况、培训结果等数据进行比较，可以判断培训机会的公平性；基于员工绩效数据和绩效考核结果数据等可以判断绩效评估的公平性；基于组织薪酬制度及员工绩效等数据可以判断薪酬决策的公平性；等等。第二，人力资源业务合作伙伴结合公平性的历史数据，分析在人力资源各个职能领域公平性是否有改变及改变的方向等。如果公平性呈现倒推的态势，则应结合具体人力资源职能的实践以及更多元的数据来判断造成公平性降低的原因，并提出整改建议。第三,应由人力资源业务合作伙伴对比不同人力资源职能实施中的公平性,通过数据分析揭示其相互之间是否具有相关性,即特定人力资源职能的非公平性实践是否会引发后续人力资源职能的非公平性、彼此之间影响的因素有哪些、影响的机制是什么等,由此为构建更加公平的人力资源管理体系提供数据支持。人力资源业务合作伙伴用数据说话,以调解者的身份,站在中立的立场上,有理有据地具体情况具体分析,帮助解决非公平待遇的问题,协同员工与业务部门之间的关系。

3. 人力资源专家中心

人力资源专家中心应当在员工与组织的劳动争议中充当调解者的角色,一方面尽可能寻求将双方伤害都能最小化的问题解决办法,另一方面可以在众多的调解过程中梳理出员工-组织关系失衡、产生争议的原因,对原因进行分类,并分别寻求从根源上加以解决的原则和方法,用于指导未来的员工争议问题。人力资源专家中心还应主动出击,通过组织层面的数据,比较不同业务部门在员工公平待遇问题上表现的异同,挖掘出与组织系统相关的问题。比如,哪些跨部门的非公平性待遇共同指向了组织人力资源管理战略设置的问题或组织文化的问题。一旦问题的根源被挖掘出来,人力资源专家中心就能基于数据推演出科学的数据模型,用于指导组织层面的决策,并形成相应的组织政策与流程等。

三、数字化背景下的组织文化建设

(一)数字化技术对组织文化建设的作用

数字化技术能够充分沟通和强化组织价值观和组织目标愿景,因而在组织文化建设中发挥重要的作用。数字化平台为组织提供了人力资源各项职能的数据,组织通过数据分析判断组织的价值观是否在人力资源管理的制度和实践中落地,确保工作设计、员工选聘、培训内容、绩效管理、薪酬制度等人力资源管理实践能选拔、培养、引导、塑造出更加符合组织文化与价值的员工,从而主动作用于组织文化的建设。同时数字化平台赋予员工更多的可能性,员工可以从中获取到关于自己的历史数据以及组织目标、业务要求等提示未来方向的数据,以便员工自发地将自身发展与组织目标愿景、组织提供的成长空间等相协同,提升服务于组织战略目标的动机,构建和谐共赢的员工-组织关系。

（二）人力资源三支柱与数字化组织文化建设

1. 共享服务中心

共享服务中心提供组织文化的全面介绍和整体描述，包括理念层、制度层、物质层等的数据，供组织上下随时学习、重温、体验、反思、升华。共享服务中心还应负责组织文化建设相关数据的收集与整理。这方面的数据来源比较多元，可以分为两大类：一类是从员工态度、员工满意度、员工敬业度、员工离职倾向等调查中提取出的有关组织文化及组织文化对员工影响的数据，另一类是从人力资源管理各职能中提取出的影响员工与组织文化契合度的人力资源实践数据。共享服务中心对这些数据进行综合的收集和整理，形成组织文化建设的大拼图。

2. 人力资源业务合作伙伴

人力资源业务合作伙伴要充分利用上述两类数据，帮助和谐共赢的组织文化在业务部门落地。从员工调查数据中，人力资源业务合作伙伴需要特别关注员工认同组织文化的程度，并根据相关前因变量和后置变量的数据，解析出组织文化在多大程度上作用于和谐的员工-组织关系、在业务部门中和谐的员工-组织关系有哪些体现、影响这一目标达成的因素有哪些、如何去克服等等。从人力资源管理职能的数据中，人力资源业务合作伙伴重在考察人力资源管理制度本身是否有助于组织文化的构建和维护、各种人力资源管理职能之间是否形成了合力、能否作用于组织文化而更好地引领员工的职业目标发展，从而培育更加良性的员工-组织互动关系。

3. 人力资源专家中心

人力资源专家中心从组织文化各层面的数据中审视理念层的文化基因是否实实在在地落实到了制度层、组织的各项制度能否践行组织的管理理念、物质层是否有效地承载起文化的内涵而将文化要素可视化地呈现在组织内外各利益相关者面前。人力资源专家中心基于组织文化建设的目标，对员工满意度、敬业度、离职倾向等进行问卷设计，并在组织进行全面调查，对组织文化在优化员工关系管理方面的效果进行追踪，对影响效果的因素进行数据分析和建模，对员工敬业度等进行干预，对离职倾向进行预测和防范等。

本章小结

员工关系管理是指组织借助人力资源管理的各项职能,为员工营造安全和支持性的工作条件,满足员工物质和精神的需求,协调员工与组织的关系,使员工具有更强的动机为组织工作,从而实现员工与组织双赢的目标。战略性员工关系管理有助于满足员工多个层次的需求。本章从三个方面予以介绍,分别是员工劳动保护、员工公平待遇和组织文化建设。

员工劳动保护涉及员工身体与心理两个维度,并通过劳动时间规定、工作方式设计、职业健康与安全、员工压力管理等措施来实现。员工公平待遇包括在"选用育考留退"等人力资源管理职能的实施中公平对待员工、妥善处理员工争议等。组织文化建设旨在让员工与组织共享愿景、目标、价值观、企业精神等,以营造和谐共赢的组织环境,人力资源管理的各项职能在强化组织文化方面发挥着重要的作用。

数字化员工关系管理能够综合贯穿于整个人力资源管理过程的数据,进行员工关系的数字建模,并实现覆盖事前、事中、事后的综合管理,达成新型战略性的员工-组织关系。人力资源三支柱分别在员工劳动保护、员工公平待遇和组织文化建设方面进行数字化的协同,以实现优化员工-组织关系、构建和谐组织的目标。

核心概念

员工关系;员工关系管理;员工劳动保护;职业健康与安全保障;压力管理;员工公平待遇;组织文化

复习题

1. 什么是员工关系?什么是员工关系管理?为什么要实施战略性员工关系管理?
2. 员工劳动保护如何满足员工在身心健康与安全方面的需求?
3. 工作方式设计及职业健康与安全制度如何作用于员工的身心健康?
4. 员工公平待遇如何通过一系列人力资源管理的职能来落实?
5. 处理劳动争议的一般流程是什么?

6. 组织文化建设包含哪些层面？如何通过人力资源管理来推进组织文化建设？

7. 人力资源三支柱如何借助数字化技术协同实施员工关系管理？

讨论题

1. 战略性员工关系管理的核心是什么？员工劳动保护、员工公平待遇、组织文化建设如何在战略性员工关系管理中协同地发挥作用？

2. 员工压力的来源有哪些？如何通过压力管理使员工压力水平处于适当的阈值范围内？

3. 为什么说组织文化建设能在员工关系管理中发挥重要的保障作用？

4. 选取某一行业或组织，结合当前商业环境及行业特征等谈谈员工关系管理的重点和难点。

模拟案例题

1. 请帮助A公司的设计部门和施工部门分别设计员工关系管理方案。

2. 请分析设计部门和施工部门的员工关系管理在实施重点和具体举措等方面有哪些异同之处。

3. 结合A公司的战略，为其设计一套完整的组织文化建设方案。

4. 如何利用人力资源三支柱的协同效应在A公司推行数字化员工关系管理？

第十章

员工职业生涯管理

从入职第一天到最终离开工作岗位,构成了员工的职业生涯。在现代商业社会中,员工离职跳槽成为常态,这要求组织做好离职管理,同时对员工职业生涯发展进行更灵活、更多元的管理。

第一节 战略性员工离职管理

员工离职包含如下两种情况:一是员工自主要求离职,称为主动离职;另一种是组织解聘员工,称为被动离职。面对两种不同的离职情形,人力资源部门所需管理的内容和目的也有很大不同。

一、主动离职管理

(一)战略性主动离职管理的概念

在现代商业社会中,员工跳槽是常态。组织不可能期望所有的员工都坚守岗位,员工忠诚度的定义也不能单纯通过是否离职来度量。事实上,组织保持一定的流动性反而是正常甚至健康的。这有利于组织吐故纳新,有利于新鲜血液、多元思想的流入,也有利于员工通过不同组织的就业经验,寻求到最适合自身能力和特点、最有利于自身职业生涯发展的组织,或者说在某个特定的职业生涯阶段寻求到最能满足自身需求的组织。然而,员工主动离职也不可避免地会对组织产生负面影响,例如,离职会带来大量显性和隐性的成本,包括职位空缺使组织无法按时达成任务目标,寻求替代人员所需的重新招聘、培训的成本,等等。而且关键性人才的离职,对组织的冲击更加剧烈,甚至会直接影响组织战略的达成。

因此,战略性的主动离职管理要求组织在允许适当的离职率和流动性的同时,一方面做好员工流动的预案,尽量减少员工离职对组织业务的影响;另一方面要特别留意关键性人才的离职意向,帮助这类员工在创造组织价值的同时实现更多的个人价值,提高其整体满意度,从而有效地留住关键性人才。

(二) 员工态度与主动离职

主动离职管理中应关注与主动离职相关的各种员工态度,如工作退出、员工敬业度、员工满意度、工作投入、组织承诺等。

双因素理论认为员工的满意度受两类因素的影响:一是外在的保健因素,包括工作报酬、工作环境、员工与上级及同事的关系、组织的规章制度、安全感等;二是内在的激励因素,包括对工作本身的热爱、工作中获得的肯定与成就感、工作中承担的责任、工作提供的成长和进步等。当保健因素缺乏时,员工会感觉不满意,但只有保健因素时,员工仍然不会满意;只有具备激励因素时,员工才能真正感到满意。

相应地,当保健因素缺乏时,员工很容易出现工作退出,即员工在身体上或心理上逃避工作的行为。前者表现为迟到、早退、缺勤、离职等行为,后者表现为工作不投入、工作倦怠、效率低下、差错率高等"身在曹营心在汉"的现象。工作退出的诱发原因不同,员工采取具体的工作退出的行为也不同,不同的因素具有累加性,当其总和超过了一定的阈值时,员工就会采取最终的退出行为,即主动离职。

当只有保健因素而缺乏激励因素时,员工无法从工作中获得激励,员工虽然不会满腹抱怨,但是很难产生高的工作投入和组织承诺。工作投入是指员工认同工作、积极投入其中并将工作中的成就与自我价值相关联的程度。组织承诺是指员工认同组织的目标与理念、愿意保持其成员身份的程度。当员工无法通过工作将个人目标的实现与组织目标相协同时,就容易产生离职的想法。工作投入与组织承诺既彼此独立又互相关联。也就是说,具有高工作投入,但并不意味着员工的组织承诺就高。事实上,低组织承诺的员工在高工作投入的情况下更容易离职,因为他们需要寻找到更有利于发挥自己工作价值、实现自我目标的组织作为载体。而有的员工具有高组织承诺,但工作投入较低,这种情况下,他们可能出现工作退出。

当员工同时拥有保健因素与激励因素时,员工满意度与员工敬业度都会随之提高。员工满意度是指员工的需求在组织中被满足的程度,体现为对工作的一般性态度。而员工敬业度是指员工对组织的归属感,对工作的热情,发自内心、积极主动地为组织努力工作的程度。两者都受到保健因素与激励因素的影响。相比较而言,员工满意度更多地受保健因素的影响,此时员工享受组织提供的各种支持,没有离职意愿,但努力工作的动机并不一定很强。而员工敬业度更多地受激励因素的影响,此时员工不仅有强烈的归属感,忠诚于组织,而且有强烈的工作动机和主人翁意识。当员工具备这两种态度时,主动离职的可能性是最低的。

(三)战略性主动离职管理的方法

主动离职直接源于员工各种与工作相关的态度,因此战略性主动离职管理必然以员工态度管理为主要抓手,兼顾保健因素与激励因素,采取综合性的管理对策留住员工。

1. 基于保健因素的管理方法

第一,设置合理的薪酬水平。薪酬水平的高低既影响着员工的经济利益,在很大程度上也体现了对员工价值的认定。当员工觉得薪酬无法满足经济需求,或者虽然满足了经济需求却低估了个人价值时,就会为了寻求更高的薪酬而选择离职。因此,为员工设置合理的薪酬水平是留住员工的必然要求。薪酬水平既要考虑内部公平性又要考虑外部竞争性。基于战略的考虑,组织应该为与组织战略目标密切相关的核心人才提供更富吸引力的薪酬水平,此时高于竞争对手的具有外部竞争性的薪酬水平有助于留住这些员工。越是关键性、稀缺性的人才越需要在兼顾内部公平性的基础上重视薪酬的外部竞争性。

第二,营造健康舒适的工作环境。工作环境和工作条件的优劣在一定程度上决定着对人才的吸引力。工作环境首先要符合职业健康与安全的要求,工作场地的布置、机器设备等的设计和摆放应尽可能符合员工人身安全、身体健康、身心放松的要求,消除各种风险隐患,以便使员工基本的生理需求和心理需求得到充分的保障。其次,组织应尽量为员工创造优质的工作条件，提供齐全的工作装备，使员工在相对舒适的环境中有尊严、高效率地工作。

第三，建立和谐信任的同事关系。同事关系包括上下级之间的关系都应该以互相尊重为前提，实现彼此之间的信任，形成和谐的组织氛围。上级对员工的管理不能依靠强权，而是建立在人格平等的基础上，一方面基于职位所赋予的角色要求来实施管理；另一方面基于人性对员工进行激励和引领，提升员工的认同感，构建和谐的上下级关系。而在同事之间，也应该以合作代替竞争，共同服务于组织的目标，共同分享利益。同事之间还可以通过组建各种非正式群体来满足相互之间的社交需求，也可以为同事之间的工作关系提供有益的润滑剂。

第四，打造富有凝聚力的组织文化。组织文化具有凝聚人心的作用。组织文化中设定的愿景和使命是将有识之士汇集在一起的大前提。当员工不光为了谋生，而是由于认同组织的自我定位和目标设定而加盟组织时，就会对组织产生深层次的承诺。在此基础上，组织文化中包含的价值观、企业精神等也能更有力地将具有相同价值取向的员工团结在一起。组织文化能够辨识员工，那些与组织文化不相契合的员工，无论能力如何，其实都不属于组织想要留住的人才；而那些认同组织文化的员工则会被共同的理念与目标所吸引，产生强大的归属感和凝聚力。

第五，促进员工工作-生活平衡。为员工提供灵活的工作安排（包括灵活的工作时间和灵活的工作地点），是帮助员工实现工作-生活平衡的重要途径。组织可以通过各种方式实现灵活工作时间。例如，组织可以通过适当的工作设计，为多人共担一份工作创造条件；组织可以缩短工作时间，并配套对应的薪酬计划，为更多承担家庭责任的员工保留工作机会；组织可以结合工作任务量的变化，按需分配工作，使员工能够在工作与生活之间相应地倾斜，保持动态平衡，等等。而灵活工作地点在很大程度上依赖于IT技术的发展。尤其是新冠疫情以后，越来越多的人体会到线上办公、远程办公的可行性。员工不仅可以在家办公，还可以在离家近或通勤便利的"第三办公点"工作，而传统的办公室不再作为日常工作的地点，而是以一定的频率或者必要的时候，满足员工聚集、面对面交流的需要。总之，灵活办公带来的工作-生活平衡能在留住员工中发挥重要的作用。

2. 基于激励因素的管理方法

第一,确保员工-工作的高匹配度。组织在选聘员工时,应从能力和动机两个维度选择与工作匹配度高的员工。当员工既能胜任工作又有足够的兴趣和内在动机从事工作时,员工会产生高度的工作投入,会自觉地将工作和自我价值追求、自我实现结合起来。组织在工作设计时,也应使工作更加有趣,更富有内在激励性。组织还可以结合员工的个人兴趣和个人职业目标,动态地调整工作岗位或实施工作轮换的制度,帮助员工在比较中更清晰地界定自己的能力专长与职业兴趣,定位自己的职业追求并将其转化为对工作的深度认同和承诺。

第二,提供员工工作的意义感与挑战性。工作的意义一方面来源于员工自身的能力和兴趣、工作对于自身需求的满足;另一方面也有赖于组织赋予的意义,即组织将个体员工的工作放置到组织的整体目标和结构设计中,让员工高屋建瓴地从自身工作对组织战略目标的贡献出发来理解工作的价值,用工作将个人目标与组织目标连接起来。同时,组织应向员工提供具有挑战性的工作,使员工在不断的自我超越中体会工作的意义。

第三,提高员工工作的参与度与自主性。工作的参与度与自主性能提升员工对工作过程和工作结果的把控力,使员工感受到对工作的"拥有权",这样员工才更愿意将才智和热情投入其中。组织需要根据工作性质的不同,设置不同的工作自主权,对于能够放权的工作内容充分放权,使工作丰富化,让员工自己进行工作决策,让员工感受到对工作全过程的责任,并主动地承担责任。在需要集中决策的情境中,也可以让员工更多地参与进来,从各自的视角发表见解,使最终决策所依据的信息和视角尽可能全面,既提高决策质量,又让员工更加相信自己工作的贡献。

第四,提升员工工作的认可度与成就感。组织应通过各种方式及时地对员工的贡献予以肯定和鼓励。对员工工作的认可可以来自上级,也可以营造支持性的工作环境,鼓励同事间的互相认可。员工认可可以采用物质奖励的方式,也可以通过精神奖励的方式。而物质奖励不仅包括金钱奖励,还包括为有贡献的员工提供各种免费的服务、各种福利等。精神奖励则更能激发员工的荣誉感和成就感,并内化为持续努力为组织效力的动机。

第五,促进员工的未来职业发展。越来越多的员工将未来职业发展的前景作为评估工作优劣的重要标准。组织应结合战略发展的要求,设计多元的职业晋升和发展通道,与员工充分沟通其实现个人成长的空间和路径,帮助员工立足于自身的能力和兴趣,谋求与组织目标相协同的未来职业发展。多元的路径设置也使员工能够更好地结合自身的需求作出选择,既可以纵向地晋升,提升自己的职业高度;又可以横向地拓展自己的职业广度,以承担不同领域的工作内容,形成丰富的职业体验。组织提供的职业发展的选择越多,越能够吸引并留住人才。

3. 员工离职预案管理

在当今的商业环境中,员工主动离职在所难免。组织在努力打造凝聚力强的组织环境的同时,也需要做好员工流失的准备,最大限度地降低员工流失给组织正常运作带来的冲击。员工离职的预案管理应根据组织战略对人才的需求程度以及相应人才在人才市场上的供求关系来决定。越是对组织战略至关重要、供不应求的人才,越需要做好充分的储备。反之,组织则可以在员工离职后,通过重新招聘以较快的速度填补职位空缺。核心人才的储备可以通过内部和外部两个途径进行,前者包括资格数据库、组织人员替换图、接班人计划等,后者可以通过人才市场与猎头公司来实现。

资格数据库是指对组织内部的人员供给情况进行综合而持续的信息汇总,以便随时按需对内部人员晋升条件进行评估,实时填补员工主动离职留下的空缺。资格数据库一般会对员工的教育背景、工作经历、专有技能、绩效水平、综合的优势与劣势、职业发展兴趣等诸多方面进行记录和跟踪。当主动离职发生时,组织可以从容地根据工作岗位要求对内部候选人进行综合评估,高效地填补空缺。

组织人员替换图是针对特定的岗位、从员工绩效和员工晋升潜力两个维度来列示出不同员工对于该岗位的适合程度。员工绩效体现的是员工到目前为止在当前岗位上取得的成就,而晋升潜力是指员工能够胜任未来特定岗位的程度,两者都高的员工显然是最佳人选。有时员工绩效高而晋升潜力低,可能是员工尚不具备更高岗位上的特定要求,或者员工发展已触达职业天花板。有时员工晋升潜力高而当前绩效低,则需要具体分析,如果是因为人岗匹配不当造成的,将员工调整到新的岗位是符合组织与员工双向利益的选择。

接班人计划也称"管理继任计划"，是组织为关键的管理岗位从内部储备后备人才的重要方式。组织通过预测未来管理岗位的人员需求，从现任员工中培养并选拔符合要求的管理人才，以备未来因关键管理岗位人才离职而造成的空缺。可见，接班人计划不仅是内部选拔的过程，还是主动培养人才、未雨绸缪地构建人才梯队，随时应对关键岗位人员主动离职对组织运营的冲击。接班人计划的方法可以扩展到管理岗位之外，任何对组织战略具有重要影响的关键岗位都适合用这一方式来储备人才，以备不时之需。

人才市场的供求信息直接影响着组织获取人力资源的难易程度。组织需要经常关注并了解市场变化的动态，并与组织的人才需求变化进行比照。人才市场供求的数据来源包括各地的人力资源和社会保障部、各类咨询公司等机构。他们根据不同区域、不同行业等发布某段时间内的人才供求情况的报告。组织通过这些信息敏锐地进行人才可获性的分析，并对特定人才从外部获取还是内部培养作出判断，以抵御员工主动离职带来的风险。

猎头公司通常主动出击，锁定在职的核心人才，为组织推荐高绩效高潜能的员工。猎头公司凭借其专业性，掌握着大量核心人才资源，能够依据组织的人才要求更快捷地选拔和推荐与组织需求相吻合的人才。组织应选择一些猎头公司，与其建立相对长期的合作伙伴关系，在长期的沟通中，使猎头公司能更深刻地理解组织的人才需求。当核心岗位出现空缺时，就能结合自己的资源优势及时地为组织提供候选人。

二、被动离职管理

（一）被动离职管理的概念

被动离职即组织解雇员工，这个过程必须合理合法合规才能使组织免于员工投诉的困扰，免于陷入员工纠纷。因此，被动离职必须有充分的理由并遵循特定的程序。

被动离职可分为两类：一类是因员工原因导致的被动离职，包括员工缺乏任职资格、员工绩效问题、员工不遵守规章制度或不服从上级管理等原因；另一类是因组织原因导致的被动离职，主要指经济性裁员。

（二）被动离职管理的注意事项

1. 遵循递进式原则

员工原因导致的被动离职本质是因为员工无法满足组织的期望。但是无论何种原因，组织也不能一上来就解雇员工，而是应按照特定的程序思考并解决问题。第一步，要分析员工出现问题的原因是什么，是员工自身的问题还是人岗不匹配、绩效目标设定不合理、规章制度不明确、上级管理者管理方式欠妥等原因造成的。第二步，如果确认是员工本人的问题，组织应基于对员工各方面情况的了解，设计有针对性的方案，帮助员工解决问题。比如在员工绩效不足的情况下，首先应考虑员工是否缺乏必要的技能，能否通过辅导、培训等方式帮助员工补齐短板。如果员工不遵守规章制度，首先应进一步向其解释组织的规章制度，并分析这些制度落实到具体员工身上意味着员工应该如何行为，以便让员工明确组织对自己的期待。如果在这一过程中员工不予配合，则应遵循递进的原则，予以适度的处罚。开始以口头提醒为主，如果问题持续，则予以警告。如果问题仍得不到改善，组织可以给员工最后的机会，并告知不把握住机会就将被解雇，让员工自己权衡利弊，在满足组织的要求和接受解雇的决定之间作出选择。

2. 保证程序合法性

为了避免员工投诉引发后续的法律纠纷，组织必须保证程序的合法性。首先，组织不能违反劳动合同和集体合同等的规定。其次，组织必须收集充分的证据，比如员工绩效考核的结果，员工在违反组织规章制度后的处理记录，组织为员工提供的改进其问题的举措，组织基于递进原则所采取的一系列处罚措施，等等，这些信息可以彼此印证，说明解雇决定的合规性、合法性。另外，组织应承担经济赔偿的责任，除了一次性结清工资，处理好公积金、各项保险等福利事项之外，还应向被动离职的员工支付经济补偿金和赔偿金。

当组织因为本身的战略决策或者迫于经济压力、减少人力成本等原因实施裁员时，意味着员工被解雇并非源于员工自身的问题，此时，组织更应切实履行法定的流程，具体包括：提前30天向全体员工说明情况；将裁员方案提请全体员工审议，对方案进行修改和完善；向当地的劳动行政部门报告裁员方案并听取其意见；正式公布裁员方案；与被裁减人员办理解除劳动合同的手续；等等。

3. 注重离职前的交接

组织应关注员工离职时的交接工作，包括办公场所、办公用品、公司资产等的交接，文件资料、工作内容等的交接。还有非常重要的一点，要确保离职员工不会将组织的业务资料包括电子档案等带离组织。组织应设置保密措施，加强保密工作，严格实施工作信息的准入权限，并在员工离职时收回权限。对于掌握组织核心技术等商业机密的员工，要收缴工作笔记等工作资料，并在必要时实施竞业禁止管理，即禁止员工离职后的一段时间内在与原单位有竞争关系的组织中就业。

4. 安排好解雇面谈

对于被动离职的员工，组织应做好解雇面谈。解雇面谈具有多重目的。首先是向所涉及员工告知解雇的决定，这个过程既要坚定、不容置疑，又要理解被解雇员工的感受，充分共情。其次要沟通好离职的手续，解释清楚离职员工的权利和义务，包括员工将得到的经济补偿、员工不能在离职后损害组织的利益等等。最后要给予离职员工人性化的关怀，不仅要帮助其疏导情绪，还应进行正向的引导，使他们意识到被解雇不一定是坏事，这也意味着他们能够以此为契机寻求到更适合自己的职业路径。人力资源部门应当基于对员工的综合了解以及专业视角，为离职员工提供未来就业的建议，如与员工能力和兴趣相适应的工作类型、建议员工接受的培训等等。

第二节 战略性职业生涯管理

一、职业生涯的概念

职业生涯是指一个员工从开始从事工作到完全退出工作场景的整个过程中所经历的所有工作岗位和工作经验的总和。职业生涯是一个动态变化的过程，不受组织和专业的限制，也就是说，一个人的职业生涯可以是跨组织、跨专业的。不同个体的职业生涯具有很大的差异性，即便起点相同，在职业生涯终端所抵达的方向和达到的高度也会千差万别。同时，职业生涯具有累积性。个体需要稳扎稳打、一步一个脚印地累积职业生涯的高度，而且每一步的成就都会影响到后面职业生涯发展的速度和结果。职业生涯还具有不可逆性,已经发生的职业经历不可能重新来过,最终职业生涯达到的高度是各职业阶段沿着时间轴发展的自然结果。

正因为职业生涯具有累积性和不可逆性,个体需要对职业生涯进行规划,而组织则应该通过职业生涯管理来助推员工的职业发展。

二、职业生涯规划

(一) 职业生涯规划的概念

职业生涯规划是指个体根据能力、兴趣、社会需求等主观愿望和客观条件来确定自己的职业目标并为此制订阶段性的行动计划的过程。员工应负责自身的职业生涯规划,明确整体的发展方向,预先设计职业推进的步伐,以期最终达到自己设置的职业发展的目标。

总体而言,个体需要明确自己的能力和兴趣所在,并洞察较长的时间里社会对于不同职业的需求,如果个体能够寻求到能力、兴趣与需求的交集,也就是当个体确认其感兴趣并有能力从事的职业恰恰也是社会需要的职业时,就可以据此确定自己的职业发展方向。

(二) 职业生涯规划的步骤

具体地说,职业生涯规划包含一系列的步骤,即自我评估、职业生涯机会评估、职业目标设定、职业选择、职业生涯策略制定等。

1. 自我评估

自我评估包括能力与兴趣两个维度,其中能力评估需要综合考虑自身的优势和劣势、特长等,兴趣评估包含价值观、爱好、职业兴趣等,它们共同构成了个体的内在动机。自我评估的目的是进行职业定位以及选择符合自身条件的职业方向。

2. 职业生涯机会评估

个体要进行职业生涯机会评估,即对外部环境进行宏观与微观层面的分析,从社会整体环境开始,分析大环境的现状与发展趋势及其对不同职业的需求变化。然后个体需要细化到具体的行业、分析大环境下的行业发展态势及其对职业发展前景的影响。

3. 职业目标设定

个体结合自身条件和外部需求设定明确的职业目标。个体的职业目标应该能充分发挥自身的潜能,符合自身的价值追求,能够与自我实现的需求结合起来,激发自己持续投入的热情。职业目标设定要将职业目标转化为具体的行业与组织中的具体工作岗位,以便在操作层面落实职业目标。

4. 职业生涯策略制定

个体应制定的职业生涯策略包括短期、中期与长期的职业发展,每个阶段应发展哪些技能,积累哪些经验,提升哪些能力,应对标哪些行业与组织,如何为下一个职业阶段做准备,如何一步步推进自己的职业发展并最终实现职业目标,等等。由于各方面条件处于不断变化中、自身对各方面条件的理解也在不断深化的过程中,因此职业生涯策略不是一成不变的,个体应在职业发展战略的大方向下不断调整自己的职业生涯策略。

三、战略性职业生涯管理的概念与方法

(一)战略性职业生涯管理的概念

战略性职业生涯管理要求组织将员工个人的目标与组织战略有机结合、帮助员工在组织的战略追求中实现个体职业目标的管理过程。员工的职业生涯发展是在组织的具体背景中实现的,因此不可能脱离组织的目标而存在。员工的职业发展需要整合进组织发展的整体逻辑才有可能获得充分的发展空间。组织有必要也有义务帮助员工实现这一目标。

(二)战略性职业生涯管理的方法

1. 清晰描述组织提供的职业发展路径

组织应该向员工清晰描述组织的战略、组织的结构、组织的工作设计、不同工作类型中包含的工作岗位和晋升路径、纵向晋升的资格要求、横向职业拓展的可能途径等等。员工可以据此自行判断,组织的整体布局能否为自己达成职业目标提供充分的可能,或者能够支持自己职业发展到何种高度,是否在中长期或短期符合自己的职业规划,如何将自己的职业规划纳入组织发展的版图中。在这个过程中,组织可以帮助员工解读各种组织目标与个人职业目标相整合的可能性以及组织愿意为此提供的支持等,帮助员工规划在组织中发展个人职业生涯的具体路径。

2. 建立职业发展培训与开发系统

组织既要为员工提供以胜任短期工作为目标的培训,又要提供能支持

员工长期职业发展、提升员工未来核心竞争力的开发项目。组织应将培训经历作为员工晋升决策的重要依据,助推员工的职业发展。有些组织会担心对员工的培训投资可能因为员工主动离职而打水漂,因而只做短期培训,而放弃长线的职业生涯培训。这会大大降低员工的组织承诺,当员工认识到在组织中的经历无法帮助其提升自我能力、无法获得持久的职场竞争力,离职就成为必然的选择。在当今商业环境中,员工与组织之间的心理契约已发生了深刻的变化。即便组织不能期望员工长久地留任,也同样应该重视员工的培养,因为培训和开发本身就是留住员工尤其是关键员工的重要手段。组织应该以诚相待,换取员工在任期间更加敬业地工作,同时辅以各种其他的方法提升员工的工作认同与组织承诺。

3. 形成绩效评估与素质测评综合体系

组织同样应该建立以职业发展为目的的绩效评估体系。此时,绩效评估的目的不是简单地对绩效水平做评判,而是透过绩效水平的表象,了解导致员工绩效产出的原因,并通过不断的绩效评估,持续深化对员工各方面禀赋与潜能的了解,深入分析最适合员工的职业发展路径。与之相配合,组织对员工的各方面素质进行测评,全面追踪、记录并掌握员工在个性特征、技术能力、职业兴趣、经验禀赋等方面的长处和短处以及这些特征整合在一起形成的职业竞争优势与劣势。在绩效评估和素质测评基础上,再结合人力资源的专业技能,组织才能对员工职业发展的前景形成比员工本人更加深刻的洞察,从而指导员工调整和改进其职业发展策略。

4. 开展职业生涯研讨与咨询

组织可以为员工举办各种形式的职业生涯研讨会,创造条件让大家充分交流,提出职业发展中面临的困难和困惑,听取成功人士职业生涯发展的经验,互相探讨面对各种职业发展瓶颈时的破解之道。研讨会上还可以提供有关职业生涯规划的培训,通过各种操练性的活动,帮助员工把握职业生涯规划的理念和技巧。除此之外,组织还应提供职业生涯咨询服务,由组织的人力资源部门或中高层管理者或者从外部聘请的专家顾问等,与员工深入沟通,对员工在职业发展中遭遇的问题进行诊断,给出指导性或具体的建议,特别是根据组织的战略变迁,帮助员工与时俱进地调整职业生涯规划,使员工成长与组织发展协同共赢。

5. 按阶段调整职业生涯管理的重点

员工在组织中的职业发展可以分为不同的阶段,包括职业生涯初期、早期、中期和后期。每个阶段员工的工作重心不同,职业生涯管理的重点也不同。在职业生涯初期,职业生涯管理的重点是帮助新员工尽快融入组织,开展工作,并从工作实践中体验职业的内涵,形成初步的职业发展规划。在职业生涯早期,员工关心自己在组织中的晋升机会。组织应了解员工的职业兴趣和发展愿望,提供机会锻炼员工,提供培训提升员工潜力。在职业生涯中期,员工积累了丰富的工作经验,事业发展到一定的高度,同时也面临着新的问题,比如是否要跳槽寻找新的突破、如何能更好地平衡工作和生活的关系、随着年龄的增长是否会出现职业危机等等。组织需要充分调查了解员工面临的问题,给予更多的组织支持,让员工在感受工作意义的同时获得持续的成就感。如果员工在职业生涯的高峰期选择离职,组织应在保护组织利益的前提下,与员工保持良好的关系,这既是和谐的员工-组织关系的应有之义,又便于未来在共同的业务领域展开合作。在职业生涯后期,组织也应结合不同员工个体的需求,或提供心理辅导,使其坦然接受职业生涯即将结束的事实,并帮助员工规划退休后的计划,或创造条件让一部分员工继续发挥余热,继续为组织创造价值。

第三节 数字化背景下的战略性员工职业生涯管理

一、基于数字化技术的员工离职管理

不管是主动离职还是被动离职,都是有迹可循的,员工的态度、行为、绩效产出等都能在很大程度上帮助组织预测员工离职的可能性,而数字化技术能够更便捷、更准确地追溯这些迹象,防患于未然。数字化技术能够针对员工离职的不同原因,利用数字建模等方法提出减少员工离职的对策以及员工离职后的应对方案,从而提升组织应对员工离职的有效性。

(一)基于数字化技术的员工离职预测

组织对员工主动离职的预测应当基于员工态度、员工行为、员工绩效等

方面进行综合判断。员工态度调查能帮助组织摸准员工的思想脉搏,了解其对组织政策、管理方式、工作状况等各方面的态度。数字化技术使员工态度调查从问卷发放、线上数据收集、数据分析等环节都更加便捷、流畅,并动态地追踪员工的态度变化。除此之外,人工智能技术还能通过捕捉员工工作时的状态、表情等体现精神面貌的细节生成员工整体满意度与工作投入程度的数据。员工行为外在地表现为迟到早退、缺勤等方面,内在地表现为绩效的变化。当某员工在没有特殊理由的情况下缺勤率上升,或在其他条件不变的情况下绩效水平持续下降,则在很大程度上说明员工工作投入不足,或处于工作退出的状态,或存在主动离职的倾向。

组织可以将上述数据和员工实际离职的数据相关联,通过数据分析来构建员工离职机制的模型,用于在整体上预测员工离职的比率,同时具体到每个员工尤其是核心员工,关注其状态及其变化趋势,预测其离职的概率。

组织对员工被动离职的预测应基于员工各方面的历史记录及组织设定的解雇员工的理由与标准。数字化技术便于追踪员工的记录、组织为员工提供的支持、按照递进原则对员工进行的纪律规范与处罚等过程。数字化技术还能够综合各方面的情况,设置预警机制,在相关员工触碰警戒线的情况下,组织还有机会对是否解雇员工作出选择。这些数据保存下来也成为解雇员工的证据,一旦发生员工纠纷,组织可以以此维护自己的权益。

(二)基于数字化技术的员工离职应对

员工离职管理要重视离职前的预防。对于员工主动离职,组织通过所搭建的离职预测模型,能前瞻性地把握员工的离职动态,在此基础上,再利用数字技术统计分析员工比较满意和比较不满意的方面和程度,进而对各种留住员工的举措进行有效性分析,为组织有针对性地开展改进工作以及创造更好的工作条件提供数据支持。对于被动离职,组织同样要以预防为主。组织应基于员工数据,对员工的能力、态度、绩效等进行监控和管理,帮助员工按照组织的预期和要求来完成工作,尽可能将解雇员工的诱发因素消灭于萌芽。对数据的跟踪,能够实时提示员工的解雇风险,组织可以借助数据分析判断解雇员工的成本是否更高,并采取相应的措施。

员工离职管理也要重视离职后的跟进措施。对于员工主动离职而言,因组织已有预案管理,此时应立即调用资格数据库、人员替换图中的数据,判断组织内部是否有可以立刻接替上手的员工。数字化技术能够大大缩短这个过程,迅速提供符合条件的备用人选名单以及候选人背后的系列数据供人力资源部门决策,甚至可以直接通过计算模型和数据处理筛选出最优人选。如果组织内部没有合适的人选,则应从外部获取人力资源。针对于被动离职,后续的跟进措施还需要为解聘员工提供未来发展的建议。而建设性的建议离不开员工在职期间历史数据所提示的员工个性、偏好、能力等属性,基于此,人力资源部门也可以给出更具有针对性的指导建议。

(三) 人力资源三支柱与数字化员工离职管理

1. 共享服务中心

共享服务中心负责提供数据的更新、维护,并提供共享服务。在员工离职管理中,很多数据都可以直接来源于其他的人力资源管理职能,如员工个人基本信息、绩效考核信息、培训信息等等。因此,共享服务中心应处理好跨职能的信息共享。离职管理中需要另外获取的数据主要包括员工态度调查数据、被动离职中的员工违规数据等等。共享服务中心应负责各类数据能随时按需调取和整合,服务于离职管理的目标。

2. 人力资源业务合作伙伴

人力资源业务合作伙伴应结合业务需求定位本部门的核心人才,持续关注核心人才的思想动态、行为变化、绩效起伏等,将主观判断与数据分析相结合,预测核心人才的离职意向及其背后的原因,为核心人才提供个性化的激励方案。一般情况下,核心人才更倚重激励因素即与工作相关的因素,而落实到每一个个体,发挥作用的激励因素又有所不同。组织可以借助数字化技术,以员工的个人历史数据为依据,针对性地分析适合于个体的管理方法。人力资源业务合作伙伴也可以整合本部门核心人才的数据,构建普遍性的离职机制模型及离职干预模型,用于指导如何有效地留住核心员工。更为重要的是,基于数字化的离职预测能即时监测并反馈员工的离职意愿及原因,这能有效促进人力资源业务合作伙伴在离职管理方面的灵活性与成本控制。在传统工作场景下,企业对于员工的主动离职往往是后知后觉的,即员工离职后,组织似乎能猜测到该员工的离职原因,但事先很少有人会关注于此。因此,数字化离职预测的意义也在于其能做到主动提醒与示警。

而在被动离职管理中，人力资源业务合作伙伴需要对部门中存在被解雇风险的员工给予特别的关注。以低绩效员工为例，从组织的角度看，是将其解雇并重新选聘外部人员的成本高，还是对其进行再培训的成本高，各自的收益又是什么？此时，人力资源业务合作伙伴应该关注的不仅是直接的、狭义的成本和收益，比如解雇员工的成本应包括补偿金、重新选聘员工的成本、培训新员工的成本等，如果因解雇员工而对其他员工产生负激励、造成工作退出等问题而影响组织绩效，还应将这部分的隐形成本计算在内。以此为标准比较不同选择的优劣，才能最大限度地服务于组织战略。数字化技术不仅能轻松搞定烦琐的计算过程，更重要的是能够通过尝试各种数据组合，更充分地回答应该包含哪些隐形成本和隐形收益的问题。

3. 人力资源专家中心

人力资源专家中心从宏观上把握整个组织离职的总趋势，从各部门的数据分析中提炼出哪些属于组织层面的离职原因。与主动离职相关的原因如组织的整体薪酬水平不具有竞争力、组织文化不具备凝聚力、组织提供的工作环境不佳、组织缺乏灵活的工作安排、组织的工作设计缺乏内在激励、组织不关心员工的个人成长等等；与被动离职相关的原因如组织缺乏被动离职预警机制等；与被动离职相关的管理工作及其效果如由于流程不够优化导致员工解雇带来不利影响的比率及原因等等。人力资源专家中心可以在考察部门数据的基础上，直接从共享服务中心获取原始数据，进行组织层面的数据建模，从而对未来员工离职进行总体的预测，从数据中获得留住核心员工的改进策略，优化各类员工离职预案管理的政策与流程。

二、数字化背景下的职业生涯管理

（一）基于数字化技术的职业生涯管理

职业生涯管理是组织助力员工职业生涯规划、帮助员工结合组织目标实现个人职业目标的过程。职业生涯管理应在员工个人数据与组织业务数据的交互中谋求契合点和发展方向。员工数据可以追溯到入职前，求职阶段员工所提供的自身的技能、教育背景、过往工作经验、职业兴趣、个性特征等既是员工求职的必要数据，又将一直伴随员工到入职后，成为帮助员工规划职业生涯的基础数据。而一旦员工被组织录用，所有实施于该员工的人力资源管理职能都将生成相应的员工数据，包括员工接受的培训、员工与组织文化的契合度、员工的绩效表现、员工受到的奖惩、员工在组织中的工作变动等，这些都不断丰富着员工的职业履历，并能用于职业生涯规划的动态管理。当然，员工对自身的职业生涯规划也是重要的个人数据。而业务数据则包括组织的战略目标及分解于各部门乃至个体员工的业绩目标、与之相对应的个人业绩的达成状况对部门业绩进而组织战略的贡献程度等、组织相对长期的业务导向等等。由于商业环境千变万化，组织的战略处于不断调整中，战略目标对于组织各层级业务的要求也不断变化，因此组织的业务数据是动态的、实时的。而动态调整中的业务要求对员工素质、能力、禀赋等的要求就是预测员工职业生涯发展与组织发展契合度并帮助员工实现职业生涯规划的关键所在。在这个过程中，员工个人数据与组织业务数据都具有多元性、长期性、动态性等特点，彼此之间的互动又具有复杂性的特点，因此特别需要借助数字化技术来全面整合数据来源，持续跟踪并解读数据变化，深度挖掘数据的相关性，从而有效实施职业生涯管理，促成组织战略目标与个人职业目标的双赢。

（二）人力资源三支柱与数字化职业生涯管理

1. 共享服务中心

共享服务中心既要服务于个人的职业生涯规划，又要服务于组织的职业生涯管理。个人规划需要的主要数据是个人数据以及组织的业务数据。共享服务中心应随时向员工提供相关数据供其参考。随着员工职业生涯的积累，更多的个体数据有利于员工对自身形成更深刻的认知，由此结合组织的业务数据，产生更清晰的关于未来职业生涯机会评估、职业目标设定、职业策略制定的判断。组织的职业生涯管理需要综合考量不同员工的情况，因此共享服务中心要能够提供不同员工从入职前到入职后的完整数据。

2. 人力资源业务合作伙伴

人力资源业务合作伙伴应结合本部门的业务数据，分析本部门提供的职业发展机会，设身处地地为员工谋划其成长的路径和空间。人力资源业务合作伙伴需要本部门员工的数据，既结合员工的个体化特征，帮助其实现与部门业务相协同的职业发展，又要在整体上确保未来本部门的人岗匹配度。为此，人力资源业务合作伙伴需要娴熟的数字建模技术，以寻求多重目标的最优化解决方案。如果根据数据分析的结果,本部门的业务要求已无法满足部门中某些有特殊才能员工的职业发展潜力,人力资源业务合作伙伴也应该从组织整体利益的大局出发,为其规划跨部门的职业生涯,并主动向组织举贤。

3. 人力资源专家中心

人力资源专家中心更能突破部门的界限,从组织的层面规划员工的职业生涯发展。除此之外,人力资源专家中心应结合职业生涯管理的需要,设计组织的培训制度、绩效管理制度、职业生涯研讨制度等。根据员工职业生涯满意度的数据,反观培训体系与绩效管理体系,包括短期培训与长期培训的投入、服务于长期职业发展的培训方案与内容、绩效管理中当前绩效与影响未来绩效的综合要素的考核比例、绩效面谈中关于职业发展的讨论等数据,形成职业生涯满意度影响机制的数据模型。除了职业生涯满意度等主观效果外,职业生涯管理为组织和个体带来的实质性的收益也应考虑进来。组织可以在更长的时间跨度内,将职业生涯管理反馈于组织绩效及个人成长的数据提取出来,与各种投入的数据整合,形成相应的作用机制模型,以指导未来的职业生涯管理。

本章小结

职业生涯包含一个员工从开始从事工作到完全退出工作场景的整个过程。本章从离职管理和职业生涯管理两个方面探讨组织在员工职业生涯中发挥的作用。

员工离职包括主动离职和被动离职两类。战略性的主动离职管理允许适当的离职率和流动性,但组织应努力创造条件留住关键性人才。人力资源部门应关注员工敬业度、员工满意度、工作投入、组织承诺、工作退出等方面的员工态度表现,发掘员工态度与员工离职倾向之间的关系,兼顾影响员工态度的保健因素与激励因素,用综合性的方法进行战略性主动离职管理。同时组织还应做好员工离职预案管理,减少员工离职对组织正常运作的影响。员工被动离职主要应重视过程的合理合法合规,以免产生法律纠纷。同时,组织应安排好解雇面谈,帮助员工顺利渡过难关并开启新的职业路径。

员工职业生涯具有累积性和不可逆性,个体需要对职业生涯进行规划,而组织则应该通过职业生涯管理来助推员工的职业发展。战略性职业生涯管理要求组织将员工个人的目标与组织战略有机结合,帮助员工在组织的战略追求中实现个体职业目标的管理过程。因此,组织应向员工清晰描述所能提供的职业发展路径,建立职业发展培训与开发系统,形成以职业生涯为导向的绩效评估与素质测评综合体系,开展职业生涯研讨与咨询,按职业生涯阶段调整管理重点,等等。

数字化技术能便捷准确地获得员工态度、员工行为、员工绩效等方面的数据,并对其进行数据分析,挖掘背后的原因,提供离职管理的有效策略。数字化技术还能助力离职前的预警机制和离职后的跟进措施,使员工个人与组织都能平稳地应对离职带来的冲击。数字化技术也有利于整合与职业生涯管理有关的各种数据,深刻挖掘员工发展与组织目标的契合点,动态地根据数据变化调整职业生涯规划。人力资源三支柱能够协同利用数字化技术,实现更有效的员工离职管理和职业生涯管理。

四 核心概念

职业生涯;离职;主动离职;被动离职;接班人计划;职业生涯规划;战略性职业生涯管理

五 复习题

1. 员工主动离职与被动离职有什么区别?
2. 什么是战略性主动离职管理?其管理目标是什么?
3. 员工态度与员工主动离职有什么关系?如何基于双因素理论有效实施战略性主动离职管理?
4. 什么是被动离职管理?管理的重心是什么?具体应该如何开展?
5. 什么是职业生涯?什么是职业生涯规划?
6. 什么是战略性职业生涯管理?如何开展战略性职业生涯管理?
7. 数字化技术如何服务于员工离职管理与职业生涯管理?
8. 人力资源三支柱如何基于数字化技术协同作用于员工离职管理与职业生涯管理?

讨论题

1. 员工离职管理是否应作为员工职业生涯管理的一部分？为什么？

2. 为什么战略性员工离职管理应采用综合性的管理方法？如何综合不同的方法？

3. 如何利用数字化技术将员工离职预案管理纳入人力资源规划中？

4. 基于数字化技术的战略性职业生涯管理如何帮助员工与组织实现双赢？

模拟案例题

1. 如何利用数字化在 A 公司的设计部门实施战略性员工主动离职管理？人力资源三支柱应如何协同？

2. 如何利用数字化在 A 公司的施工部门实施战略性员工主动离职管理？人力资源三支柱应如何协同？

3. 请从 A 公司的设计部门或施工部门选取某个岗位，根据对员工的行为、绩效表现等的假设，模拟一场解雇沟通。

4. 结合 A 公司的发展战略及设计部门/施工部门的业务发展目标，设计职业生涯管理方案，并根据对员工各方面特质的假设，为该部门员工设计职业生涯规划。

参考文献

[1] 董克用,李超平.人力资源管理概论:第四版[M].北京:中国人民大学出版社,2015.

[2] 加里·得斯勒.人力资源管理:英文版,第14版[M].北京:中国人民大学出版社,2017.

[3] 马海刚,彭剑锋,西楠.HR+三支柱:人力资源管理转型升级与实践创新[M].北京:中国人民大学出版社,2021.

[4] 徐刚.人力资源数字化转型[M].北京:机械工业出版社,2021.

[5] 刘凤瑜,等.人力资源服务与数字化转型:新时代人力资源管理如何与新技术融合[M].北京:人民邮电出版社,2020.

[6] 陈雪频.一本书读懂数字化转型[M].北京:机械工业出版社,2021.